◎ 国家自然科学基金地区项目（项目编号：72463026）

◎ 国家自然科学基金地区项目（项目编号：72063024）

◎ 国家自然科学基金面上项目（项目编号：71873072）

◎ 国家自然科学基金青年项目（项目编号：71503141）

◎ 内蒙古自然科学基金面上项目（项目编号：2024MS07011）

◎ 内蒙古自治区直属高校基本科研业务费项目（项目编号：BR221316、BR230303 和 BR221042）

柴智慧 ◎ 著

农业保险
对农户生产行为影响的
理论与实证研究

A Theoretical and
Empirical Research on the
Impact of Agricultural Insurance on
Farmers' Production Behaviors

经济管理出版社
ECONOMY & MANAGEMENT PUBLISHING HOUSE

图书在版编目（CIP）数据

农业保险对农户生产行为影响的理论与实证研究 ／
柴智慧著. -- 北京 ： 经济管理出版社，2025. 7.
ISBN 978-7-5243-0444-9

Ⅰ．F325

中国国家版本馆 CIP 数据核字第 2025JC3771 号

组稿编辑：曹　靖
责任编辑：白　毅
责任印制：许　艳
责任校对：蔡晓臻

出版发行：经济管理出版社
　　　　　（北京市海淀区北蜂窝 8 号中雅大厦 A 座 11 层　100038）
网　　址：www. E-mp. com. cn
电　　话：（010）51915602
印　　刷：唐山玺诚印务有限公司
经　　销：新华书店
开　　本：720mm×1000mm／16
印　　张：22. 25
字　　数：342 千字
版　　次：2025 年 8 月第 1 版　　2025 年 8 月第 1 次印刷
书　　号：ISBN 978-7-5243-0444-9
定　　价：88. 00 元

前　言

农强方能国强，粮安方能国安。农业是支撑经济建设和发展的基础产业。农业要强，粮食保障能力就得强。当前，世界百年未有之大变局加速演进，全球经济疲软、极端天气频发、地缘政治冲突和贸易保护主义等传统与非传统因素交织叠加，全球粮食产业链供应链的稳定性正面临前所未有的挑战。立足国内，面对资源约束日益趋紧、劳动力结构性短缺、粮食需求刚性增长等情况中国粮食安全面临着新形势、新变化。由于农业高度依赖自然环境和气候条件，是典型的风险产业。习近平总书记高度重视农业在防范化解重大风险中的关键作用，强调农业发展要应对好风险挑战。在这样的背景下，探讨如何全面提升防范化解农业风险的能力，构建确保粮食安全的农业风险管理体系，为新形势下的粮食安全与农业产业安全奠定坚实的基础显得尤为重要。

农业保险作为一种金融服务，是农业发展的防护堤、安全阀。自2004 年以来，中央一号文件已连续 21 年对农业保险发展提出具有针对性和导向性的政策意见。近二十多年来，中国的农业保险主要是政策性农业保险，大概经历三个发展阶段：2004~2006 年的探索阶段、2007~2019 年的试点和高速发展阶段、2020 年至今的政策性农业保险制度确立和高质量发展阶段。自 2007 年实施农业保险保费补贴政策之后，中国农业保险仅用 18 年就走完了发达国家几十年甚至上百年的路，实现了举世瞩目的跨越式发展，农业保险政策地位逐步提升，法规制度逐步建立，服务体系和管理体系也逐步完善，产品创新层出不穷，最关键的是农业保险的重要作用逐渐凸显，持续为农业农村高质量发展保驾护航。农业保险的经营机构由 2007 年的 15 家逐步增加到 2022 年的 37 家，形成了竞争适度、规范有序的市场格局；农业保险的保费规模从 2007 年的 53.33 亿元增长到 2023 年的 1429.66 亿元，年均增长率为 22.82%；农业保险提供的风险保障从 2007 年的 1720.22 亿元增长到 2023 年的 4.98 万亿元，年均增长率为 23.41%；农业保险提供的损失补偿从 2007 年的 29.75 亿元增长到 2023 年的 1106.88 亿元，年均增长率为 25.36%。

自 20 世纪末 21 世纪初以来，有关农业保险特别是农作物保险是否会对农户在农业生产中的各类要素资源配置行为产生影响已成为国外尤其是美欧等发达经济体农业保险理论界和实务界的研究热点之一。早期主要论证农作物产量保险或者收入保险对农户的土地资源配置、农用化学要素施用等生产行为和生产效率的影响。近年来，伴随全球各地农业天气指数保险的逐步扩大试点，部分学者采用随机干预试验的方法对农户参与指数保险和其农业生产行为之间的因果关系进行了广泛而深入的研究。农户作为农业生产经营的基本单位，其生产行为受到收入预期、风险状况和政策环境等多重因素的影响，农业保险通过为农户提供收入保障、降低生产中的不确定性，进而改变农户的风险认知和生产决策。因此，农业保险不仅在缓解自然灾害等外部冲击方面发挥"减震器"作用，而且深刻影响了农户在土地流转、劳动力配置、信贷获取、种植结构调整、农业化学要素投入、绿色生产行为、农业生产效率等方面的决策。农业保险政策影响的长期性，决定了其不仅是中国"三农"领域的一项金融工具，而且是可调节农户生产行为的一种重要手段。通过深入研究农业保险对农户生产行为及生产效率的具体作用机制，可为政府优化农业保险政策、促进农业可持续发展提供可靠的理论依据。

本书围绕"农业保险对农户生产行为及生产效率的影响"这一核心议题，系统探讨了农业保险对农户不同生产要素配置的作用。本书大部分内容已分别以论文形式发表在 CSSCI、SSCI、中文核心、CSCD 等期刊上，且部分论文在农林经济管理学科的学术会议上获奖。

全书共分为 9 章，分别从农业保险对土地流转、劳动力配置、正规信贷配给、种植结构调整、农业化学要素投入、绿色生产行为、农业生产效率等方面的影响进行深入研究。第 1 章探讨了政策性农业保险对土地流转的激励效应。土地流转是实现农业规模化经营的重要途径之一，农业保险可通过风险分散功能减轻农户参与土地流转市场的顾虑。本章基于 2005～2020 年中国 30 个省份（不包括西藏及港澳台地区）的面板数据，使用双向固定效应模型实证检验了参与农作物保险对土地流转行为的影响，结果发现，农业保险可显著扩大土地流转面积，提升土地流转率，尤其是在高保险密度、高保险深度的地区；政策性农业保险通过促进农户进行规模化经营而对土地流转面积产生积极影响。第 2 章聚焦参与农作物保险对农户农地转入的影响，特别是农作物保险对扩大农户农地经营规模的激励作用。本章基于内蒙古 609 户农户问卷调查数据，分析了参与农作物保险是否会对农户农地转入行为产生影响，结果显示，农作物保险对激活及完善农地流转市场具有激励作用；参与农作物保险会使农户农地转入的概率显著提高，具体的边际效应约为 5.85%；拥有越高的农业收入占比和越大农地规模的农户家庭，参与农作物保险对其转入农地的正向作用越显著。第 3 章分析了农业保险对农户劳动力资源配置的影响。在农村人口老龄化和劳动力外流的背景下，农业劳动力结构性短缺已成为制约农业生产效率提升的重要"瓶颈"。本章基于 4 个粮食主产省 984 户粮食生产户的微观调查数据，论证了参与农业保险对农户劳动力资源配置的影响，研究表明，参与农业保险显著促进劳动力要素向农业部门流动；农户参与农业保险通过提高对农业收入的预期和农业技术的投入两种渠道减弱其离农趋势，其中，农业收入预期的作用相对较弱；农业保险对农户劳动力资源配置的影响程度在不同农户之间存在差异，其对拥有更大耕地经营规模、年龄在 45 岁以下和受教育水平较低农户的影响更为显著。第 4 章研究了农业保险对农户正规信贷配给的影响。长期以来，农户在农村金融市场面临的信贷约束是农业现代化发展的重要"瓶颈"，尤其是小规模农户由于缺乏抵押品和稳定的收入来源,难以从正规金融机构获取足够的信贷支持。本章基于 4 个粮食主产省 853 户粮食生产户调研数据,分析了农业保险通过增信机制帮助农户缓解信贷约束的作用,结果发现,参与农业保险的农户获得正规信贷的概率显著提高,特别是在小规模农户群体中,这一效应尤为明显。农业保险通过增加农户资本、技术、农业劳动时间投入和提高银行授信额度四种渠道减弱农户受到的信贷约束,其中,增加农业劳动时间投入渠道的作用相对较弱。第 5 章和第 6 章分别从宏观和微观视角论证了农业保险对农户种植结构调整的作用。粮食安全始终是中国农业政策的核心议题之一。近年来,随着农业保险政策的逐步改革,农业保险对农户种植决策的影响日益显现。第 5 章基于中国 31 个省份(不包括港澳台地区)的面板数据,对农业保险政策渐进式改革与农作物尤其是粮食作物种植面积及结构之间的关系进行研究,结果表明,农业保险政策改革通过提高保费补贴和保障水平增加农户预期收入进而激励其扩大农作物总种植面积和粮食作物种植面积;分政策阶段看,具有高保障水平的"三大粮食作物完全成本保险和收入保险政策"在促进种植结构"趋粮化"方面优势明显;分作物看,政策改革显著促进了三大主粮作物种植面积的扩大以及薯类作物种植面积的缩小;分区域看,政策改革仅在粮食主产区出现种植结构"趋粮化"现象。第 6 章利用内蒙古 629 户农户调查数据,考察了参与农作物保险对农户种植结构的影响,结果显示,农户参与保险会显著降低其生产专业化水平,参与保险和农户多样化种植之间存在互补效应;家庭农业收入占比处于低水平和中水平的农户参与保险会显著降低其生产专业化程度;参与保险对大规模农户调整种植结构的影响效应更为明显;对纯粮食种植户而言,参与保险会使其种植专业化水平减少 3~5 个百分点;参与农作物保险会激励农户种粮,但作用较小。第 7 章基于 2009~2015 年全国农村固定观察点数据,对气候变化、保险参与和农户农业化学要素投入行为之间的因果关系进行实证,结果发现,气候变暖显著增加农户的化学要素投入,化肥、农药施用量增加显著正向影响气候变暖,加剧气候变暖风险。气候变暖激励农户参与农业保险,且参与保险会抑制农户对化肥、农药的施用。家庭收入高、经营规模大、全职务农且具有高风险偏好的农户会显著增加化学要素施用量。粮食生产功能区的差异对农户化肥施用行为存在显著影响，农业保险的推进能够促进粮食产销平衡区实现化肥的减量施用。第 8 章关注农业保险对农户绿色生产行为的作用。本章基于河南、山东、安徽和黑龙江 4 省 539 户小麦种植户的调查数据，对农业保险从化学要素减施效应、收入保障效应和运营规制效应三个方面影响农户绿色生产行为的作用机制进行了分析，结果表明，参与农业保险可以提升农户的绿色种植行为程度，农业保险主要通过增加农户农业经营收入占比、提高农业生产稳定性来促进农户的绿色生产决策。第 9 章研究了农业保险保障水平对农业生产效率的影响。本章基于河南、山东、安徽和黑龙江 4 个粮食主产省 576 户农户的调研数据，考察了农业保险保障水平对农业生产效率的作用，结果表明，农业保险保障水平对农业生产效率具有显著正向效应，土地规模化经营和农业技术采纳在这一过程中发挥重要的调节作用，且后者的作用相对较强；农业保险保障水平对农业生产效率的影响程度在不同类型农户和地区间存在差异。

　　本书由柴智慧教授担任主笔，其同事和研究生学生分别参与了部分撰写工作，具体为：张晓夏（第 1 章、第 5 章、第 6 章、第 7 章）、任婧（第 3 章、第 4 章）、李赛男（第 3 章）、高翠玲（第 4 章）、张旭光（第 8 章）、路冠军和李艾橦（第 9 章）。

　　本书的出版得到了国家自然科学基金（72463026、72063024、71873072）、内蒙古自然科学基金（2024MS07011）、内蒙古自治区直属高校基本科研业务费（BR230303、BR221316、BR221042）等项目及内蒙古乡村振兴战略研究基地、内蒙古农牧业风险管理研究基地、内蒙古农村牧区发展研究所等平台的资助。

　　由于本书各章研究选题及研究方法差异较大，部分章节基于不同地区、不同时期、不同样本的数据进行分析，数据来源有一定差异性，故在数据口径、统计时间、指标选择等方面可能存在不一致之处，导致各章间数据略有差异，但所有数据均严格遵循科学、严谨的采集与分析方法，确保各章研究结论的可靠性与有效性。

　　本书研究持续的时间较长，在时间、精力和经费等方面的耗费均较大，尽管在本书的撰写过程中，笔者已尽最大努力进行深入研究并多次校对，但受人力和水平所限，书中难免存在不足和谬误之处，恳请各位读者批评指正。笔者将在今后的研究工作中不断完善和提升，以期为推动中国农业保险政策优化贡献更多力量。

柴智慧

2024 年 12 月

目　录

1　政策性农业保险对土地流转的激励效应 ……………………………… 1

1.1　引言 ………………………………………………………… 3

1.2　文献综述 …………………………………………………… 6

1.3　背景介绍和理论分析 ……………………………………… 8

    1.3.1　政策性农业保险的渐进性试点推广 ………………… 8

    1.3.2　理论分析和假说提出 ………………………………… 10

1.4　研究设计 …………………………………………………… 12

    1.4.1　数据来源 ……………………………………………… 12

    1.4.2　模型设定 ……………………………………………… 13

    1.4.3　变量描述 ……………………………………………… 13

1.5　实证分析 …………………………………………………… 14

    1.5.1　农业保险政策对土地流转面积影响的基准回归 …… 14

    1.5.2　内生性讨论 …………………………………………… 16

    1.5.3　异质性分析 …………………………………………… 18

    1.5.4　稳健性检验 …………………………………………… 19

    1.5.5　政策性农业保险对土地流转的影响机制 …………… 23

1.6　结论与政策建议 …………………………………………… 24

参考文献 …………………………………………………………… 25

2 参与农作物保险对农户农地转入的影响：以内蒙古为例············· 31

  2.1 引言·· 33

  2.2 文献综述··· 35

  2.3 理论分析框架··· 39

  2.4 数据和实证方法······································· 43

    2.4.1 数据来源··· 43

    2.4.2 变量描述··· 43

    2.4.3 实证方法··· 47

  2.5 计量分析··· 49

    2.5.1 参与农作物保险对农户农地转入影响的基准回归··· 49

    2.5.2 内生性处理······································· 50

    2.5.3 异质性分析······································· 51

  2.6 结论和启示··· 54

  参考文献··· 55

3 农业保险对农户劳动力资源配置的影响····················· 62

  3.1 引言·· 65

  3.2 理论分析与研究假说··································· 68

  3.3 数据来源、模型设定与变量选取························· 74

    3.3.1 数据来源··· 74

    3.3.2 模型设定··· 75

    3.3.3 变量选取与描述性统计····························· 77

  3.4 模型估计结果与分析··································· 80

    3.4.1 基准回归··· 80

    3.4.2 内生性讨论······································· 84

    3.4.3 稳健性检验······································· 84

    3.4.4 机制检验··· 87

　　　　3.4.5　异质性分析 ································· 90

　　3.5　结论与政策启示 ································· 94

　参考文献 ··· 96

4　农业保险对农户正规信贷配给的影响 ············· 102

　　4.1　引言 ··· 105

　　4.2　理论分析与研究假说 ························· 109

　　　　4.2.1　农业保险影响农户供给方配给的理论分析 ········· 110

　　　　4.2.2　农业保险影响农户需求方配给的理论分析 ········· 114

　　4.3　数据来源、模型设定与变量选取 ············· 119

　　　　4.3.1　数据来源 ····························· 119

　　　　4.3.2　信贷配给类型的识别 ··················· 120

　　　　4.3.3　信贷配给类型的统计 ··················· 122

　　　　4.3.4　模型设定 ····························· 123

　　　　4.3.5　变量选取与描述性统计 ················· 128

　　4.4　实证结果与分析 ····························· 133

　　　　4.4.1　基准回归 ····························· 133

　　　　4.4.2　内生性讨论 ··························· 140

　　　　4.4.3　稳健性检验 ··························· 141

　　　　4.4.4　异质性分析 ··························· 146

　　　　4.4.5　机制检验 ····························· 147

　　4.5　结论与启示 ································· 148

　参考文献 ··· 150

5　农业保险渐进式改革和种植结构调整：基于省级数据的实证 ······ 158

　　5.1　引言 ··· 161

　　5.2　理论分析与研究假说 ························· 163

　　5.3　模型设定、变量选取与数据来源 ··········· 167

    5.3.1　模型设定 ·················· 167

    5.3.2　变量选取及说明 ·············· 168

    5.3.3　数据来源和描述性统计 ·········· 170

  5.4　实证结果 ···················· 171

    5.4.1　基准回归 ················· 171

    5.4.2　异质性分析 ················ 176

    5.4.3　关于实证结果稳健性的讨论 ········ 177

  5.5　结论与启示 ·················· 180

  参考文献 ······················ 181

6　参与农作物保险和农户种植结构调整：以内蒙古为例 ·········· 185

  6.1　引言 ······················ 187

  6.2　文献综述 ···················· 189

  6.3　理论分析 ···················· 193

  6.4　数据来源、模型设定和变量选择 ········ 195

    6.4.1　数据来源 ················· 195

    6.4.2　基准模型 ················· 196

    6.4.3　农户农作物种植多样化的测度 ······ 196

    6.4.4　估计方法 ················· 197

    6.4.5　变量选择 ················· 199

    6.4.6　机制检验 ················· 202

  6.5　估计结果和分析 ················ 202

    6.5.1　基准回归结果 ··············· 202

    6.5.2　PSM估计结果 ··············· 203

    6.5.3　异质性分析 ················ 205

    6.5.4　机制检验 ················· 208

  6.6　结论和启示 ·················· 209

  参考文献 ······················ 211

7 气候变化、保险参与和农户农业化学要素投入 ……………… 217

  7.1 引言 ………………………………………………………… 220

    7.1.1 选题背景 ……………………………………………… 220

    7.1.2 研究意义 ……………………………………………… 222

    7.1.3 文献综述 ……………………………………………… 222

    7.1.4 研究内容和研究方法 ………………………………… 231

    7.1.5 数据来源 ……………………………………………… 232

    7.1.6 创新点与不足 ………………………………………… 233

  7.2 中国气候变化、农业保险和农户农业化学要素投入现状 …… 234

    7.2.1 中国气候变化状况 …………………………………… 234

    7.2.2 中国农业保险市场概况 ……………………………… 239

    7.2.3 中国农业化学要素投入现状：基于宏观时序

        数据的分析 …………………………………………… 249

    7.2.4 农户农业化学要素投入情况：基于微观农户

        数据的分析 …………………………………………… 255

  7.3 气候变化、保险参与和要素投入：基于农村固定观察点

    数据的实证 ………………………………………………… 257

    7.3.1 理论分析及研究假说 ………………………………… 258

    7.3.2 模型构建 ……………………………………………… 261

    7.3.3 数据来源 ……………………………………………… 263

    7.3.4 变量选取 ……………………………………………… 263

    7.3.5 实证结果 ……………………………………………… 267

  7.4 主要结论和对策建议 …………………………………… 275

    7.4.1 主要结论 ……………………………………………… 275

    7.4.2 对策建议 ……………………………………………… 277

    7.4.3 研究展望 ……………………………………………… 278

参考文献…………………………………………………………… 279

8 农业保险对农户绿色生产行为的作用 ·················· 288

　8.1　引言 ···················· 290

　8.2　文献综述 ···················· 292

　8.3　理论分析 ···················· 294

　8.4　实证方法与数据 ···················· 297

　　8.4.1　实证方法 ···················· 297

　　8.4.2　变量设定与说明 ···················· 298

　　8.4.3　数据来源与样本均值差异检验 ···················· 301

　8.5　实证结果与分析 ···················· 302

　　8.5.1　农户绿色生产行为评价指标权重与分析 ···················· 302

　　8.5.2　参与农业保险对农户绿色生产行为的影响分析 ····· 303

　8.6　结论与政策启示 ···················· 308

　参考文献 ···················· 309

9 农业保险保障水平对农业生产效率的影响 ·················· 314

　9.1　引言 ···················· 316

　9.2　理论分析与研究假说 ···················· 319

　9.3　数据与实证方法 ···················· 321

　　9.3.1　数据来源 ···················· 321

　　9.3.2　变量描述 ···················· 322

　　9.3.3　实证方法 ···················· 325

　9.4　实证分析 ···················· 327

　　9.4.1　随机前沿生产函数 ···················· 327

　　9.4.2　基准回归结果 ···················· 328

　　9.4.3　内生性处理 ···················· 330

　　9.4.4　稳健性检验 ···················· 331

　　9.4.5　调节效应检验 ···················· 332

9.4.6 异质性分析 ························· 333

9.5 结论与启示 ························· 336

9.5.1 结论 ························· 336

9.5.2 对策 ························· 336

参考文献 ························· 337

1　政策性农业保险对土地流转的激励效应[①]

随着中国农业现代化的不断推进和乡村振兴战略的深入实施，土地流转作为提高土地资源配置效率、促进农业规模化经营的重要手段，其重要性日益凸显。土地流转不仅能够优化农业资源配置，提高农业生产效率，还能推动农业经营规模化，为农业现代化提供坚实基础。然而，尽管土地流转市场在中国已初具规模，但仍面临一系列发展"瓶颈"。首先，土地流转机制不完善，导致交易过程复杂、透明度低，进而影响了流转市场的效率。其次，流转程序不规范，造成了农户和经营主体之间的信任缺失，增加了交易成本。此外，土地流转涉及多个利益相关者的协调，既要保护农户的土地权益，又要促进农业生产经营主体的规模化发展，这些因素均给土地流转市场的成熟发展带来挑战。政策性农业保险，作为政府支持农业发展的重要手段，逐渐在促进土地流转市场健康发展中扮演重要角色。政策性农业保险的核心目的在于为农户提供农业生产风险保障，减轻自然灾害、市场波动等不可控因素对农业生产的冲击，减少农户收入波动，提高农户的生产积极性。通过提供稳定的收入预期，政策性农业保险不仅帮助农户规避风险，还为其进行土地流转、扩大农业经营规模提供了动力。

[①]　本章内容发表于 2023 年《金融理论与实践》第 11 期，原文名称《政策性农业保险对土地流转的激励效应研究》。

近年来，政策性农业保险在中国得到了广泛应用与推广，成为推动农业现代化、保障粮食安全的重要支撑。

已有研究表明，农业保险对农户土地资源配置行为的影响主要涉及扩展边际和集约边际两个方面。扩展边际研究表明，农业保险不仅可以提高农户抗风险能力，缓解农业生产中的不确定性，还能够激励农户重新配置土地资源、扩大经营规模，但大多数集中在质量较低的边际土地上。集约边际研究发现，农业保险通过降低种植风险，促使农户调整种植结构，增加高保障农作物的种植面积。然而，尽管学术界已对农业保险与土地流转的关系进行了广泛讨论，但仍存在一些方法或结论上的局限。一方面，现有研究多集中于探讨农业保险对农户种植结构、生产要素配置（如资本投入）等方面的影响，直接探讨农业保险对土地流转激励效应的研究相对较少。另一方面，由于不同地区的自然条件、经济发展、政策环境等存在较大差异，农业保险对土地流转的激励效应在不同地区可能存在显著差异，以往研究未能充分考虑这种异质性，导致其研究结论的普适性受到限制。因此，有必要结合中国不同地区的实际情况，系统分析政策性农业保险对土地流转的激励作用。

基于上述背景，本章旨在系统检验政策性农业保险对土地流转市场的激励效应，并揭示不同保险密度和保险深度地区的农业保险政策对土地流转影响的差异。本章选取了2005~2020年中国30个省份（不包括西藏及港澳台地区）的面板数据，运用双向固定效应模型实证分析政策性农业保险对土地流转的作用，不仅探讨了农业保险对土地流转的总体影响，还通过异质性分析进一步论证了保险密度和保险深度对政策效应的调节作用。

通过对政策性农业保险与土地流转之间关系的实证分析，本章得出一系列具有政策意义的结论。首先，政策性农业保险通过提供风险保障，激励农户积极参与土地流转市场。具体而言，参与农作物保险的农户，土地流转面积平均扩大了19.296万公顷，土地流转率提高了1.427%，推动了土地的规模化经营；特别是在保险保障水平较高的地区，农户的风险规避能力更强，进而更加倾向于扩大土地流转面积。其次，农业保险对土地流转的作用在不同地区存在明显异质性。高保险密度、保险深度地区的农业保险政策对土地流转的激励作用更为显著，说明在保险发展水平较高的地区，农业保险更能有效推动土地流转。

本章的研究不仅拓宽了国内理论界对农业保险作用的研究视角，还为农业政策制定者提供了决策参考。随着中国农业保险市场的不断发展，未来可以通过进一步提高保险保障水平、扩大保险覆盖范围，以促进土地流转市场的可持续健康发展。此外，针对不同地区的差异化需求，政府可以在高保险密度地区出台更加灵活的土地流转政策，鼓励农户通过土地流转扩大生产规模，提升农业资源的利用效率。因此，为了更好地推动农业现代化，政府应继续推动农业保险制度的完善，同时优化土地流转市场环境，通过政策性农业保险激励土地流转，促进农业规模化经营的实现。

1.1 引言

现阶段，中国"三农"工作重心已转向全面推进乡村振兴，加快中国特色农业农村现代化进程。依靠技术进步，通过促使大量农业劳动力向非农领域转移，从而降低农场数量，扩大农场规模，提高农业生产效率，成为农业现代化的基本趋势（韩朝华，2017）。如何走好具有中国特色的农业现代化道路？可行路径可能是开展适度规模化经营，一是土地规模化经营，二是服务规模化经营（罗必良和李尚蒲，2018；胡凌啸，2018）。土地流转和规模化经营是农业现代化的基础和前提（北京天则经济研究所《中国土地问题》课题组和张曙光，2010），其中，土地流转是提高土地资源配置效率和农业生产率的有效途径（冒佩华和徐骥，2015），土地流转的速度和程度关系实现农业现代化的进程。截至 2021 年，中国已有2.29 万个乡镇建立农村土地经营权流转市场或服务中心，家庭承包耕地土地经营权流转面积超过 5.56 亿亩，占家庭承包经营耕地面积的 35.37%，占中国耕地面积的 29.03%。① 然而，在中国土地流转率已超过 1/3 的现实情况下，仍存在土地使用权流转不完全、不充分，流转机制不完善，流转程序不规范等问题，开展土地适度规模化经营仍面临困难（郜亮亮和纪月清，2022）。第三次全国农业普查数据显示，中国有农业经营户 20743 万户，其中，规模农业经营户仅有 398 万户，而小农户占比达到 98.08%，从业人数占农业从业人员的 90%，经营耕地面积占总耕地面积的 70%；2021 年中国农村总农户数超 2.72 亿户，经营耕地 10 亩以下的农户数超 2.3 亿户，经营耕地 10 亩以下的农户数占全部农户数比重依然高达 74.8%。由此可见，中国农业发展必须长期立足于"大国小农"这一基本国情农情，农业家庭经营占主导地位，小农户仍将是农业生产的主体，这意味着尊重农户自身意愿并借助市场力量实现农地经营规模的逐步提升是顶层设计的基本共识（罗必良等，2022）。

伴随土地流转率的缓慢提高和中央政策的大力支持，近年来中国农业保险保费收入规模跃居全球第一；2022 年中国农业保险保费收入 1219 亿元，同比增长 24.9%，为 1.67 亿户次农户提供风险保障共计 5.46 万亿元（江生忠等，2023）。农业保险成为各地促进农民增收（张伟等，2020；黄颖等，2021）、实施乡村振兴战略（冯文丽和苏晓鹏，2020）和保障国家粮食安全的重要工具（江生忠和朱文冲，2021）。如图 1-1 所示，2007~2021 年，中国土地流转市场和农业保险市场具有基本一致的成长趋势；农业保险保费收入由 2007 年的 53.33 亿元增长至 2021 年的 975.85 亿元，年复合增长率为 21.38%；保险保障水平由 2.31% 提高到 32.07%，年复合增长率为 19.16%；土地流转率由 5.24% 提高到 35.37%，年复合增长率为 13.57%②。因此，从宏观上看，过往十多年中国农业保险和土地流转两类市场的相同发展轨迹似乎可以反映出二者具有一定的相关关系，政策性农业保险可为土地流转市场发展提供风险保障，但这类激励作

---

① 资料来源：《中国农村政策与改革统计年报》。
② 资料来源：《中国保险年鉴》《中国农村经营管理统计年报》。

用是否存在尚须进行严谨规范的实证检验。

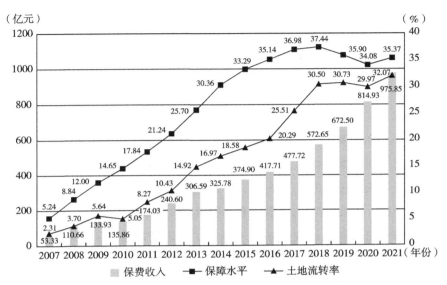

图 1-1　2007~2021 年中国农业保险保费收入、保障水平和土地流转率

注：保障水平=保险金额/农林牧渔业总产值；土地流转率=家庭承包经营耕地流转面积/家庭承包经营耕地总面积。

目前，农业保险对农户在农业生产中土地要素配置行为的影响已受到国内外研究学者的广泛关注，但有关参与保险如何影响农户土地流转行为的研究比较少。与已有研究相比，本章的边际贡献有以下两个方面：首先，拓宽了国内理论界有关农业保险作用的研究视角。以往研究较多关注农业保险对被保险人生产要素尤其是农用化学要素配置、技术采用等行为的影响，本章将农业保险政策和农地流转市场培育相融合。其次，在现实意义层面，本章的研究结论可为政府在农业保险向高质量发展转型时期进一步优化政策以支持土地流转市场发展提供决策参考。

本章的其他部分安排如下：第 2 部分为文献综述；第 3 部分为背景介绍和理论分析；第 4 部分为研究设计；第 5 部分为实证分析；第 6 部分为结论与政策建议。

1.2 文献综述

近年来，农业保险能否影响农户在农业生产中的土地资源配置行为是国内外农业保险理论界和实务界的研究热点，研究内容一般可以分为两个方面：一是在扩展边际方面，分析农业保险是否会激励农户扩大土地经营规模，已有研究普遍认为，农户因有保险提供风险保障会扩大农业生产规模；二是在集约边际方面，分析农业保险是否会影响农户农业生产中的农作物种植结构，结果发现，农户因有保险提供风险保障会调整农业生产结构。

关于农业保险激励农户新增土地以扩大经营规模，国内外学者指出，农作物保险会显著影响农户的土地分配决策，但其作用较小（Walters et al.，2012），其对农户耕种何种农作物具有显著性影响（Claassen et al.，2017）。而且，参保农户的新增土地多是质量较低且生态环境脆弱的土地（Wu et al.，2001；Capitanio et al.，2014）。此外，增加农业保险保费补贴（Miao et al.，2016）、参与土地休耕保护计划（CRP）（Burns et al.，2018）对农户扩大经营规模具有正向影响。当前，国内学者主要在理论层面上对农业保险影响农户土地要素的配置行为进行了深入的研究，认为农业保险对耕地扩张影响的规模效应主要体现在将总体质量较低的土地纳入农业生产中（张伟等，2012），从而形成一种粗放形式的种植扩张，尤其是在当前农业保险制度下，农民将会把自己未参保时闲置的、质量更差的土地用于农业生产（方伶俐和李文芳，2008），而在较高的保险保障水平和财政补贴比例下，农业保险才会诱使农户重新开垦之前弃耕的农地来种植农作物，实现农业有效播种面积的增加（罗向明等，2011）。已有研究表明，保险参与会显著提高农户转入的概率（柴智慧，2021；赵璐等，2022），进而推动区域内农地规模化经营（马九杰等，2021）。但也有研究发现，虽然流入土地的农户会有更大的可能性参保，但农业保险并没有促进土地流转（梁超等，2022），可能的原因是保险保障水平较低，不足以激励一般农户扩大经营规模。

关于农业保险促使农户调整生产结构，国内外学者认为，保险会降低种植农作物的风险而使农户改变种植结构（Turvey，1992；Wu，1999；Young et al.，2001），这与农户所处地理区域（Goodwin et al.，2004）、农业生产条件（Karlan et al.，2014）、农作物属性（Deryugina & Konar，2017）、保险保障水平、保险保费补贴（Yu et al.，2018）、未来预期收益等一系列因素紧密相关。具体而言，农业保险会促使农户减少低保障、低补贴农作物的种植面积而增加高保障、高补贴农作物的种植面积（Seo et al.，2005；Hill et al.，2019；Cai，2016）。目前，国内学者对农业保险如何影响农户农作物种植行为的研究多是实证分析（张跃华等，2006；方蕊等，2019）。任天驰和杨汭华（2020）基于全国第三次农业普查10270户微观数据研究发现，在参与保险后，经营面积10亩以下农户多选择"调面积"，10~50亩的农户则选择"调结构"；从作物来看，农户对经济作物表现出倾向于"冒进"的生产决策，对粮食作物则相对"保守"；农业保险参与会使小农户的种植结构出现"非粮化"的趋势，从而促进经济作物种植的专业化；从作用机理来看，农业保险通过开荒复垦激励小农户扩大经营规模。江生忠等（2022）发现，通过对农业保险进行财政补贴，可以显著增加水稻和小麦作物的种植面积，促进种植业结构优化调整。

基于上述文献梳理发现，农业保险对农户农业生产中的土地资源配置行为的影响受到了国内外学者的广泛关注，已有研究均指出，尽管农业保险作用较小，但参与保险的确会激励农户重新配置土地资源，尤其是扩大经营规模或调整生产结构，且认为农户多是将边际土地投入生产，但并未回答农户"土地来源"这一深层次问题。事实上，除去将荒地以及各类资源禀赋条件较差的边际土地①用来开垦耕种以外，通过在流转市场转入

---

① 边际土地是指受土壤质量限制、气候条件约束或地形条件局限，农业生产潜力和经济效益低下、生态脆弱的土地，包括荒地、闲置土地、盐碱地、沙地、山地、荒漠化地、矿区复垦地等。

土地也是农户扩大生产边界的途径之一。鉴于此,本章基于宏观时序数据,实证检验政策性农业保险对土地流转市场发展有无作用、作用大小以及不同时期、不同地区的保险政策对土地流转影响的异质性。

1.3 背景介绍和理论分析

1.3.1 政策性农业保险的渐进性试点推广

中国政策性农业保险的试点推广是按照时间逐渐递进的。如图 1-2 所示,2007 年首次在吉林和江苏等 6 个省份开展政策性农业保险试点,并于 2012 年将其覆盖范围扩展至全国。在由点及面的逐步复制推广中,"低保障、广覆盖"是农业保险的主要特征,其为农业经营主体在农业生产过程中的直接物化成本提供风险保障,其中,种植业保险的保额包括种子、化肥、农药、机耕、灌溉、地膜 6 项。

伴随农业保险市场的扩大和农业生产经营形势的变化,农业保险产品和服务不适应的问题也逐步显现,农户特别是规模经营农户的风险保障需求不能得到有效满足(庹国柱,2018;张伟等,2018),典型表现为保额不能完全覆盖生产成本、保障不能有效化解市场风险等,如三大粮食作物每亩约 400 元的保额与每亩 1000 元以上的生产成本及发达国家保障收入的标准仍有较大差距①。鉴于此,2017 年 4 月 26 日召开的国务院常务会议决定,2017~2018 年在 13 个粮食主产省选择 200 个左右产粮大县,以水稻、小麦、玉米三大粮食作物为标的,在面向全体农户的基本险基础上,针对种田大户、家庭农场等适度规模经营主体试点保障金额覆盖"直

---

① 资料来源:吴芃.周延礼委员:大力发展农业保险服务乡村振兴 [EB/OL]. http://m. cfbond. com/zclb/detail/20190309/1000200000020311552052524576427248_1. html? ivk_sa=1023197a.

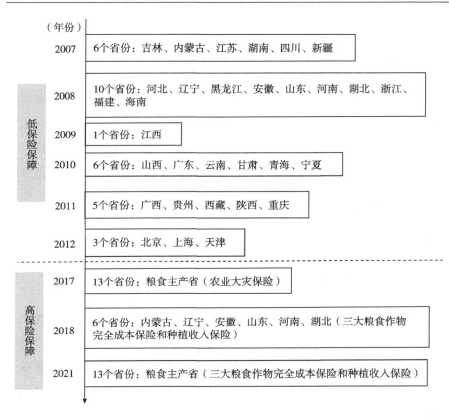

图 1-2 中国政策性农业保险由低保障到高保障的渐进性试点推广过程

接物化成本+地租"的专属农业大灾保险产品。农业大灾保险作为一项过渡性的试点政策，试点范围于 2019 年扩大至 500 个产粮大县，且自 2022 年起予以取消，由完全成本保险和收入保险替代。

根据 2016 年中央一号文件对农业保险"扩面、增品、提标"的要求，为进一步提升农业保险保障水平，促进农业保险转型升级，探索健全以市场为导向的农业生产风险分担机制，我国于 2018~2020 年在内蒙古、山东等 6 个省份的 24 个产粮大县，针对规模经营农户和小农户，开展水稻、小麦、玉米三大主粮作物的完全成本保险和收入保险政策试点。从整体上来看，试点险种每亩保额对完全成本的覆盖率平均为 92.38%，保障水平较直接物化成本保险平均提升 0.85 倍,较大灾保险也有明显提升。2019~2020 年,6 个省份试点险种投保面积、投保农户、赔付金额均有提升,在受损程度相同的情况下,6 个省份完全成本保险亩均赔款高于直接物化成本保险 95.5%,高于大灾保险 22.83%,农户获得更高额的灾后损失补偿,农户受益度(理赔金额与自交保费之比)平均达到 12.16(张宝海等,2021)。为贯彻落实 2021 年中央一号文件提出的"扩大稻谷、小麦、玉米三大粮食作物完全成本保险和收入保险试点范围,支持有条件的省份降低产粮大县三大粮食作物农业保险保费县级补贴比例",2021 年将试点地区扩展至 13 个粮食主产省份的产粮大县,2022 年实现实施地区产粮大县的全覆盖。

1.3.2　理论分析和假说提出

政策性农业保险推广有助于鼓励农户在农业生产中分配更多资源,推进农户规模化经营(李嘉浩和王国军,2022)。一方面,保险为农户提供一个市场化的风险转移工具,可将农业风险外部化,故参与保险能够减少农民进行专业化生产或规模化生产所产生的风险,由此可能驱使农民增加农业固定资产投资(任天驰等,2021),进一步扩大生产边界,实现规模化经营。另一方面,农业规模化经营不仅要重视规模适度性,而且还应注重农产品种类多样性,就后者而言,主要可以分为土地密集型、资本密集型、劳动密集型产品(黄祖辉,2017)。土地规模化经营是农业规模化经营的一种重要类型,并且它主要适合以粮食等大田作物为主的土地密集型农产品。现阶段中国农业保险尤其是农作物保险的可保品种主要是大田作物,较为符合种田大户等规模化经营主体的需求,故参与农业保险可能引导农户调整作物种植结构,扩大农作物尤其是粮食作物种植面积,进而促进农地规模化经营。以美国为例,参与农作物保险会使农户根据气候和土壤条件改变生产行为,表现之一为农户增加耕种面积(Shi et al.,2020),降低其退出农业经营 13.5%~16.1% 的可能性(Kim et al.,2020)。同时,政府对农作物保险进行财政补贴还会导致农场数量减少,但经营规模会扩大（Azzama et al.，2021）。农户在从事农业生产经营过程中需要承担自然和市场的双重风险，而其规避风险和应对挑战的经验及能力有限，政策性农业保险在一定程度上能够有效转移和分散风险，保障农户农业生产安全，进而提升其进行规模化生产的积极性。已有学者研究证实，政策性农业保险显著提升了农户的生产专业化指数（张壮等，2023），弱化了多样化种植行为，大规模农户因种植农作物品种相对单一、专业化程度高导致其收入来源也较为单一，而农业保险则可为其提供风险管理手段（刘亚洲和钟甫宁，2019）。另有学者发现，在保险保障水平较低的情况下，农业保险能够促进农民增收，且显著影响其耕地面积变化，但对提升农民种粮意愿的作用并不明显（徐斌和孙蓉，2016）。然而，近年来中国农业保险高质量发展，尤其是完全成本保险和收入保险试点范围的逐步扩大，为各类农业主体扩大经营规模提供了较高的风险保障服务，故在农业保险保障范围及保障水平的激励下，已出现引导"大中型农户"和粮食作物种植农户扩大农业生产规模进而实现农地规模化经营的趋势（刘素春等，2022）。

综上可知，推进农业现代化需要农地经营规模化，而覆盖范围广、保险种类全、保障水平高的农业保险则有利于为农户提供充足的风险保障，由此激励农户进一步扩大经营规模，土地流转则是可选择的重要途径（盖庆恩等，2023）。农业保险对土地流转的作用机制如图1-3所示。另外，国际经验表明，农业保险市场规模大的国家或地区，其农业经营规模也比较大，反之亦然。结合中国国情来看，随着政策性农业保险由低保障到高保障的渐进性试点推广，打破了农业大灾保险面向适度规模经营主体的局限，进一步将小农户纳入保障范围，带动小农生产进入现代农业的发展轨道（徐亮等，2022）。而且有学者指出，中国保险覆盖程度越深的地区农业种植专业化程度越高，同时保险深度较低的地区并未出现农业种植行为向专业化转变的迹象（付小鹏和梁平，2017）。因此，中国不同地区的土地流转市场可能会因政策性农业保险试点推广进程的不同而存在异质性。据此，本章提出以下三个研究假说：

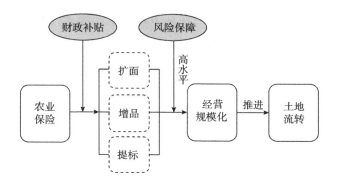

图1-3 农业保险对土地流转的作用机制

假说1：政策性农业保险渐进性试点推广会促进地区土地流转，具体体现为增加土地流转面积、提升土地流转率。

假说2：各地区土地流转市场会因政策性农业保险的发展程度而存在异质性，其中，保险深度越深、密度越大的地区，土地流转面积越大。

假说3：政策性农业保险渐进性试点推广通过增加农业固定资产投资和粮食作物种植面积推进农户规模化经营，进而扩大土地流转面积。

1.4　研究设计

1.4.1　数据来源

本章的实证部分选取2005～2020年中国30个省份（不包括西藏与港澳台地区）的面板数据。其中，政策性农业保险数据来自《中国保险年鉴》，土地流转数据来自《中国农村经营管理统计年报》，影响土地流转的各类因素的数据来自《中国统计年鉴》《中国农村统计年鉴》等。

1.4.2 模型设定

双向固定效应模型是同时存在"时间效应"和"个体效应"的模型，本章选取 30 个省份 16 年的面板数据，由于各省份的情况存在差异，本章构建了时间固定和地区固定的双向固定效应模型，具体如下：

$$y_{it} = \alpha_0 + \alpha_1 Insu_{it} + \alpha_2 X_{it} + \delta_t + \phi_i + \varepsilon_{it} \qquad (1-1)$$

其中，i 表示省份，$i = 1$，2，$\cdots$，30；t 表示年份，$t = 2005$，2006，$\cdots$，2020；y_{it} 是被解释变量，表示第 i 个省份在 t 时间的土地流转情况；$Insu_{it}$ 是核心解释变量，表示第 i 个省份在 t 时间的政策性农业保险参与情况，若参与，则取值为 1，否则取值为 0；X_{it} 表示一系列控制变量；δ_t 表示时间固定效应，ϕ_i 表示地区固定效应，ε_{it} 表示随机扰动项。

1.4.3 变量描述

1.4.3.1 被解释变量

本章主要考察农业保险政策对土地流转市场的作用，借鉴已有研究（钱文荣等，2022；杨青等，2022），对于土地流转规模，选取土地流转面积指标进行衡量，即各地区进入流转市场的土地面积。

1.4.3.2 核心解释变量

以是否参与农业保险政策为虚拟变量，若参与则取值为 1，否则取值为 0。

1.4.3.3 控制变量

根据学界对土地流转影响因素的研究，本章主要考虑农业保险赔款、农作物受灾面积、农作物总种植面积、农业就业人员比重、城镇化率、农业机械化水平、农村居民人均可支配收入、农村居民人均经营性纯收入占比。

相关变量的定义及描述性统计如表 1-1 所示。

表 1-1　变量定义和描述性统计

类别	变量	变量定义及赋值	样本数	均值	标准差	最小值
被解释变量	土地流转面积	进入流转市场的土地面积（万公顷）	480	68.59	81.863	0.602
核心解释变量	是否参与农业保险政策（Insu）	是=1，否=0	480	0.577	0.495	0
控制变量	农业保险赔款	单位：亿元	480	6.625	9.022	0
	农作物受灾面积	单位：万公顷	480	102.676	96.467	0.16
	农作物总种植面积	单位：万公顷	480	540.005	367.652	8.855
	农业就业人员比重	一产就业人员/全社会就业人员（%）	480	35.216	15.337	1.965
	城镇化率	城镇人口/总人口	480	55.165	14.006	26.87
	农业机械化水平	农业机械总动力（万千瓦）	480	3127.865	2822.875	93.97
	农村居民人均可支配收入	单位：元	480	9695.43	5935.685	1876.958
	农村居民人均经营性纯收入占比	经营性纯收入/可支配收入（%）	480	49.852	23.687	8.028

1.5　实证分析

1.5.1　农业保险政策对土地流转面积影响的基准回归

表 1-2 报告了农业保险政策影响土地流转面积的基准回归结果。第（1）列是控制时间和地区固定效应后的回归结果，可见 Insu 的回归系数在 1%的水平上显著为正，说明在不加任何控制变量的情况下，参与农业保险政策会显著促进土地流转面积增加。第（2）列是加入控制变量后的回归结果，可见 Insu 的回归系数也在 1%的水平上显著为正，由此可知，

参与农业保险政策使进入流转市场的土地面积增加 19.296 万公顷,即参与农业保险政策会显著扩大土地流转面积,假说 1 得到证实。

表 1-2 农业保险政策影响土地流转面积的基准回归结果

变量	(1)	(2)
	土地流转面积	土地流转面积
Insu	19.8866 ***	19.2964 ***
	(3.13)	(3.99)
农业保险赔款		2.9071 ***
		(7.80)
农作物受灾面积		-0.0876 ***
		(-3.53)
农作物总种植面积		0.0434
		(0.87)
农业就业人员比重		0.4354
		(0.84)
城镇化率		1.6011
		(1.55)
农业机械化水平		0.0096 ***
		(3.34)
农村居民人均可支配收入		0.0008
		(0.55)
农村居民人均经营性纯收入占比		1.5143 ***
		(6.59)
地区固定效应	控制	控制
时间固定效应	控制	控制
N	480	450
R^2	0.563	0.748

注: *** 表示在 1% 的水平上显著,括号内为 t 值。

在控制变量中,考虑农民的流转行为可能存在一定惯性,即当期流转面积可能会受到前一期因素的影响，故本章将控制变量中的农业保险赔款、农作物受灾面积和农作物总种植面积变量进行滞后一期处理。回归结果显示，农业保险赔款、农业机械化水平和农村居民人均经营性纯收入占比对土地流转面积均存在显著的正向作用，农业保险赔款意味着往期风险保障水平。在农业保险政策实行之后，其系数在1%的水平上显著为正，可能的原因是农业保险政策经历了渐进式的改革与发展，保险保障程度不断地提升，基本满足了农户流转土地的风险保障需求；而农业机械化水平可为农户进行土地流转提供技术及效率支撑；农业经营收入则提供充足的资金支持，收入越高越有利于农户扩大土地流转面积规模；农作物受灾面积与土地流转面积呈负相关关系，往期作物受灾面积扩大，可能会降低农户种植意愿，进而抑制土地进入流转市场。

1.5.2 内生性讨论

为解决样本可能存在的遗漏变量和选择偏误等内生性问题，本章做出以下检验：采用多期DID模型进行检验。根据中国农业保险政策升级及试点的具体时间，本章将样本区间均分为两段，构造多时期双重差分进行检验。具体而言，本章将样本均分为2005~2012年和2013~2020年两个阶段，第一阶段是低保险保障水平下的农业保险保费补贴政策试点阶段；第二阶段是高保险保障水平下的农业大灾保险政策和三大粮食作物完全成本保险和收入保险政策试点阶段。具体模型如下：

$$y_{it}=\beta_0+\beta_1 Period_{it}\times Treat_{it}+\beta_2 X_{it}+\delta_t+\phi_i+\varepsilon_{it} \qquad (1-2)$$

其中，设置地区维度的政策分组虚拟变量 $Treat$，将样本期间内参与农业保险政策试点的省份设置为处理组，$Treat$ 赋值为1；将样本期间内未参与农业保险政策试点的省份设置为对照组，$Treat$ 赋值为0。设置时间维度的政策分期虚拟变量 $Period$，样本在各期参与农业保险政策试点赋值为1，否则为0。构造 $Treat$ 与 $Period$ 的交互项 $Treat\times Period$，通过模型（2）进行检验，回归结果如表1-3第（1）列、第（2）列所示。

表 1-3　多期双重差分回归结果

变量	（1）	（2）	（3）
	2005～2012 年	2013～2020 年	农业保险政策倾斜强度
	土地流转面积	土地流转面积	土地流转面积
$Treat×Period$	-2.4987	20.9725***	26.4081***
	（-0.64）	（5.76）	（4.16）
农业保险赔款	1.5914**	0.4410*	2.9381***
	（2.01）	（1.90）	（7.90）
农作物受灾面积	-0.0316*	-0.0209	-0.0872***
	（-1.87）	（-1.01）	（-3.52）
农作物总种植面积	0.3018***	-0.0736**	0.0554
	（5.53）	（-2.25）	（1.11）
农业就业人员比重	-0.9711*	0.1946	0.7144
	（-1.88）	（0.42）	（1.38）
城镇化率	2.5929**	-0.3962	1.6823
	（2.13）	（-0.29）	（1.63）
农业机械化水平	0.0291***	-0.0026	0.0081***
	（6.73）	（-1.29）	（2.82）
农村居民人均可支配收入	0.0084***	-0.0024	0.0004
	（3.66）	（-1.65）	（0.27）
农村居民人均经营性纯收入占比	0.5640*	0.4652**	1.3741***
	（1.79）	（1.99）	（5.97）
地区固定效应	控制	控制	控制
时间固定效应	控制	控制	控制
N	210	210	450
R^2	0.731	0.616	0.749

注：*、**、***分别表示在10%、5%、1%的水平上显著，括号内为 t 值。

表 1-3 中第（1）列和第（2）列分别报告了 2005～2012 年和 2013～
2020 年的回归结果，可见，第二阶段 $Treat×Period$ 的回归系数在 1% 的水
平上显著为正，说明在处理样本遗漏变量等内生性问题后，参与农业保险
政策依然能够显著扩大土地流转面积 20.973 万公顷，与本章的主要研究

结论方向相一致。造成第一阶段不显著的原因可能在于农业大灾保险政策和三大粮食作物完全成本保险和收入保险政策在扩大土地流转面积方面预期效果更为显著，且农业大灾保险政策和三大粮食作物完全成本保险和收入保险试点政策相较于"农业保险保费补贴政策"具有保险保障水平更高、保险责任范围更广、政策实施范围更大等特点。这说明覆盖范围广、保障水平逐步提高的农业保险政策更有利于为农户提供充足的风险保障，激励农户扩大经营规模，促进土地流转。

此外，本章还从政策试点倾斜的角度构建了多期 DID 模型，以此来消除造成地区间政策倾斜强度不同的遗漏变量和选择偏误问题。具体地，本章将样本区间内地区参与农业保险政策试点次数大于等于 2 的省份样本作为处理组，*Treat* 赋值为 1；将试点次数小于 2 的样本作为对照组，*Treat* 赋值为 0。与前文相同，设置时间维度的政策分期虚拟变量 *Period*，将样本在各期参与农业保险政策试点赋值为 1，否则为 0。构造 *Treat* 与 *Period* 的交互项 *Treat×Period*，通过模型（2）进行检验，结果如表 1-3 第（3）列所示。可见，*Treat×Period* 的回归系数在 1% 的水平上显著为正，即与政策倾斜强度较低的地区相比，政策倾斜强度越大的地区土地流转面积增加了 26.408 万公顷，结果依旧与本章的主回归结果相一致。

1.5.3 异质性分析

地区本身具有异质性，不同地区在保险密度、保险深度、生产功能性质、经济发展水平、地理区域等个体特征上存在明显差异，这可能会导致农业保险政策产生不同的影响效果。保险密度和保险深度是地区异质性的重要方面，对于地区保险发展水平具有重要影响。为此，本章进一步探究农业保险政策对不同保险密度及深度地区土地流转面积的影响，引入保险密度（保费收入/农村人口）和保险深度（保费收入/第一产业增加值）变量，按照全样本保险密度、保险深度的平均数进行分组，将保险密度、保险深度平均数大于全样本平均数的样本归入高组，其余样本归入低组，分组回归结果如表 1-4 所示。参与农业保险政策对不同保险密度及深度地区土地流转面积的影响存在异质性，结果发现，参与农业保险政策使高保险密度、深度地区进入流转市场的土地面积分别增加 32.697 万公顷、36.077 万公顷；促进低保险密度、深度地区进入流转市场的土地面积分别增加 11.994 万公顷和 15.448 万公顷，均在 1% 的水平上显著为正。这说明农业保险政策对高保险密度、深度地区土地流转面积的正向影响大于低保险密度、深度地区，假说 2 得到验证。其可能的原因在于，自 2007 年国家推行农业保险政策以来，农业保险保障水平的逐步提升为农业经营主体扩大经营规模提供了较高水平的风险保障，有效减少了农业风险给农业生产者带来的不确定因素，农业保险发展水平显著促进了土地流转规模的扩大，在一定程度上提高了农户流转积极性。

表 1-4　农业保险政策对不同保险密度及深度地区土地流转面积的影响

变量	土地流转面积			
	高保险密度	低保险密度	高保险深度	低保险深度
$Insu$	32.6967***	11.9943**	36.0766***	15.4476***
	(3.64)	(2.35)	(3.55)	(3.23)
控制变量	控制	控制	控制	控制
地区固定效应	控制	控制	控制	控制
时间固定效应	控制	控制	控制	控制
N	150	300	120	330
R^2	0.819	0.817	0.853	0.812

注：***表示在 1% 的水平上显著，括号内为 t 值。

1.5.4　稳健性检验

1.5.4.1　平行趋势检验

只有满足平行趋势，处理组和对照组之间才具有可比性，即政策实施的外生冲击是存在且有效的。本章采用事件研究法检验平行趋势，选取土地流转面积作为被解释变量进行回归，以反映参与农业保险政策影响土地流转的动态效果。图1-4的横轴表示农业保险政策实施年份，由图1-4可知，高保障水平阶段的农业保险政策在激励土地流转方面实现预期效果，故该检验的政策冲击时点视为第二阶段即2013年。纵轴表示土地流转面积的估计系数，实线表示95%置信区间，可见，在高保障水平的农业保险政策实施之前，估计系数均不显著，这表明处理组和对照组间不存在显著差异，即平行趋势检验成立；在政策实施之后，土地流转面积的估计系数显著为正，说明农业保险政策对土地流转面积存在正向激励作用。

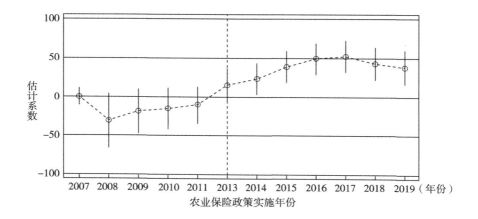

图1-4　农业保险政策影响土地流转面积的动态效果

1.5.4.2　安慰剂检验

本章利用随机抽取处理组并随机构造政策虚拟变量的方式，以土地流转面积为被解释变量，重复500次进行安慰剂检验，结果如图1-5所示，可见，估计系数的分布接近正态分布，同时，政策虚拟变量估计系数值均在0附近且明显异于实际估计系数20.973，进一步证明前文估计结果具有稳健性。

1.5.4.3　替换被解释变量

本章选取另一类常用指标代替土地流转面积进行衡量，即土地流转率（家庭承包经营耕地流转面积/家庭承包经营耕地总面积），回归结果如表

1-5 第（1）列所示。可见，*Insu* 的回归系数在 10% 的水平上显著为正，这表明参与农业保险政策显著提升土地流转率 1.427%，进一步验证了基准回归的稳健性。

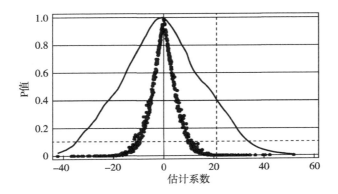

图 1-5　安慰剂检验

表 1-5　稳健性检验

变量	（1）	（2）	（3）	（4）
	替换被解释变量	子样本回归		控制政策效应
	土地流转率	土地流转面积	土地流转面积	土地流转面积
Insu	1.4274*	15.9377**	12.8414**	19.2905***
	(1.72)	(2.51)	(2.52)	(4.03)
农业保险赔款	0.2124***	2.0163***	5.0081***	2.9036***
	(3.32)	(4.38)	(10.99)	(7.87)
农作物受灾面积	-0.0067	-0.1109***	-0.0364	-0.0831***
	(-1.57)	(-3.97)	(-1.17)	(-3.37)
农作物总种植面积	0.0108	0.1481**	-0.1971***	0.0308
	(1.26)	(2.54)	(-2.61)	(0.62)
农业就业人员比重	0.4974***	1.4052**	-0.4589	0.5643
	(5.60)	(2.49)	(-0.90)	(1.10)
城镇化率	0.4971***	-0.0010	6.3925***	1.9571*
	(2.80)	(-0.00)	(4.58)	(1.90)

续表

变量	（1）替换被解释变量	（2）子样本回归	（3）子样本回归	（4）控制政策效应
	土地流转率	土地流转面积	土地流转面积	土地流转面积
农业机械化水平	0.0006	0.0039	0.0039	0.0092***
	（1.27）	（1.11）	（1.53）	（3.23）
农村居民人均可支配收入	0.0020***	0.0014	0.0009	0.0010
	（8.33）	（0.84）	（0.59）	（0.74）
农村居民人均经营性纯收入占比	−0.0028	0.9907***	1.1519***	1.5488***
	（−0.07）	（2.81）	（3.55）	（6.79）
土地确权				14.2820***
				（2.98）
地区固定效应	控制	控制	控制	控制
时间固定效应	控制	控制	控制	控制
N	450	315	300	450
R^2	0.867	0.701	0.818	0.754

注：*、**、***分别表示在10%、5%、1%的水平上显著，括号内为 t 值。

1.5.4.4　子样本回归

本章将农业保险政策 3 个阶段中均参与试点的内蒙古、辽宁、山东、河南、安徽、湖北 6 个省份及北京、上海、天津 3 个直辖市剔除，继续进行子样本回归，回归结果见表 1-5 第（2）列。进一步地，本章还剔除高保险密度、深度的地区，按照基准回归中的变量设置，对土地流转面积进行再次回归，回归结果如表 1-5 第（3）列所示，可见 *Insu* 的回归系数在 5%的水平上显著为正，说明农业保险政策的实施对土地流转面积增加具有显著的促进作用，即在进一步控制样本的特殊性后本章的基准回归结果依然稳健。

1.5.4.5　考虑其他政策因素

已有文献表明，通过土地确权登记颁证，有助于促进土地流转（许庆等，2017）。农村土地确权登记颁证工作全面推进始于 2013 年，2014

年首先在山东、四川和安徽 3 个省份试点，2015 年新增江苏、江西、湖北等 9 个试点省份，2016 年新增河北、山西、内蒙古等 10 个试点省份，2017 年新增北京、天津、重庆等 6 个试点省份。基于此，本章进一步考虑其他政策影响，设置实施土地确权政策虚拟变量，若样本在 t 年实施土地确权政策，赋值为 1，否则为 0。在控制变量中加入土地确权进行回归，结果如表 1-5 第（4）列所示，可见土地确权的回归系数在 1% 的水平上显著为正，说明土地确权政策的实施对土地流转面积具有显著促进作用，与现实情况相符。并且，$Insu$ 的回归系数在 1% 的水平上显著为正，意味着在进一步控制国家政策的影响后本章的基准回归结果依然稳健。

1.5.5 政策性农业保险对土地流转的影响机制

本章在机制分析中提到政策性农业保险推广有助于推进农户规模化经营，进而对土地流转面积产生影响。因此，本章选取农业固定资产投资和种植结构作为机制变量，引入农村住户固定资产投资投向农业的金额作为农业固定资产投资的代理变量，以粮食作物种植面积与农作物总种植面积之比为种植结构的代理变量，进一步探究农业保险对土地流转的影响机制。本章参考已有文献的中介效应方法进行机制检验（江艇，2022），若核心自变量对机制变量的影响显著，则认为农业保险政策通过影响农业固定资产投资和种植结构，进而作用于土地流转面积。

表 1-6 汇报了机制分析的回归结果。具体为：第（1）列和第（2）列 $Insu$ 的回归系数分别在 5% 和 1% 的水平上显著为正，说明参与保险使农村住户固定资产投资投向农业的金额增加，且粮食作物种植面积与农作物总种植面积之比提升，促进种植结构"趋粮化"。机制分析结果表明，政策性农业保险可以通过增加农业固定资产投资、提高粮食作物种植面积占农作物总种植面积的比例，推动土地规模经营，促进土地流转面积增加，故假说 3 得到验证。

表1-6　农业保险政策对农业固定资产投资和种植结构的影响

变量	（1）	（2）
	农业固定资产投资	种植结构
Insu	14.2231**	2.0391***
	（2.39）	（3.74）
控制变量	控制	控制
地区固定效应	控制	控制
时间固定效应	控制	控制
N	450	450
R^2	0.316	0.221

注：**、***分别表示在5%、1%的水平上显著，括号内为t值。

1.6　结论与政策建议

　　本章基于2005~2020年中国30个省份（不包括西藏及港澳台地区）的面板数据，使用双向固定效应模型实证检验了政策性农业保险对土地流转的激励效应，并揭示政策效应的作用机制及可能存在的区域异质性。研究结论如下：①政策性农业保险试点推广对土地流转市场发展存在显著的促进作用，具体体现为增加土地流转面积、提升土地流转率。进行剔除部分样本、控制其他政策变量等一系列稳健性检验后，结论依然成立。②内生性分析中，多期DID模型结果显示，低保险保障水平下的农业保险保费补贴政策未促进土地流转面积增加，而以高保险保障水平为特征的农业大灾保险政策和三大粮食作物完全成本保险和收入保险政策显著促进了土地流转面积的增加；且农业保险政策倾斜强度越大，越有利于农户进行土地流转。③异质性分析发现，参与农业保险政策对不同保险密度及深度地区的土地流转面积的影响存在异质性，其中，保险深度越深、密度越大的地区，土地流转面积越大。④机制分析中，政策性农业保险通过促进规模化经营，具体体现为农村住户固定资产投资投向农业的金额增加、粮食作物种植面积与农作物总种植面积之比提升，进而对土地流转面积产生积极影响。

基于上述研究结论，本章提出如下政策建议：第一，继续提高农业保险保障水平，优化保费补贴机制，进一步契合新型农业经营主体的风险保障需求。第二，因具有高保障水平特征的农业保险政策在促进土地流转方面优势明显，故要继续提升最新农业保险政策试点的覆盖广度和深度，更好地发挥中国农业保险政策2.0版本对土地规模化经营的激励作用。第三，因政策性农业保险对高保险密度、深度地区的激励效果更为显著，故应进一步优化此类地区土地流转的市场环境，出台鼓励土地流转和规模化经营的优惠政策，或为此类地区提供更有针对性的农业保险产品，如部分地区正试点的土地流转履约保证保险，调动农户流转土地的积极性。

参考文献

[1] 北京天则经济研究所《中国土地问题》课题组，张曙光. 土地流转与农业现代化[J]. 管理世界，2010（7）：66-85+97.

[2] 柴智慧. 参与农作物保险是否促进农户农地转入？——基于内蒙古的微观实证[J]. 保险研究，2021（12）：39-54.

[3] 方伶俐，李文芳. 不同地区农作物保险购买影响因素的比较实证研究[J]. 生态经济，2008（7）：28-32.

[4] 方蕊，安毅，刘文超. "保险+期货"试点可以提高农户种粮积极性吗？——基于农户参与意愿中介效应与政府补贴满意度调节效应的分析[J]. 中国农村经济，2019（6）：113-126.

[5] 冯文丽，苏晓鹏. 农业保险助推乡村振兴战略实施的制度约束与

改革［J］.农业经济问题，2020（4）：82-88.

［6］付小鹏，梁平.政策性农业保险试点改变了农民多样化种植行为吗［J］.农业技术经济，2017（9）：66-79.

［7］盖庆恩，李承政，张无坷，等.从小农户经营到规模经营：土地流转与农业生产效率［J］.经济研究，2023，58（5）：135-152.

［8］郜亮亮，纪月清.中国城乡转型中的农村土地集体产权与流转配置效率［J］.中国农村经济，2022（10）：24-40.

［9］韩朝华.个体农户和农业规模化经营：家庭农场理论评述［J］.经济研究，2017（7）：184-199.

［10］胡凌啸.中国农业规模经营的现实图谱："土地+服务"的二元规模化［J］.农业经济问题，2018（11）：20-28.

［11］黄颖，吕德宏，张珩.政策性农业保险对农户贫困脆弱性的影响研究：以地方特色农产品保险为例［J］.保险研究，2021（5）：16-32.

［12］黄祖辉.乡村振兴战略中的适度规模经营问题［J］.中国合作经济，2017（10）：17-19.

［13］江生忠，付爽，贺玉聪，等.2022年农业保险市场发展回顾与展望［J］.保险理论与实践，2023（5）：10-25.

［14］江生忠，付爽，李文中.农业保险财政补贴政策能调整作物种植结构吗？——来自中国准自然实验的证据［J］.保险研究，2022（6）：51-66.

［15］江生忠，朱文冲.农业保险有助于保障国家粮食安全吗？［J］.保险研究，2021（10）：3-17.

［16］江艇.因果推断经验研究中的中介效应与调节效应［J］.中国工业经济，2022（5）：100-120.

［17］李嘉浩，王国军.农险保费补贴、农业规模化和农业生产水平［J］.山西财经大学学报，2022，44（8）：43-57.

［18］梁超，贺娟，陶建平.农业保险促进了土地流转吗？——基于华中三省的实证分析［J］.世界农业，2022（1）：87-98.

［19］刘素春，赵新宇，田冠超.农业保险能减弱农民的非农就业意愿吗——基于山东省、浙江省、陕西省的调研数据［J］.农业技术经济，2022（11）：53-64.

［20］刘亚洲，钟甫宁.风险管理 VS 收入支持：我国政策性农业保险的政策目标选择研究［J］.农业经济问题，2019（4）：130-139.

［21］罗必良，李尚蒲.论农业经营制度变革及拓展方向［J］.农业技术经济，2018（1）：4-16.

［22］罗必良.中国农业现代化的战略定位［J］.中国农村经济，2022（12）：20-24.

［23］罗向明，张伟，丁继锋.地区补贴差异、农民决策分化与农业保险福利再分配［J］.保险研究，2011（5）：11-17.

［24］马九杰，杨晨，崔恒瑜，等.农业保险的环境效应及影响机制：从中国化肥面源污染视角的考察［J］.保险研究，2021（9）：46-61.

［25］冒佩华，徐骥.农地制度、土地经营权流转与农民收入增长［J］.管理世界，2015（5）：63-74+88.

［26］钱文荣，洪甘霖，郑淋议.社会养老保障水平与农地流转市场发育——基于数量和质量的双重视角［J］.农业经济问题，2022（8）：4-18.

［27］任天驰，杨汭华.小农户衔接现代农业生产：农业保险的要素配置作用——来自第三次全国农业普查的微观证据［J］.财经科学，2020（7）：41-53.

［28］任天驰，张洪振，杨晓慧，等.农业保险保障水平与农户生产投资：一个"倒 U 型"关系——基于鄂、赣、川、滇四省调查数据［J］.中国农村观察，2021（5）：128-144.

［29］庹国柱.试论农业保险创新及其深化［J］.农村金融研究，2018（6）：9-13.

［30］徐斌，孙蓉.粮食安全背景下农业保险对农户生产行为的影响效应——基于粮食主产区微观数据的实证研究［J］.财经科学，2016（6）：97-111.

［31］徐亮，朱晶，王学君.中国主粮政策性农业保险：规则约束与政策优化［J］.农业经济问题，2022（2）：118-130.

［32］许庆，刘进，钱有飞.劳动力流动、农地确权与农地流转［J］.农业技术经济，2017（5）：4-16.

［33］杨青，彭超，许庆.农业"三项补贴"改革促进了农户土地流转吗［J］.中国农村经济，2022（5）：89-106.

［34］张宝海，李嘉缘，李永乐，等.三大粮食作物完全成本保险和收入保险试点情况调研报告［J］.保险理论与实践，2021（6）：1-12.

［35］张伟，郭颂平，罗向明.政策性农业保险环境效应研究评述［J］.保险研究，2012（12）：52-60.

［36］张伟，黄颖，李长春，等.收入分化、需求演变与农业保险供给侧改革［J］.农业经济问题，2018（11）：123-134.

［37］张伟，黄颖，谭莹，等.灾害冲击下贫困地区农村金融精准扶贫的政策选择：农业信贷还是农业保险［J］.保险研究，2020（1）：21-35.

［38］张跃华，史清华，顾海英.农业保险对农民、国家的福利影响及实证研究：来自上海农业保险的证据［J］.制度经济学研究，2006（2）：1-23.

［39］张壮，田云，陈池波.政策性农业保险能引导农业碳减排吗？［J］.湖南农业大学学报（社会科学版），2023，24（2）：29-38.

［40］赵璐，马莉楠，史俊宏.农业保险对土地规模化经营的影响：基于耕地转入视角［J］.中国农机化学报，2022，43（7）：214-221.

［41］Azzama A.，Walters C.，Kaus T. Does Subsidized Crop Insurance Affect Farm Industry Structure? Lessons from the U. S. ［J］. Journal of Policy Modeling，2021，43（6）：1167-1180.

［42］Burns C. B.，Prager D. L. Does Crop Insurance Influence Commercial Crop Farm Decisions to Expand? An Analysis Using Panel Data from the Census of Agriculture ［J］. Journal of Agricultural and Resource Economics，

2018, 43（1）: 61-77.

[43] Cai J. The Impact of Insurance Provision on Households' Production and Financial Decisions [J]. American Economic Journal: Economic Policy, 2016, 8（2）: 44-88.

[44] Capitanio F. , Adinolfi F. , Santeramo F. G. Environmental Implications of Crop Insurance Subsidies in Southern Italy [J]. International Journal of Environmental Studies, 2014, 72（1）: 179-190.

[45] Claassen R. , Langpap C. , Wu J. J. Impacts of Federal Crop Insurance on Land Use and Environmental Quality [J]. American Journal of Agricultural Economics, 2017, 99（3）: 592-613.

[46] Deryugina T. , Konar M. Impacts of Crop Insurance on Water Withdrawals for Irrigation [J]. Advances in Water Resources, 2017, 110: 437-444.

[47] Goodwin B. K. , Vandeveer M. L. , Deal J. L. An Empirical Analysis of Acreage Effects of Participation in the Federal Crop Insurance Program [J]. American Journal of Agricultural Economics, 2004, 86（4）: 1058-1077.

[48] Hill R. V. , Kumar N. , Magnan N. , et al. Ex Ante and Ex Post Effects of Hybrid Index Insurance in Bangladesh [J]. Journal of Development Economics, 2019, 136: 1-17.

[49] Karlan D. , Osei R. , Osei-Akoto I. , et al. Agricultural Decisions after Relaxing Credit and Risk Constraints [J]. The Quarterly Journal of Economics, 2014, 129（2）: 597-652.

[50] Kim Y. , Yu J. S. , Pendell D. L. Effects of Crop Insurance on Farm Disinvestment and Exit Decisions [J]. European Review of Agricultural Economics, 2020, 473（1）: 324-347.

[51] Miao R. Q. , Hennessy D. A. , Feng H. L. The Effects of Crop Insurance Subsidies and Sodsaver on Land-Use Change [J]. Journal of Agricul-

tural and Resource Economics, 2016, 41 (2): 247-265.

[52] Seo S., Mitchell P. D., Leatham D. J. Effects of Federal Risk Management Programs on Optimal Acreage Allocation and Nitrogen Use in a Texas Cotton-Sorghum System [J]. Journal of Agricultural and Applied Economics, 2005, 37 (3): 685-699.

[53] Shi J., Wu J. J., Olen B. Assessing Effects of Federal Crop Insurance Supply on Acreage and Yield of Specialty Crops [J]. Canadian Journal of Agricultural Economics, 2020, 68 (1): 65-82.

[54] Turvey C. G. An Economic Analysis of Alternative Farm Revenue Insurance Policies [J]. Canadian Journal of Agricultural Economics, 1992, 40 (3): 403-426.

[55] Walters C. G., Shumway C. R., Chouinard H. H., et al. Crop Insurance, Land Allocation, and the Environment [J]. Journal of Agricultural and Resource Economics, 2012, 37 (2): 301-320.

[56] Wu J. J., Adams R. M. Production Risk, Acreage Decisions, and Implications for Revenue Insurance Programs [J]. Canadian Journal of Agricultural Economics, 2001, 49 (1): 19-35.

[57] Wu J. J. Crop Insurance, Acreage Decisions, and Nonpoint-Source Pollution [J]. American Journal of Agricultural Economics, 1999, 81 (2): 305-320.

[58] Young C. E., Vandeveer M. L., Schnepf R. D. Production and Price Impacts of U. S. Crop Insurance Programs [J]. American Journal of Agricultural Economics, 2001, 83 (5): 1196-1203.

[59] Yu J. S., Smith A., Sumner D. A. Effects of Crop Insurance Premium Subsidies on Crop Acreage [J]. American Journal of Agricultural Economics, 2018, 100 (1): 91-114.

2 参与农作物保险对农户农地转入的影响：以内蒙古为例[①]

　　在推进农业现代化和乡村振兴战略的背景下，农地流转成为提高农业生产规模化、优化土地资源配置的关键途径。通过土地流转，农户可以将闲置或低效利用的土地转移给具备更强生产能力的经营主体，从而提升土地利用率，推动规模化经营。然而，尽管近年来中国的土地流转市场发展态势良好，但仍面临诸多挑战，包括流转成本高、制度不健全、信息不对称等问题，制约了土地流转效率的提升和农业规模化经营的推进。在这一背景下，农业保险作为现代农业风险管理体系的重要组成部分，不仅为农业生产者提供了有效的风险保障，还通过减少农户面临的因自然灾害、市场波动带来的不确定性，逐渐成为农地流转市场发展的助推器。通过降低经营风险，农业保险使农户更有信心扩大经营规模，积极参与土地流转，从而促进了农地资源向更高效的生产者集中。特别是在农业生产条件较脆弱的地区，随着农业保险覆盖范围的扩大和保险保障水平的提升，农业保险已成为推动农地规模化经营的重要助力。然而，农业保险在不同地区、不同农户之间的作用并不均衡。农业发展水平、土地利用模式和农户经营特征等多种因素导致农业保险对土地流转的影响具有差异性。因此，仍需

---

　　① 本章内容发表于 2021 年《保险研究》第 12 期，原文名称《参与农作物保险是否促进农户农地转入？——基于内蒙古的微观实证》。

进一步的实证研究和深入探讨，以揭示农业保险对不同区域和不同类型农户的具体作用机制，为政策制定提供更有针对性的依据。

国内外学者普遍认为，农业保险对农户土地资源配置行为存在显著影响。国外研究表明，农业保险通过提供风险保障，激励农户扩大土地利用规模，特别是会刺激对低质量且对环境敏感的边际土地的利用，但这种效应相对较弱。大量实证研究通过对具体案例与数据的分析，揭示了农业保险如何通过不同机制影响土地经营规模扩大和农作物种植结构调整。相比之下，国内研究大多停留在理论探讨层面，认为农业保险具有促进耕种外延扩展的规模效应，农户往往将环境敏感型的边际土地重新纳入农业生产中。国内的实证研究相对有限，特别是在关于哪类农户会因保险参与而扩大生产规模以及扩大的土地面积有多少等具体问题上，缺乏深入分析。这在一定程度上限制了国内学术界对农业保险如何具体影响农户土地资源配置行为的理解。本章旨在尝试弥补这一不足，重点是分析农业保险参与对农户土地流转的影响，探讨其是否对农户的土地经营规模扩大具有显著作用，并进一步研究其影响的大小和异质性。本章研究期望能够为进一步理解农业保险在中国农地流转市场中的作用机制提供更加深入的实证依据，并为政策优化提供理论支持。

本章在宏观分析的基础上，进一步聚焦微观层面，以内蒙古地区农户的农地转入行为为研究对象，通过实证分析探讨参与农作物保险对农户农地转入的影响。内蒙古作为中国北方重要的粮食主产区，其农地流转和农业保险的发展状况具有一定的代表性和典型性。本章旨在通过详细的数据分析和案例研究，揭示农作物保险在促进农地流转中的具体作用机制，为进一步优化农业保险政策、推动农地规模化经营提供科学的依据和有益的借鉴。具体而言，首先，本章回顾了国内外有关农业保险与农地流转关系的研究成果，并构建了理论分析框架。其次，利用内蒙古地区的微观调研数据，采用条件混合估计方法（Conditional Mixed Process，CMP）对参与农作物保险和农地转入之间的关系进行了实证检验。最后，本章还进行了异质性分析，探讨了不同特征农户在参与农作物保险和农地转入关系方面的差异性。研究结果表明，参与农作物保险能够显著提高农户农地转入的概率，且这种影响在不同类型的农户之间存在差异性；拥有较高农业收入占比和较大农地规模的农户家庭，在参与农作物保险后更有可能转入农地以扩大经营规模。这一发现不仅揭示了农业保险在促进农地流转和规模化经营方面的积极作用，还为政策制定者提供了有益的参考。

本章的研究不仅拓宽了农业保险与土地流转之间关系的研究视角，还为政策制定者提供了有力的参考。农业保险不仅是农户抵御风险的重要工具，也在土地流转市场的健康发展中发挥了关键作用。为进一步推动农业规模化经营，政府应继续完善农业保险制度，提升保险产品的针对性和覆盖面，尤其要关注不同类型农户的差异化需求。此外，通过进一步优化土地流转市场环境，降低土地流转成本，可以更好地激励农户参与土地流转，从而实现农业生产效率的提升。总之，本章通过理论和实证分析证明了农业保险在促进农户农地转入方面的激励作用，这种作用在高农业收入和大规模农地的农户中表现更为显著。这为政府进一步优化农业保险政策、推动土地流转市场的健康发展提供了科学依据和实证支持。未来研究可进一步探讨农业保险对不同地区、不同作物类型的具体影响，为政策制定提供更全面的支持。

2.1　引言

历经十多年跨越式发展，中国农业保险在支持农业现代化方面取得显著成效。在政策支持方面，中国已建立一整套具有中国特色的农业保险政策体系。例如，自 2004 年以来多个中央一号文件对农业保险进行具体安排，2007 年出台中央财政农业保险保费补贴政策，2013 年实施《农业保险条例》，2019 年印发《关于加快农业保险高质量发展的指导意见》（以下简称《指导意见》）。在市场培育方面，中国已成为全球农业保险保费规模最大的国家，2007~2020 年，中国农业保险保费收入从 51.8 亿元增加到 814.93 亿元，增长近 15 倍；服务农户数量从 4981 万户次增长到 1.9亿户次；提供的风险保障从 1126 亿元增长到 4.13 万亿元；保险赔款从32.8 亿元增长到 616.59 亿元，真正起到了强农惠农的主渠道作用（刘婧，2021）。在落实国家战略方面，农业保险尤其是和信贷相结合是"十三五"时期各地深入推进脱贫攻坚工作的有力抓手（廖朴等，2019；张伟等，2020；林凯旋，2020；黄颖等，2021），是实施乡村振兴战略的助推器和安全网（冯文丽和苏晓鹏，2020），也是保障国家粮食安全的重要工具（江生忠和朱文冲，2021）。

近年来，有专家指出新时代中国农业保险的政策目标应有所调整，可在《农业保险条例》中"提高农业生产抗风险能力"的目标基础上向包括促进粮食安全、实现农业现代化、提高农民收入、增强农产品市场竞争力、推动农业供给侧结构性改革等多目标扩展（庹国柱和张峭，2018；庹国柱，2019）。针对小规模农户，农业保险的政策目标可定位于收入支持；针对大规模农户，政策目标可定位于风险管理（刘亚洲和钟甫宁，2019）。根据《指导意见》，中国农业保险高质量发展要实现的目标是"作为分散农业生产经营风险的重要手段，对推进现代农业发展、促进乡村产业振兴、改进农村社会治理、保障农民收益等具有重要作用"。可知，学界、政界均认为，农业保险能够助力农业现代化。现代农业的典型特点之一是农地经营规模化，而农地流转则是解决农地细碎化、实现规模化经营的重要途径（冒佩华和徐骥，2015；马贤磊等，2016）。根据第三次全国农业普查数据，2016 年中国有农业经营户 20743 万户，其中，规模户 398 万户，占比仅为 1.92%；2019 年中国承包耕地流转面积超过5.55 亿亩，流转面积比例达到 35.9%①。然而，现阶段中国推行的农业保险政策是否可以通过激励农户参与农地流转市场而实现农业适度规模化经营？或者说，农业保险政策对哪一类型农户的规模化经营更具有激励效

---

① 资料来源：http://www.ghs.moa.gov.cn/ghgl/202105/t20210526_6368456.htm。

应？对于上述问题，国内还缺少深入的理论或实证研究。本章以农作物保险为例，首先在文献回顾的基础上构建了参与农业保险影响农户进入农地流转市场的机制分析框架，并据此提出研究假说；其次基于北方粮食主产区内蒙古609户农户的问卷调查数据，采用Probit模型和条件混合估计方法实证分析参与保险对农户转入农地有无作用及作用大小，并考虑了作用的异质性问题，即对哪类农户更具作用；最后根据实证分析结果，剖析了本章结论所具有的相关政策意义。

2.2　文献综述

自20世纪末21世纪初以来，有关农业保险是否会对农户在农业生产中的各类要素资源配置行为产生影响已成为国外尤其是美欧等发达经济体农业保险理论界和实务界的研究热点之一，早期主要是论证农作物产量保险或者收入保险对农户土地资源配置和农用化学要素施用的影响。近年来随着全球各地农业气象指数保险的逐步试点，部分学者采用随机干预试验的方法对指数保险和农户生产行为之间的因果关系进行了深入研究，其中一类生产行为便是农户土地资源配置。

关于农业保险对农户土地资源配置的影响，国内外学者普遍认为，农业保险会激励农户改变土地要素配置行为，因有保险提供风险保障进而促使农户通过增加土地面积扩大农业生产规模，尽管部分参保农户的新增土地多是低质量且对环境较为敏感的边际土地。Wu（1999）发现，如果农户参与农作物保险，则会使玉米种植面积增加5%~27%。Young等（2001）以美国七个区域、八类主要农作物为例研究保险如何影响农户农业生产，发现大约有96万英亩的种植面积增加，其中，小麦和玉米约占新增面积的75%。Goodwin等（2004）认为，若保险保费降低30%，则会使美国北部平原地区大麦、中西部地区玉米的种植面积分别增加1%、

0.28%~0.49%。Seo 等（2005）发现，联邦农业风险管理政策使农户在农业生产中的棉花种植面积增加 94%~144%，高粱种植面积减少 50%。Lubowski 等（2006）实证研究发现，1994 年美国《联邦农作物保险改革法》大幅度提高保费补贴的政策使 1997 年美国农作物种植面积增加 250 万英亩，大约 0.82% 的增幅，其中，有 180 万英亩为不适宜耕作的土地或者濒危物种的栖息地，约有 32% 属于极易被侵蚀的土地，由此使美国 1997 年的风蚀和水蚀分别增加 1.4 个和 0.9 个百分点。Faber 等（2012）指出，农作物价格的上升和不受限制的农业保险补贴已经导致在 2008~2011 年约有 2368 万英亩草地、林地、湿地等具有环境敏感型特点的动物栖息地被转换为耕种农作物；从作物类型来看，约有 843 万英亩被用于种植玉米，562 万英亩被用于种植大豆，518 万英亩被用于种植冬小麦。Karlan 等（2014）发现，加纳农户参与降雨指数保险会使其扩大农作物种植面积，如玉米种植面积增加 9%。Elabed 和 Carter（2015）通过对马里的棉农合作社进行随机田野实验发现，保险参与会使农户棉花种植面积增加 15%。Miao 等（2016）认为，从理论上讲，农作物保险补贴会诱使具有高产量风险的土地进入农业生产领域，而具有相同平均生产率和低产量风险的土地则会被排除在外。实证结果显示，1987~2006 年，在美国 17 个县，如果农作物保险没有政府保费补贴，则会有 0.05%~3.3% 的草地（约 26000~157900 英亩）不被转换为耕地。Claassen 等（2017）认为，农作物收入保险使农户用于持续性耕种玉米和大豆的农田面积分别增加 4.07% 和 3.29%，使用于持续性耕种小麦的农田面积减少 14.4%。Deryugina 和 Konar（2017）发现，农户参与保险会使耗水量较大的棉花作物的种植面积扩大，参保耕地每增加 1% 会使棉花参保面积扩大 9.56 万英亩（0.624%）。Yu 等（2018）认为，农作物保险保费补贴之所以会影响农作物种植面积，主要有两个原因：一是直接的收益效应，在给定的保障水平下农户的预期收益会随其获得的补贴而增加，故促使其扩大可参保作物的种植面积；二是间接的保障效应，更高的保费补贴会诱导农户寻求更高的保障水平，这降低了农户每英亩土地的总体风险水平，从而激励农户选择参与农作物保险。实证结果发现，保费补贴增加 10%，会使一个县一种农作物的种植面积增加约 0.43%。Hill 等（2019）以孟加拉国为例进行随机控制试验发现，在 Aman 水稻种植季节（雨季，每年 6 月至 11 月中旬），农户参与指数保险会使其水稻的耕种面积增加约 20%。然而，Burns 和 Prager（2018）基于美国农业普查面板数据研究农户参与农作物保险对其扩大经营规模的影响发现，支付更高的净保费并未对 2007~2012 年的农户扩大经营规模产生显著性作用，而参与土地休耕保护计划促进了农户扩大经营规模。

目前，国内学者对农业保险如何影响农户的土地要素配置行为的研究，多为理论层面的探讨，他们普遍认为，农业保险具有促进耕种外延扩张的规模效应（张伟等，2012），其会使农户将环境敏感型耕地纳入农业生产。方伶俐和李文芳（2008）认为，农业保险会明显导致粗放边际扩张，尤其是在较现实的混同均衡精算公平农业保险制度下，农户将会把无农业保险时闲置的、边际质量更低劣的土地投入农业生产。罗向明等（2011）认为，较高的财政补贴可以降低农业保险的进入门槛，使大多数农户都能享受保险保障；较高的保险保障水平和补贴比例会诱使农户重新耕作原先因风险过大而弃耕的土地（即劣等地），进而使农业有效播种面积增加。张祖荣（2012）调查发现，农业保险会使农户为获取保费补贴带来的预期收入而将一些抛荒多年的农地重新开垦，用来种植农作物。在实证研究方面，张跃华等（2006）对上海市水稻保险的调查发现，受低保障程度的影响，参与保险后仅有 2.3% 的农户增加粮食种植面积。Cai（2016）通过自然实验，基于 2000~2008 年农户层面的面板数据，采用倍差（DID）和三重差分（DDD）方法研究中国江西省烟叶种植保险对农户生产的影响，结果发现，参与保险会使农户扩大可参保作物的生产规模，烟叶生产大约增加 16%。徐斌和孙蓉（2016）基于中国八大粮食主产区的微观调查数据验证农业保险对农户生产行为的实际作用效果，结果显示，中国现行农业保险在鼓励农户扩大耕种面积以增加农业收入方面具有一定作用，且耕地面积变化较显著，但由于保障程度欠缺导致参与保险对提升农户种粮意愿的作用不大。任天驰和杨汭华（2020）指出，小农户衔接现代农业生产的方式之一是扩大经营规模，而农业保险则会显著影响小农户的资源配置方式，经营面积在 10 亩以下的小农户多选择"调面积"；分作物来看，小农户对经济类作物在扩大经营规模上倾向于"冒进"的生产决策，而对粮食作物则相对"保守"；在作用机制上，农业保险主要通过开荒复垦促使小农户扩大经营规模。马九杰等（2021）指出，农业保险发展能够推动区域内农业规模化经营。

基于以上不完全的文献回顾，国内外学者均对农业保险如何影响农户农业生产中的土地资源配置行为给予高度重视。国外的研究成果翔实丰富，所用方法较为具体，研究内容更富有针对性，且研究对象多选择美国，因为美国农业保险发展时间长，具有丰富的微观农场或地块以及县域层面的时间序列或面板数据，可允许学界和业界进行深入细致的研究。已有研究普遍认为，农业保险会激励农户扩大农地生产边界，但作用较小且多是将环境敏感型耕地投入农业生产。国内学者的研究结论和国外学者基本一致，也发现参与农业保险会促使农户增加耕地以扩大农作物种植面积，但有关哪类农户会扩大规模以及增加多少等问题的实证研究尚不够深入，这正是本章的切入点，本章旨在论证参与农业保险是否对农户进行农地流转具有显著作用、作用大小以及作用是否存在异质性。

本章的边际贡献在于：首先，将农业保险政策和农地流转市场培育相融合，论析农户参与保险激励其进入农地流转市场的作用机制，在理论层面进一步拓展当前国内理论界和实务界有关农业保险微观作用尤其是参与保险对农户生产要素（如土地）资源配置行为影响的研究。其次，基于田野调查数据，从微观层面实证检验参与农业保险对农户转入农地有无作用、作用大小，以及不同家庭收入结构和不同农地经营规模下的保险参与对农户农地转入影响的异质性，同时采用工具变量法处理内生性问题，为提升因果关系识别的准确性和有效性提供技术和数据保障。最后，在应用价值层面，本章具有区域针对性，以中国北方粮食主产区为例。在农业供给侧结构性改革深入推进的大背景下，经过 10 多年的探索和积累，在整个中国农业保险正在向高质量发展转型升级时，本章的研究结论既可以为进一步优化农业保险制度提供有说服力的理论和实证依据，也可以为政府出台强化农业保险、助力支持区域农地流转市场培育的政策提供参考。

2.3 理论分析框架

国际经验表明，农业经营规模大的国家或地区，其农业保险的市场规模也比较大；当农业保险发展到一定规模，也会反过来促进农业经营规模的进一步扩大。也就是说，农户耕地经营规模扩大和农业保险市场规模扩大可能相互影响。以美国为例，根据其农业部农业资源管理调查（Agricultural Resource Management Survey，ARMS）数据，1982 年、2001 年、2011 年和 2017 年，美国农场平均耕地面积分别为 221 英亩、235 英亩、234 英亩和 441 英亩，基本呈现"大农场与小农场数量上升，中等规模农场数量下降，耕地向大农场集中"的结构性变化特点（夏益国等，2015）；1989 年、2001 年、2011 年和 2017 年，联邦农作物保险保费收入分别为 8.14 亿美元、29.62 亿美元、119.72 亿美元和 100.73 亿美元，反映出美国农业安全网政策具有保险化趋势的特点（夏益国等，2019）。一方面，农户经营面积越大，说明其在农业生产中遭受风险的概率也越大，即农业规模化也让风险规模化，在大的市场环境不好的情况下，规模经营并不能有效防范市场风险，反而可能带来风险聚集效应，故在此情况下农户越有可能选择农业保险来化解经营风险。另一方面，如果农业保险可以为农户农业生产提供充足的风险保障，那么其有可能会激励农户扩大经营规模，可行路径之一是通过流转市场转入农地；相反，如果农业保险不能为农户农业生产提供充足的风险保障，那么其有可能会促使农户缩小经营规模，可行路径之一是通过流转市场转出农地。因此，农业保险对农户农地流转的影响机制如图 2-1 所示。

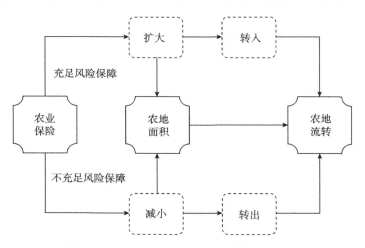

图 2-1 农业保险对农户农地流转的影响机制

本章主要从农户农地转入的行为决策视角出发，以农业保险提供的风险保障为例，探讨现行农业保险政策对农户农地规模化经营的影响。如此安排的原因有二：一是基于中国现阶段农地碎片化特点和现行农地产权制度，农地规模化经营需要依靠市场流转实现，即农户土地经营权的转入行为决定了农地规模化经营能否实现；二是农业保险作为市场化的风险分散机制，可有效提升农户抵御农业生产风险的能力，为农户规模化经营农地提供安全网。

从理论上讲，农户作为"理性经济人"，是在国家对农业生产所实行的一系列扶持政策引导和各类资源禀赋约束条件下，确定农地经营面积以实现生产利润最大化，故当且仅当农户扩大经营面积所获得利润的效用不低于其不扩大经营面积所获得利润的效用时，农户才会选择扩大经营面积。为便于分析，假定农户只进行农业生产，不考虑非农就业问题，不区分农作物类型，且农户的农业生产函数仅包含土地和其他两类要素，其中，农户初始农地资源禀赋为 $\overline{A}$，但实际经营面积为 A，且 $A>\overline{A}$，即农户转入农地面积为 $A-\overline{A}$，农地租金为 r；农户投入农业生产的其他要素资源为 F，价格为 m。农户的农业收入为 $Pf(A，F，e)$，即农业产出 $f(A，F，e)$ 以价格 P 出售，e 表示农户在农业生产中面临的各类不确定事件，农户虽然

不能确切地掌握，但其可依据务农经验等判断事件发生的概率 $g(e\,|\,\theta)$，其中，θ 表示农户特征向量。令 p 表示在农业生产中风险事故的发生概率；令 C 表示农户的受损程度；令 δ 表示农业保险的保险费率，w 表示农户购买的保额，那么农户参与农业保险应交纳的保险费用为 δw；以 $I(R)$ 表示农户在风险事故发生时可以获得的保险赔款。

那么农户的目标函数为：

$$\underset{A,F}{MaxEU_j}=\int U_j\big[Pf(A,\ F,\ e)-(A-\overline{A})r-mF-pC-\delta w+I(R)\big]dg(e\,|\,\theta)$$

$$(2-1)$$

令 $j=0,\ 1$，$j=0$ 表示农户未参与农业保险，$j=1$ 表示农户参与农业保险，故当且仅当 $EU_1\geqslant EU_0$ 时，农户选择参与农业保险。对 A、F 分别求一阶导数，则可得到农户最优农地和其他要素配置：

$$\begin{cases}A^*(r,\overline{A},\ \theta)\\F^*(m,\overline{A},\ \theta)\end{cases}$$

$$(2-2)$$

即农户的农地资源配置主要受要素价格、农户特征以及农业生产状况等因素的综合影响。已有研究发现，农业保险参与可以影响农户在农业生产中的要素配置行为，且因农户类型不同而存在异质性作用。例如，参与保险可激励农户调整劳动力资源配置。Key 等（2006）观测到美国 1994 年农作物保险改革后，大农场农户减少了外出打工时间，小农场农户增加了外出打工时间。由于外出打工是对农场工作的替代，可以推测，大农场农户增加了在农场工作的时间，而小农场农户减少了在农场工作的时间。随着大农场农户把更多的时间用于农场经营，其有可能扩大经营规模。Ye 等（2009）的理论分析表明，政府补贴农业保险会促使更多的劳动力从事农业生产。Chang 和 Mishra（2012）研究发现，农业保险会促使农户增加非农劳动供给，且农户在农业劳动与非农业劳动供给之间的改变会影响其家庭总收入。再如，参与保险可促使农户在农业生产中改变资本投入，增加高风险、高收益类投入（Liu et al.，2020）。但多数学者侧重于关注参与保险对农户农用化学要素（如化肥、农药等）施用的影响，农户既有可能增加要素施用（Hill & Viceisza，2012；Karlan et al.，2014；He et al.，2020；Tang & Luo，2021），也有可能减少要素施用（Smith & Goodwin，1996；Seo et al.，2005；Feng et al.，2021），原因是农户的化学要素投入行为受农业生产条件、农户决策行为、农户风险态度、要素风险属性、农业保险条款等因素的综合影响，而这些因素则会因区域不同、农作物不同而发生变化。任天驰等（2021）基于湖北、江西、四川以及云南1290户农户数据发现，农业保险保障水平与农户生产投资存在稳健的倒"U"形关系，农户倒"U"形投资曲线的内部决策遵循基础生产资料投入、劳动投入、机械与服务投入的顺序分别达到拐点并开始下降。同时，农业保险保障水平对生产投资的影响表现出一定的异质性，相较于规模农户，小农户对保障水平的反应更"敏感"，不同作物的生产投资拐点亦存在差异。参与保险可激励农户增加技术采用。Farrin 和 Miranda（2015）认为，农户的风险管理选择越多，其越有可能采用新技术。已有研究表明，指数保险可以激励农户增加更具盈利性的生产技术实践。然而，农户参与指数保险和其采用改良型生产技术之间的正相关关系并非如理论预期的那样普遍。Carter 等（2016）认为，当且仅当农户面临高风险或者缺少信贷抵押物时参与指数保险才能激励其采用新生产技术。在柬埔寨的试验中，仅相对富裕的农户或者风险发生的可能性已知时，参与保险才能促使农户采用新技术。Salazar 等（2019）以智利为例，发现参与农业保险和技术采用之间的显著相关关系仅适用于小规模农户；同时，良种技术采用和农户参与保险并无相关关系，生物防治、现代灌溉技术的采用和农户参与保险之间存在显著负相关关系。Tang 等（2019）以中国黑龙江和江苏的344户农户为例，采用倍差法研究参与天气指数保险对农户技术采用的影响，结果显示，农户参与天气指数保险对其技术采用具有显著性影响，且在区域间有差异。具体而言，在黑龙江农户参与保险会促进技术采用，但在江苏则会产生抑制作用。另外，天气状况、耕地规模以及风险偏好等均会影响农户的技术采用行为。Sibiko 和 Qaim（2020）基于肯尼亚玉米种植户的研究发现，农户参与天气指数保险会使其良种采用增加约65%。任天驰和杨汭华（2020）指出，农业保险可通过引导小农户主动参与农业技术培训来增加其技术采用行为。Wei等（2021）基于对山东省的调查发现，参与农作物保险可从动机、能力和机会三个方面增强农户采用环境友好型农业技术的意愿。

综上可知，通过农业保险提供风险保障，有助于缓解农户在农业生产中的劳动力、资金、技术等要素约束，可能有利于提高农户转入农地的意愿，增加其对农地流转市场的需求。同时，因农户分化特点日趋明显，参与保险对其农业生产中各类要素资源约束的缓释作用明显有别，进而其参与农地转入市场的程度也会有所不同。据此，本章提出以下两个研究假说：

假说1：农户参与农业保险对其扩大农地经营面积具有正向作用。

假说2：参与农业保险对农户农地转入的作用会因农户类型不同而存在异质性，其中，家庭农业收入占比高、农地面积大的农户更有可能因有保险提供风险保障而转入农地以扩大经营规模。

2.4 数据和实证方法

2.4.1 数据来源

本章使用的微观数据来源于课题组2018年在粮食主产区内蒙古12个盟市40个旗县区进行的入户问卷调查，调查内容涉及受访农户个人及家庭资源禀赋、农业生产、收入水平及结构、农业保险参与等信息，共调查633户农户，剔除无效、数据缺失等样本后，最终获得有效问卷609份。

2.4.2 变量描述

2.4.2.1 农地转入

农地转入是本章研究的被解释变量，根据问卷定义，只要农户租种他人农地，无论是否收取租金，都视为转入。如果有转入，则取值为 1，否则为 0。

2.4.2.2 农业保险参与

农户是否参与农作物保险是本章研究的核心解释变量，如果农户在上一年度参与农作物保险，则取值为 1，否则为 0。比较农地转入户和未转入户的农作物保险参与状况，结果如表 2-1 所示。有农地转入的农户上一年度参与农作物比例比无农地转入的农户高近 9.5%，故可初步看出农户参与农作物保险和其农地转入之间存在正相关关系。

表 2-1 有转入和无转入农户的农作物保险参与状况比较

是否参与保险	有转入	无转入	合计（户）
参与保险	143 户（72.22%）	258 户（62.77%）	401
未参与保险	55 户（27.78%）	153 户（37.23%）	208
合计	198 户	411 户	609

2.4.2.3 控制变量

本章参考既有文献引入受访农户个人层面特征、家庭层面特征和地区效应以降低估计偏误。受访农户个人层面特征包括年龄、年龄平方、性别、受教育年限等人口统计学特征。加入年龄及年龄平方是为了控制受访农户随着年龄增长对农地转入的非线性影响。就性别而言，一般认为男性比女性更有能力从事农业生产，转入农地的可能性更高。受教育程度高的农户对农业规模化经营有深刻认知，更有可能转入农地。有农地转入和无农地转入的受访农户特征比较如表 2-2 所示。结果显示，有农地转入的农户的年龄偏小、男性占比更大、受教育年限更长。

表 2-2 有转入和无转入户受访农户个人特征比较

个人特征变量	有转入	无转入
年龄（岁）	48.48	52.45

续表

个人特征变量	有转入	无转入
年龄平方	2436	2872
性别（男）	80.30%	78.59%
受教育年限（年）	6.95	6.41

　　受访农户家庭层面特征包括家中有无干部、家庭劳动力禀赋、农地面积、农地质量、农业收入占家庭收入比例和家庭借贷状况。农户家庭若有干部，则对各类涉农政策会有较高认知度和执行力，转入农地的概率较高。家庭劳动力禀赋代表了从事农业或非农业生产的能力，数量越多说明越有能力经营农地，转入农地的可能性越大，但农业比较收益的偏低也有可能导致劳动力禀赋较好的家庭外出务工人员增多，故而降低转入农地的可能性。家庭农地面积较大则更有利于实现规模化经营，从而增加农地转入。家庭农地质量高即水浇地占比大，说明农业生产条件好，也会增加转入农地的可能性。农业收入占家庭收入比例越高，说明家庭生计对农地经营的依赖性越大，故而增加转入概率。家庭借贷一般多用于农业生产投资，促使农户转入农地。比较有农地转入和无农地转入的受访农户家庭特征，结果如表2-3所示。其中，有农地转入的农户家庭有干部比例、农业收入占比和有借贷比例均较高，农地面积较大，农地质量较好，但劳动力资源略少。

表 2-3　有转入和无转入户受访农户家庭特征比较

家庭特征变量	有转入	无转入
家有干部（是）	6.06%	3.65%
家庭劳动力禀赋	2.46 人	2.57 人
农地面积	63.73 亩	30.11 亩
农地质量（水浇地比例）	62.14%	51.80%
农业收入占家庭收入比例	70.51%	58.06%
家庭借贷状况（是）	53.54%	34.55%

将受访农户按照内蒙古行政区域划分为东部地区、中部地区、西部地区三类①，比较不同地区农作物保险参与户和未参与户的农地转入情况，结果如图 2-2 所示，三类地区均是参与保险户的农地转入比例较高，东部地区>西部地区>中部地区，其中，中部地区的差距最为明显。

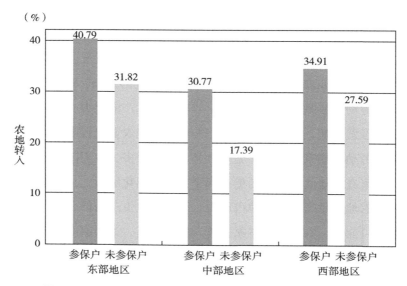

图 2-2　不同地区参与保险户和未参与保险户的农地转入比较

各变量的描述性统计如表 2-4 所示。

表 2-4　变量的描述性统计

变量	度量方法	参保户		未参保户	
		均值	标准差	均值	标准差
农地转入	是＝1；否＝0	0.37	0.48	0.26	0.44
农户年龄	单位：岁	50.67	10.83	52.12	10.18

① 内蒙古东部地区包括呼伦贝尔市、兴安盟、通辽市、赤峰市，中部地区包括呼和浩特市、乌兰察布市、锡林郭勒盟、鄂尔多斯市、包头市，西部地区包括巴彦淖尔市、乌海市、阿拉善盟。

续表

变量	度量方法	参保户		未参保户	
		均值	标准差	均值	标准差
农户年龄平方	农户年龄平方	2684	1128	2819	1085
农户性别	男＝1；女＝0	0.83	0.38	0.72	0.45
农户受教育年限	单位：年	6.71	2.72	6.35	2.87
家有干部	是＝1；否＝0	0.05	0.22	0.03	0.18
家庭劳动力禀赋	16~60岁家庭成员数量	2.55	1.16	2.51	1.22
农地面积	单位：亩	43.94	43.46	35.46	42.63
农地质量	水浇地面积/耕地总面积	0.56	0.44	0.54	0.44
农业收入占家庭收入比例	农业收入/家庭总收入	0.65	0.28	0.57	0.28
家庭借贷状况	是＝1；否＝0	0.45	0.50	0.33	0.47
东部地区	是＝1；否＝0	0.38	0.49	0.53	0.50
中部地区	是＝1；否＝0	0.36	0.48	0.33	0.47
西部地区	是＝1；否＝0	0.26	0.44	0.14	0.35

2.4.3　实证方法

2.4.3.1　基准回归

由于家庭的农地转入是一个二值虚拟变量，本章通过以下 Probit 模型来分析参与农作物保险对农户农地转入的影响：

$$Prob(Transfer=1)=\Phi(\beta_0+\beta_1 Insu_i+\beta_2 X_i+\beta_3\theta_j) \tag{2-3}$$

其中，$Transfer_i$ 表示农户 i 是否进行农地转入的二值虚拟变量，$Insu_i$ 表示是否参与农作物保险的二值虚拟变量，X_i 表示受访农户个人、家庭特征变量，θ_j 表示地区变量。

2.4.3.2　内生性处理

农户参与农作物保险作为一项个人决策，可能因反向因果或者遗漏变量而存在潜在的内生性问题。由于内生变量即是否参与农作物保险是一个二值虚拟变量，而 Ivprobit 模型只能解决内生变量为连续变量的情形，故本章采用条件混合估计方法（Conditional Mixed Process，CMP），该方法由 Roodman（2011）提出，以似不相关回归为基础，基于极大似然估计法，通过构建递归方程组而实现两（多）阶段回归模型的估计。CMP 的估计过程分为两部分：第一部分是寻找外生变量或工具变量并估计其与内生变量的相关性；第二部分是将结果带入基准模型进行回归，并可参考内生性检验参数 atanhrho_12 判别变量外生性。如果参数显著异于 0，则说明模型存在内生性问题，此时 CMP 估计结果更为准确；反之，则表示基准模型估计结果可信。本章采用 CMP 方法计算参与保险方程和农地转入方程，前者识别工具变量对参与农作物保险的影响，并将结果带入农地转入方程衡量参与农作物保险对农地转入的影响。

由前文可知，CMP 方法需要选择一个工具变量进行估计。工具变量既要保证与内生变量的相关性，又要满足外生性条件。一般而言，"地理距离"是一个较好的选择。因此，本章选择"农户与乡镇'三农'保险服务站的距离"作为工具变量，一方面，"三农"保险服务站是各家农业保险经办公司在乡镇设立的服务平台，一般在镇有办公室，在村配备协保员，在保险公司支公司统一领导下负责域内保险业务的管理、组织、培训、销售和服务等。截至 2021 年，中国已建成基层农业保险服务网点 40 万个，基层服务人员近 50 万人，基本覆盖所有县级行政区域、95% 以上的乡镇和 50% 的行政村①。因此，农户距离基层"三农"保险服务站越近，意味着农户与政府、保险公司提供的农业保险服务的空间距离和社会距离也越近，越有可能影响其参与农业保险的决策。另一方面，农户与"三农"保险服务站的距离，在理论上并不会直接影响家庭的农地转入决策，加之空间地理距离具有不随时间而发生改变的特点，故其具有较强的外生性，不会存在反向因果问题。因此，地理距离属于严格外生变量，充分满足了工具变量为严格外生变量的基本条件。

---

① 资料来源：http：//www.ghs.moa.gov.cn/ghgl/202108/t20210831_6375341.htm。

2.5 计量分析

2.5.1 参与农作物保险对农户农地转入影响的基准回归

表 2-5 是参与农作物保险对农户农地转入影响的基准回归结果，汇报结果为 Probit 模型的边际效应，所有回归结果均控制了地区固定效应。结果显示，农户参与农作物保险对其农地转入具有显著作用，模型（1）显示，同未参与农作物保险的农户相比，参与保险的农户的农地转入概率增加了 9.37%；模型（2）加入受访农户个人特征变量，参与农作物保险的估计结果略有降低，显示参与保险会使农户农地转入概率增加 9.11%；模型（3）进一步控制受访农户家庭特征，参与农作物保险的估计结果进一步降低至 6.71%，且仍具有十分显著的经济意义。

表 2-5　参与农作物保险对农户农地转入影响的基准回归结果

变量	模型（1）		模型（2）		模型（3）	
	边际效应	标准误	边际效应	标准误	边际效应	标准误
参与农作物保险	0.0937 **	0.0400	0.0911 **	0.0403	0.0671 **	0.0377
农户年龄			0.0245 *	0.0134	0.0253	0.0122
农户年龄平方			-0.0003 **	0.0001	-0.0003 **	0.0001
农户性别			0.0280	0.0466	0.0238 **	0.0431
农户受教育年限			0.0061	0.0072	-0.0012	0.0066
家有干部					0.0477	0.0821
家庭劳动力禀赋					-0.0225	0.0161
农地面积					0.0035 ***	0.0005
农地质量					0.1861 ***	0.0419
农业收入占家庭收入比例					0.1345 **	0.0701

续表

变量	模型（1）		模型（2）		模型（3）	
	边际效应	标准误	边际效应	标准误	边际效应	标准误
家庭借贷状况					0.0462	0.0369
地区虚拟变量	是		是		是	
观测值	609		609		609	

注：*、**、***分别表示在10%、5%、1%的水平上显著，报告结果为边际效应。

控制变量的估计结果与预期基本相符，模型（3）的回归结果表明，受访农户年龄系数为正，年龄平方系数为负，经计算拐点在47岁，表明农户年龄小于47岁时倾向于转入农地；而当年龄超过47岁时，转入农地的意愿减弱。性别系数为正，男性受访农户比女性受访农户更有可能转入农地。农地面积、农地质量、农业收入占家庭收入比例均对受访农户转入农地存在显著的正向作用，说明经营面积较大、农地质量较好且家庭收入主要依赖于农业的受访农户越有可能转入农地，进一步扩大经营规模。受访农户的受教育年限、家中是否有干部、家庭劳动力禀赋对农地转入的影响不显著。

2.5.2　内生性处理

为了解决关键变量潜在的内生性问题，本章使用 CMP 估计方法，表2-6 为 CMP 估计结果。工具变量系数表示，参与保险方程中工具变量对选择保险作为风险转移工具的效应均具有统计显著性，因此满足相关性，atanhrho_12 参数在1%的水平上均同样显著，表明 CMP 估计结果更加准确。模型（3）的估计结果表明，在考虑内生性之后，参与农作物保险对农户农地转入的影响下降到5.85%，比 Probit 模型的结果要小，说明后者的估计结果在一定程度上存在向上偏误，这可能是因为参与农作物保险和农户农地转入之间存在反向因果关系，具体来说，农户转入耕地不仅意味着其农业生产规模的扩大，而且伴随着经营中多元化风险的上升，故更需要一种有效的风险转移工具来提供保障。

· 50 ·

表 2-6　参与农作物保险对农地转入影响的 CMP 估计结果

变量	模型（1）		模型（2）		模型（3）	
	边际效应	标准误	边际效应	标准误	边际效应	标准误
参与农作物保险	0.0524**	0.0211	0.0546***	0.0187	0.0585***	0.0108
农户与"三农"保险服务站的距离	0.0133**	0.0056	0.0134**	0.0053	0.0089*	0.0052
atanhrho_12	0.8772***	0.3215	0.9059***	0.2924	1.0583***	0.1815
农户个人控制变量			是		是	
农户家庭控制变量					是	
地区虚拟变量	是		是		是	
观测值	609		609		609	

注：*、**、***分别表示在 10%、5%、1%的水平上显著，报告结果为边际效应。

2.5.3　异质性分析

前文检验了参与农作物保险对农户农地转入的积极作用，接下来分别按照家庭收入结构和农地面积进行异质性分析。

2.5.3.1　家庭收入结构

选择家庭收入结构作为划分标准，一是不同农户家庭的农地收入对其当期收入具有不同的影响程度；二是因不同收入结构的家庭对农地这一生产要素的依赖性会有所差异，故农地转入决策可能具有异质性。根据农户家庭农业收入占比将样本区分为低（0≤占比<0.25）、中低（0.25≤占比<0.5）、中高（0.5≤占比<0.75）和高（0.75≤占比≤1）四个组别，在此将家庭农业收入占比控制变量剔除，分别通过 Probit 模型和 CMP 方法估计，结果如表 2-7 所示。可知，在 CMP 估计结果中，工具变量至少在 10%的水平上显著，满足相关性；四个农业收入占比类别中的 atanhrho_12 至少在 5%的水平上显著，说明 CMP 比 Probit 估计结果更为准确。结果显示，在低、中低、中高、高农业收入占比的农户家庭，参与保险的农户的农地转入概率分别增加了 4.12%、6.25%、6.95%、7.11%，说明

农户家庭的农业收入占比越高，其越有可能在参与农作物保险后通过农地转入方式进一步扩大生产规模。对于低农业收入占比的农户家庭而言，农地可能仅是作为其未来生计保障和生活退路，家庭日常消费、储蓄和投资均来自非农收入，故其对农地的依赖程度较低，即使有保险提供风险保障，这类农户转入农地的可能性仍比较低。对于高农业收入占比的农户家庭来说，农业收入是其家庭的主要收入来源，且一般能与外出务工收入持平或更高，这类农户对农地的依赖性程度较高，有丰富的种地或管理经验，加之机械化尤其是农业社会化服务程度的提高，在有保险提供风险保障的基础上会极大地增强其扩大农地经营规模边界的能力。根据实际调查，在低农业收入占比的农户中参保户农地转入的比率为11.36%，在中低农业收入占比的农户中参保户农地转入的比率为25%，在中高农业收入占比的农户中参保户农地转入的比率为41.11%，在高农业收入占比的农户中参保户农地转入的比率为41.55%。

表 2-7   不同收入结构的回归结果

农业收入占比	低 (0≤占比<0.25)		中低 (0.25≤占比<0.5)		中高 (0.5≤占比<0.75)		高 (0.75≤占比≤1)	
	Probit	CMP	Probit	CMP	Probit	CMP	Probit	CMP
参与农作物保险	0.0680** (0.0320)	0.0412** (0.0184)	0.1028 (0.0761)	0.0625*** (0.0134)	0.0617*** (0.0083)	0.0695*** (0.0069)	0.0630*** (0.0280)	0.0711*** (0.0166)
农户与"三农"保险服务站的距离		0.0201*** (0.0032)		0.0434* (0.0246)		0.0368** (0.0168)		0.0214*** (0.0089)
atanhrho_12		1.0344** (0.4270)		0.3247*** (0.0953)		0.7988*** (0.1992)		1.1372*** (0.3006)
控制变量	是		是		是		是	
观测值	82		96		136		295	

注：*、**、***分别表示在10%、5%、1%的水平上显著，括号内为t值。

2.5.3.2   农地面积

选择农地面积作为另一划分标准，是因为农地面积不同的农户，其农业生产的规模化程度会不同，且农户长远生计对农地的依赖程度也会不同，故其农地转入决策也可能具有差异性。根据调研结果，参保户的户均耕地面积约 44 亩，未参保户的户均耕地面积约 35 亩，609 户农户的平均耕地面积约 41 亩，故本章根据受访农户农地资源禀赋将样本区分为小规模（0 亩≤面积<20 亩）、中规模（20 亩≤面积<40 亩）和大规模（面积≥40 亩）三个组别，在此将农户农地面积控制变量剔除，分别通过 Probit 模型和 CMP 方法估计，结果如表 2-8 所示。可知，在 CMP 估计结果中，工具变量至少在 10% 的水平上显著，满足相关性；三个农地规模类别中的 atanhrho_12 均在 1% 的水平上显著，说明 CMP 比 Probit 估计结果更为准确。结果显示，在小规模、中规模、大规模农地的农户家庭中，参与保险的农户的农地转入概率分别增加了 6.22%、6.55%、7.14%，说明农户家庭的农地规模越大，在由农作物保险为其提供风险保障后越有可能通过转入农地进一步扩大经营面积。可能的原因是，不同规模农户面临资本、劳动和技术等约束的强度不同，农业保险对其要素约束缓解的程度也不同，故在有保险尤其是较高保障水平的农业保险转移经营风险后，新技术、机械化的采用会促使尚未达到适度经营规模的农户进一步转入农地以扩大生产规模。同时，已有研究也发现，在农地流转市场，一个农户一旦成为值得信赖的转入方，那么整个村的农户可能均愿意将农地向其流转（郜亮亮，2020）。根据实际调查，在小规模农户中参保户农地转入的比率为 15.67%，在中规模农户中参保户农地转入的比率为 41.09%，在大规模农户中参保户农地转入的比率为 50.00%。

表 2-8　不同农地面积的回归结果

农地面积	小规模 （0 亩≤面积<20 亩）		中规模 （20 亩≤面积<40 亩）		大规模 （面积≥40 亩）	
	Probit	CMP	Probit	CMP	Probit	CMP
参与农作物保险	0.0604 ** （0.0253）	0.0622 ** （0.0234）	0.1295 * （0.0734）	0.0655 *** （0.0154）	0.0669 ** （0.0219）	0.0714 *** （0.0124）

续表

农地面积	小规模 （0 亩≤面积<20 亩）		中规模 （20 亩≤面积<40 亩）		大规模 （面积≥40 亩）	
	Probit	CMP	Probit	CMP	Probit	CMP
农户与"三农"保险 服务站的距离		0.0176*** （0.0019）		0.0483*** （0.0095）		0.0337** （0.0152）
atanhrho_12		1.0861*** （0.0677）		0.9919*** （0.2876）		0.6959*** （0.0994）
控制变量	是		是		是	
观测值	241		178		190	

注：*、**、***分别表示在10%、5%、1%的水平上显著，括号内为 t 值。

2.6　结论和启示

本章通过微观调查探讨了参与农作物保险对农户农地转入的影响，研究发现，参与保险会显著促进农户转入农地，尤其是对农业收入占比较高的农户和农地规模较大的农户的促进作用更大，这一结果表明，农作物保险不仅可以为农地规模化经营撑起"保护伞"，而且是农地规模化经营的"助推器"。

本章的研究结果表明，农户参与农作物保险会使其农地转入的概率显著提高，使用 CMP 估计方法解决内生性问题后，这一结论仍然成立，参与农作物保险对农户农地转入的边际效应为 5.85%。异质性分析表明，农户家庭拥有越高的农业收入占比和越大的农地规模，参与保险对其转入农地的作用越显著，具体而言，在高农业收入占比的农户家庭，参与保险促使其农地转入概率增加了 7.11%；在大农地规模的农户家庭，参与保险促使其农地转入概率增加了 7.14%。

参与农作物保险对农户农地转入的促进作用表明，农作物保险可以成为激活及完善农地流转市场的中介。现代化农业的特点之一是农地流转市场活跃，故为了更好地发挥农作物保险对农地流转的激励作用，首先，要升级农业保险产品，不仅要解决农业生产领域的风险保障问题，农业生产前端和后端链条上的全产业链风险也应被逐步纳入保险保障范围，从而解决农地流转市场中"农民不愿转出、种植户不敢大规模转入"的难题。其次，要突出针对性、差异性和普惠性，实现保险产品高质量供给。参与农作物保险对农户农地转入的作用会因农户类型不同而存在异质性，因此注重针对性就是要细分市场，出台更多的专属保险；强调差异性就是要求保险产品更多地体现对不同农业经营主体、同一经营主体不同保险标的的适配性；关注普惠性是因在相当长的一个时期内小规模分散经营仍是中国农业的主导型经营形态，故政策设计必须考虑小规模农户在农业生产中的风险保障需求。最后，要完善农地流转市场体系，以高质量的农业保险产品赋能高效率的农地流转市场，形成农户农地规模化经营的风险闭环。

参考文献

［1］方伶俐，李文芳.不同地区农作物保险购买影响因素的比较实证研究［J］.生态经济，2008（7）：28-32.

［2］冯文丽，苏晓鹏.农业保险助推乡村振兴战略实施的制度约束与改革［J］.农业经济问题，2020（4）：82-88.

［3］郜亮亮.中国农户在农地流转市场上能否如愿以偿？——流转市场的交易成本考察［J］.中国农村经济，2020（3）：78-96.

［4］黄颖，吕德宏，张珩.政策性农业保险对农户贫困脆弱性的影响研究——以地方特色农产品保险为例［J］.保险研究，2021（5）：16-32.

［5］江生忠，朱文冲.农业保险有助于保障国家粮食安全吗？［J］.

保险研究，2021（10）：3-17.

[6] 廖朴，吕刘，贺晔平.信贷、保险、"信贷+保险"的扶贫效果比较研究 [J].保险研究，2019（2）：63-77.

[7] 林凯旋.农业信贷与保险联动支持农业发展：内在逻辑与改进路径 [J].保险研究，2020（4）：69-76.

[8] 刘婧.我国农业保险高质量发展现状、问题及对策建议 [J].中国保险，2021（8）：50-53.

[9] 刘亚洲，钟甫宁.风险管理 VS 收入支持：我国政策性农业保险的政策目标选择研究 [J].农业经济问题，2019（4）：130-139.

[10] 罗向明，张伟，丁继锋.收入调节、粮食安全与欠发达地区农业保险补贴安排 [J].农业经济问题，2011（1）：18-23.

[11] 马九杰，杨晨，崔恒瑜，等.农业保险的环境效应及影响机制——从中国化肥面源污染视角的考察 [J].保险研究，2021（9）：46-61.

[12] 马贤磊，仇童伟，钱忠好.农地流转中的政府作用：裁判员抑或运动员——基于苏、鄂、桂、黑四省（区）农户农地流转满意度的实证分析 [J].经济学家，2016（11）：83-89.

[13] 冒佩华，徐骥.农地制度、土地经营权流转与农民收入增长 [J].管理世界，2015（5）：63-74+88.

[14] 任天驰，杨汭华.小农户衔接现代农业生产：农业保险的要素配置作用——来自第三次全国农业普查的微观证据 [J].财经科学，2020（7）：41-53.

[15] 任天驰，张洪振，杨晓慧，等.农业保险保障水平与农户生产投资：一个"倒 U 型"关系——基于鄂、赣、川、滇四省调查数据 [J].中国农村观察，2021（5）：128-144.

[16] 庹国柱.我国农业保险政策及其可能走向分析 [J].保险研究，2019（1）：3-14.

[17] 庹国柱，张峭.论我国农业保险的政策目标 [J].保险研究，

2018（7）：7-15.

[18] 夏益国，孙群，刘艳华.美国农场的耕地集中：现状、动因及影响 [J]. 中国农村经济，2015（4）：81-96.

[19] 夏益国，谢凤杰，周丽.美国农业安全网政策保险化：表现、动因与启示 [J]. 保险研究，2019（11）：42-55.

[20] 徐斌，孙蓉.粮食安全背景下农业保险对农户生产行为的影响效应——基于粮食主产区微观数据的实证研究 [J]. 财经科学，2016（6）：97-111.

[21] 张伟，郭颂平，罗向明.政策性农业保险环境效应研究评述 [J]. 保险研究，2012（12）：52-60.

[22] 张伟，黄颖，谭莹，等.灾害冲击下贫困地区农村金融精准扶贫的政策选择——农业信贷还是农业保险 [J]. 保险研究，2020（1）：21-35.

[23] 张跃华，史清华，顾海英.农业保险对农民、国家的福利影响及实证研究——来自上海农业保险的证据 [J]. 制度经济学研究，2006（2）：1-23.

[24] 张祖荣.农业保险功用解构：由农户与政府边界 [J]. 改革，2012（5）：132-137.

[25] Burns C. B., Prager D. L. Does Crop Insurance Influence Commercial Crop Farm Decisions to Expand? An Analysis Using Panel Data From The Census of Agriculture [J]. Journal of Agricultural and Resource Economics, 2018, 43（1）：61-77.

[26] Cai J. The Impact of Insurance Provision on Households' Production And Financial Decisions [J]. American Economic Journal: Economic Policy, 2016, 8（2）：44-88.

[27] Carter M. R., Cheng L., Sarris A. Where And How Index Insurance Can Boost The Adoption of Improved Agricultural Technologies [J]. Journal of Development Economics, 2016, 118：59-71.

［28］Chang H. H., Mishra A. K. Chemical Use in Production Agriculture: Do Crop Insurance and Off-farm Work Play a Part? ［J］. Journal of Environmental Management, 2012, 105 （3）: 76-82.

［29］Claassen R., Langpap C., Wu J. J. Impacts of Federal Crop Insurance on Land Use and Environmental Quality ［J］. American Journal of Agricultural Economics, 2017, 99 （3）: 592-613.

［30］Deryugina T. Konar M. Impacts of Crop Insurance on Water Withdrawals for Irrigation ［J］. Advances in Water Resources, 2017, 110: 437-444.

［31］Elabed G., Carter M. R. Ex-ante Impacts of Agricultural Insurance: Evidence From a Field Experiment in Mali ［R］. Working Paper, 2015.

［32］Faber S., Rundquist S., Male T. Plowed Under: How Crop Subsidies Contribute to Massive Habitat Losses ［R］. The Environmental Working Group （EWG）, Washington, DC, 2012.

［33］Farrin K., Miranda M. J. A Heterogeneous Agent Model of Credit-linked Index Insurance and Farm Technology Adoption ［J］. Journal of Development Economics, 2015, 116: 199-211.

［34］Feng S. Z., Han Y. J., Qiu H. G. Does Crop Insurance Reduce Pesticide Usage? Evidence from China ［J］. China Economic Review, 2021 （69）: 101679.

［35］Goodwin B. K., Vandeveer M. L., Deal J. L. An Empirical Analysis of Acreage Effects of Participation in the Federal Crop Insurance Program ［J］. American Journal of Agricultural Economics, 2004, 86 （4）: 1058-1077.

［36］Hansen J., Hellin J., Rosenstock T., et al. Climate Risk Management And Rural Poverty Reduction ［J］. Agricultural Systen, 2019, 172: 28-46.

［37］He J., Zheng X. Y., Rejesus R. M., et al. Input Use Under

Cost-of-Production Crop Insurance: Theory And Evidence [J]. Agricultural Economics, 2020, 51 (3): 343-357.

[38] Hill R. V., Kumar N., Magnan N., et al. Ex Ante and Ex Post Effects of Hybrid Index Insurance in Bangladesh [J]. Journal of Development Economics, 2019, 136: 1-17.

[39] Hill R. V., Viceisza A. A Field Experiment on the Impact of Weather Shocks and Insurance on Risky Investment [J]. Experimental Economics, 2012, 15 (2): 341-371.

[40] Karlan D., Osei R., Osei-Akoto I., et al. Agricultural Decisions after Relaxing Credit and Risk Constraints [J]. The Quarterly Journal of Economics, 2014, 129 (2): 597-652.

[41] Key N., Roberts M. J., O'Donoghue E. Risk And Farm Operator Labour Ssupply [J]. Applied Economics, 2006, 38 (5): 573-586.

[42] Liu Y. Y., Chen K., Hill R. V. Delayed Premium Payment, Insurance Adoption, and Household Investment in Rural China [J]. American Journal of Agricultural Economics, 2020, 102 (4): 1177-1197.

[43] Lubowski R. N., Bucholtz S., Claassen R., et al. Environmental Effects of Agricultural Land-use Change: The Role of Economics and Policy [R]. Economic Research Report Number 25, Economic Research Service, United States Department of Agriculture (USDA), Washington, DC, 2006.

[44] Miao R. Q., Hennessy D. A., Feng H. L. The Effects of Crop Insurance Subsidies and Sodsaver on Land-Use Change [J]. Journal of Agricultural and Resource Economics, 2016, 41 (2): 247-265.

[45] Roodman D. Fitting Fully Observed Recursive Mixed-Process Model with CMP [J]. The Stata Journal, 2011, 11 (2): 159-206.

[46] Salazar C., Jaime M., et al. Interaction Between Crop Insurance And Technology Adoption Decisions: The Case of Wheat Farmers in Chile [J]. Australian Journal of Agricultural and Resource Economics, 2019, 63 (3): 593-

619.

[47] Seo S. , Mitchell P. D. , Leatham D. J. Effects of Federal Risk Management Programs on Optimal Acreage Allocation And Nitrogen Use in a Texas Cotton-Sorghum System [J]. Journal of Agricultural and Applied Economics, 2005, 37 (3): 685-699.

[48] Sibiko K. W. , Qaim M. Weather Index Insurance, Agricultural Input Use, And Crop Productivity in Kenya [J]. Food Security, 2020, 12 (1): 151-167.

[49] Smith V. H. , Goodwin B. K. Crop Insurance, Moral Hazard, and Agricultural Chemical Use [J]. American Journal of Agricultural Economics, 1996, 78 (2): 428-438.

[50] Tang L. , Luo X. F. Can Agricultural Insurance Encourage Farmers to Apply Biological Pesticides? Evidence from rural China [J]. Food Policy, 2021 (105): 102174.

[51] Tang Y. M. , Yang Y. , Ge J. H. , et al. The Impact of Weather Index Insurance on Agricultural Technology Adoption Evidence From Field Economic Experiment in China [J]. China Agricultural Economic Review, 2019, 11 (4): 622-641.

[52] Wei T. D. , Liu Y. , Wang K. , et al. Can Crop Insurance Encourage Farmers to Adopt Environmentally Friendly Agricultural Technology—The Evidence from Shandong Province in China [J]. Sustainability, 2021, 13 (24): 13843.

[53] Wu J. J. Crop Insurance, Acreage Decisions, And Nonpoint-Source Pollution [J]. American Journal of Agricultural Economics, 1999, 81 (2): 305-320.

[54] Ye T. , Yokomatsu M. , Okada N. Premium Subsidy for Crop Insurance as an Incentive Device in China: In Which Respects might it Work Wrongly? [J]. Journal of Natural Disaster Science, 2009, 31 (2): 39-48.

[55] Young C. E. , Vandeveer M. L. , Schnepf R. D. Production and Price Impacts of U. S. Crop Insurance Programs [J]. American Journal of Agricultural Economics, 2001, 83 (5): 1196−1203.

[56] Yu J. S, , Smith A. , Sumner D. A. Effects of Crop Insurance Premium Subsidies on Crop Acreage [J]. American Journal of Agricultural Economics, 2018, 100 (1): 91−114.

3 农业保险对农户劳动力资源配置的影响[①]

前文深入论证了农业保险对农户土地要素配置行为的重要作用，揭示了农业保险如何通过降低生产风险、提高农户的收入稳定性和抗风险能力，从而促进土地资源的有效配置和利用。这一分析不仅为读者理解农业保险在农业生产中的积极微观作用提供了新的视角，而且为进一步探讨农业保险对其他生产要素的影响奠定了坚实基础。随着中国乡村振兴战略的深入实施和农业现代化进程的加快，农村劳动力作为农业生产的核心要素，其配置效率在很大程度上决定了农业生产的可持续发展和乡村振兴目标的顺利实现。近年来，随着中国农村劳动力的持续外流和人口老龄化的加快，农业劳动力短缺的问题日益突出。根据统计数据，2022 年中国农业从业人员占农村总人口的比例已降至 24.1%，农村劳动力大量向城市非农产业转移，造成了农村青壮年劳动力的流失，进而威胁到农业的可持续发展与粮食安全。面对这一问题，国家在政策上采取了一系列措施，旨在通过促进劳动力回流、提高劳动力素质、优化劳动力配置等手段，推动农业的现代化发展和乡村振兴。其中，农业保险作为现代农业风险管理体系中的重要组成部分，不仅通过为农户提供生产中的风险保障，分散自然灾害、市场波动等风险，还在促进农业劳动力配置、激发农户农业生产积极性方面发挥了重要作用。随着农业保险覆盖面和保障水平的逐步提升，

---

① 本章内容发表于 2025 年《农业技术经济》第 5 期，原文名称《农业保险对农户劳动力资源配置的影响》。

其已成为保障农业生产、稳定农户收入不可或缺的政策工具。

不仅如此，农村产业结构的调整和新业态的发展为农民工返乡就业提供了更多机会。数据显示，近年来，中国农村劳动力回流比例逐渐上升，约58.7%的农村劳动力选择返乡，乡村劳动力市场呈现城市与农村双向流动的格局。在此背景下，农业保险政策是否能够通过减少农业生产的不确定性，促使更多农村劳动力尤其是青壮年劳动力回乡务农，成为政策研究的重要议题。

近年来，国内外学者针对农业保险对农户农业生产决策和要素配置行为的影响进行了广泛研究，多数分析发现，农业保险通过减少农业生产的不确定性，有助于提高农户的生产积极性和抗风险能力，从而促使农户增加在农业生产中的要素投入。一些研究进一步指出，农业保险通过保障收入稳定，减少了农户离开农业的倾向，提高了农户对农业生产的投入热情。然而，关于农业保险如何具体影响农户劳动力配置的研究相对较少，现有研究大多聚焦于农业保险对农户生产要素如土地、资本等因素的影响，而针对劳动力这一重要生产要素的讨论较为有限，尤其是在国内，还缺乏系统性研究。国外学者普遍认为，农业保险能够减少农户退出农业的可能性，促进劳动力继续留在农业领域。国内学者的研究结果存在不一致性，有学者认为，农业保险促进了更多劳动力投入农业生产；而另一些研究则表明，低保障水平的农业保险反而推动了农户向非农领域转移。由于农业保险的实施情况、农户特征以及区域发展水平等均存在差异，农业保险政策对农户劳动力配置的具体影响机制及其对不同类型农户的异质性作用仍需进一步探讨。因此，在已有研究基础上，本章进一步论证了农业保险对农户劳动力资源配置的影响。

基于上述背景，本章在前文对农业保险政策如何影响农户土地要素配置行为分析的基础上，进一步探讨农业保险政策对农户劳动力资源配置的影响。本章利用来自河南、山东、安徽和黑龙江4个粮食主产省984户农户的调研数据，采用Oprobit、Bioprobit模型和CMP方法，系统地分析了参与农业保险对农户劳动力资源配置的作用，并通过构建中介效应模型，验证了农业保险影响农户劳动力资源配置的路径机制。具体而言，本章首先通过理论分析和研究假说的提出，构建了农业保险影响农户劳动力资源配置的理论分析框架。其次利用实证数据对理论假说进行了验证，研究发现，参与农业保险显著促进了农户将劳动力要素向农业部门配置。农业保险通过为农户提供风险保障，减少了其对农业生产中不可控因素的担忧，进而提高了农户对农业收入的预期，激励其增加农业劳动投入。同时，参与农业保险促使农户采用更多的农业技术，提高了农业生产效率，进一步提升了农户继续从事农业生产的可能性。这一发现表明，农业保险不仅能够稳定农户的收入，还可以通过技术创新和投入优化，激励农户将劳动力更多地集中在农业生产上。异质性分析表明，农业保险对不同农户群体的影响存在显著差异。对拥有较大耕地规模、年龄在45岁以下以及受教育水平较低的农户而言，农业保险的促进作用更加显著。这表明，这些农户对农业风险规避的需求更为强烈，进而倾向于在参与农业保险后增加在农业部门的劳动力资源配置。此外，对于规模较小、受教育水平较高的农户而言，农业保险的影响相对较弱，这可能与这些农户更倾向于选择非农就业或具有更高的非农收入有关。

通过本章的研究，进一步深化了学术界对农业保险与农户生产行为之间关系的理解，拓宽了农业保险政策的研究视角。本章不仅揭示了农业保险在促进农户劳动力回流和优化劳动力配置中的重要作用，还为政策制定者提供了有力的决策参考。在实践层面，本章的研究结果表明，农业保险政策的设计应更加注重不同类型农户的需求，尤其是通过提高对大规模农户、青壮年农户以及低学历农户的保险保障水平，进一步优化农村劳动力资源配置。总之，农业保险不仅是稳定农业生产、提高农户收入的有效工具，还是促进劳动力回流、优化农村劳动力结构的关键机制。未来研究可以继续深入探讨农业保险在不同地区和农业模式下的差异化影响，为农业保险政策的优化提供更加丰富的实证依据，从而更好地推动农业现代化和乡村振兴战略的实现。

3.1 引言

党的二十大报告提出全面推进乡村振兴，坚持农业农村优先发展，坚持城乡融合发展，畅通城乡要素流动，加快建设农业强国，扎实推动乡村产业、人才、文化、生态、组织振兴①。乡村振兴战略的核心在于实现乡村地区在人口、土地、产业和资金等多个要素上的全面振兴，其中，人口因素在这一过程中发挥着决定性作用（郭远智等，2019）；实现乡村振兴必须在乡村地区保持一定的人口规模，农村劳动力作为乡村产业振兴的重要投入要素，研究其行为逻辑至关重要（李芳华和姬晨阳，2022）。根据改革开放以来乡村人口变动的历史数据，农村劳动力流动具有典型"钟摆式"特征。中国农村地区经历了前所未有的人口流动，由于制度政策放宽和农业转型的双重推动，大量农村劳动力转移至城市地区。1978~2022年，乡村人口年均下降1.075%，总计减少了约3亿人②，2022年农业从业者占比下降到24.1%（张红宇，2023），这导致农村劳动力急剧减少，农业生产面临严重的劳动力短缺问题（姜长云，2020）。由于粮食生产需要充足的劳动力从事种植、收获及后续农田管理，劳动力不足对粮食安全构成了威胁（周晓时和樊胜根，2023）。随着工业化、城镇化推进，农村人口尤其是青年劳动力逐渐向非农产业和城镇转移。根据第七次全国人口普查数据，2020年农村地区65岁及以上老年人口占该地区总人口比重为17.7%；2010~2020年，农村劳动力的老龄化程度从40.25%显著上升至50.24%（陆杰华和郭荣荣，2023）。在现阶段农业兼业化、农村空心化、农民老龄化趋势日益明显的情况下，农业生产经营的可持续发展面

---

① 资料来源：http://www.news.cn/politics/cpc20/2022-10/25/c_1129079429.htm。
② 资料来源：根据《中国农村统计年鉴（2023）》中的数据计算得出。

临较大挑战（王韧等，2023）。在农村劳动力城—乡双向流动过程中，尽管劳动力流出数量远远大于回流数量，但近年来因中国经济结构转型升级，就业环境越发复杂，越来越多的农民工开始返乡就业。20 世纪 90 年代，中国约三成外出农村劳动力回流（白南生和何宇鹏，2002）。2013 年在农村所有劳动人口中回流迁移劳动力占 43.7%（任远等，2017）。近年来，尤其是 2015 年至今，农村劳动力转移数量持续下降，已步入下行阶段，这一变化与乡村振兴战略的提出和实施密切相关，新兴农村产业和就业机会为农民工回乡就业创造了良好条件（杜志雄和黄鸣，2023）。根据中国家庭金融调查数据，2019 年农村劳动力回流比例约为 58.7%（张吉鹏等，2020）。随着农村脱贫攻坚任务的完成，基础设施进一步完善，农村产业大力发展，城乡差距逐渐缩小，农民工回流为乡村人才振兴带来新契机（文丰安，2021）。程名望等（2018）认为，劳动力对农业部门的贡献率高于对非农部门的贡献率。因此，在全面建设社会主义现代化国家的战略目标下，实现乡村全面振兴尤其是建设农业强国，必须顺应农村劳动力转移的客观规律，合理引导乡村劳动力回流，以吸引年轻人务农、培育职业农民为重点。

伴随乡村振兴战略实施、农业农村现代化推进，中国农业保险正从"小农险"走向"大农险"（庹国柱，2021）。根据统计数据，中国农业保险保费收入已从 2007 年 51.8 亿元增长为 2022 年 1192 亿元，年复合增长率达 31.7%；提供风险保障从 1126 亿元增长到 5.46 万亿元；保费补贴总额从 2007 年 36 亿元增长至 2022 年 918 亿元，增长了 24.5 倍；受益农户和赔款支出分别从 2007 年 596 万户和 31 亿元增加到 2021 年 5112.6 万户和 924.1 亿元，累计 5.6 亿多户次农户受益（袁纯清，2023）。因此，从宏观数据来看，近年来中国农业保险高速发展和农村劳动力回流现象的出现似乎可以反映出二者之间存在一定关系。根据已有研究，农户参与农业保险可为其农业收入不确定性提供保障，从而减少其离开农业工作的可能性。换言之，农户购买农业保险可促进其增加农业劳动供给，减少非农劳动供给（Serra et al.，2005；Chang & Mishra，2012）；发展农业保险，提高其覆盖率和保障水平，有助于鼓励劳动力回乡，提高农户生产积极性（刘素春等，2022）。

农业保险作为一项重要支农政策，不仅会增强农户对农业生产风险的承受能力，而且会对农户生产要素配置行为产生影响。分析农业保险政策对农户生产行为的影响，是科学评价农业保险政策效果的前提。具体而言，农业保险对农户生产决策行为的影响主要体现在农户生产要素尤其是农用化学要素等资本投入行为（Regmi et al.，2022；张驰等，2019；任天驰等，2021）、种养植行为（付小鹏和梁平，2017；张旭光和赵元凤，2020；江生忠等，2022）、技术采纳行为（Tang et al.，2019；Tang & Luo，2021）和土地要素配置行为（柴智慧，2021）等方面。目前，国内外学者关于农业保险如何影响农户上述生产行为的研究成果比较丰富，但有关参与农业保险对农户劳动力要素配置行为的影响还有待探索。多数国外学者认为，参与农业保险可减少农户离开农业工作的可能性（Serra et al.，2005）。Chang 和 Mishra（2012）指出，购买农业保险和非农工作决策之间存在负相关关系。Sakket 和 Kornher（2021）基于肯尼亚和埃塞俄比亚牧民家庭调查数据发现，基于牲畜的指数保险项目对农户将劳动力配置在农业生产领域和非农生产领域均有一定促进作用，但对前者作用更大。不过，目前国内学者在该问题上的研究既缺乏理论探讨，又缺少具有说服力的定量分析证据，且已有研究结果存在不一致性。有学者认为，农业保险促使更多劳动力投入农业生产中（魏加威和杨汭华，2021；李晓旭，2022）。也有学者认为，中国现行低保障水平农业保险降低了农户农业领域劳动力供给，推动了其非农就业（黄颖和吕德宏，2021）。马九杰等（2020）发现，政策性农业保险试点通过促进农户非农就业提高其非农收入比重。在理论层面，农业保险政策通过收入效应和风险效应在一定程度上影响农户劳动力资源配置行为，促使其重新配置劳动力（Sakket & Kornher，2021），这意味着当一项风险管理决策影响另一项决策时，有必要进一步分析二者之间的关系（张驰等，2017）。

截至 2023 年，中国政策性农业保险已运行 17 年，在农业保险快速发展和农村劳动力结构性变迁的大背景下，农户保险参与和劳动力要素配置决策之间究竟存在什么关系？参与农业保险是否会显著影响农户劳动力要素配置行为？作用方向如何？对于不同类型农户，影响是否存在异质性？基于此，本章采用中国乡村振兴综合调查（China Rural Revitalization Survey，CRRS）数据，使用 Oprobit、Bioprobit 模型和条件混合估计方法（Conditional Mixed Process，CMP）系统考察参与农业保险对农户劳动力要素配置的影响，通过构建中介效应模型，讨论"农业保险—农业收入预期、农业技术投入—农户劳动力资源配置"的机制路径，此外还考虑作用的异质性。根据实证分析结果，剖析了研究结论的政策含义。本章的边际贡献在于：首先，将农业保险政策和农村劳动力市场相结合，论析农户参与农业保险对其劳动力转移的作用机制，在理论层面进一步拓展当前国内有关农业保险微观作用，尤其是对农户劳动力要素配置行为影响的研究。其次，基于4个粮食主产省的大规模田野调查数据，实证检验农业保险对农户劳动力资源配置的具体作用及影响路径，并分析其对不同类型农户影响的异质性，这不仅使研究结果符合现阶段中国农户分化趋势越来越明显的客观现实，而且保证了因果关系识别的可信度。最后，在应用价值层面，本章的研究结果不仅有助于进一步拓宽农业保险的功能边界，而且可为政府调整有关农村劳动力流动及乡村人才振兴政策提供参考价值。

3.2　理论分析与研究假说

根据预期效用理论，在面对不确定性时，农户通常倾向于选择那些能提供较高期望收益并且伴随较低收益波动的经营策略（李梅华等，2022）。农业保险提供的风险减缓效应能降低农业生产的不确定性，从而影响农户的劳动力配置决策。农户作为"理性经济人"，在自身各类资源禀赋约束条件下，选择劳动力分配方式以最大化其预期效用。假定农户家庭中只存在户主，其初始财富为 Q；户主固定时间禀赋为 T，是分配给农业劳动 T_F、非农劳动 T_{NF} 和休闲 T_L 的时间总和，即 $T=T_F+T_{NF}+T_L$；令 V 表示其他投入要素，X_f 表示其他投入要素的价格；R 表示农户所属地理位置特征；P 表示农户在农业生产中风险事故发生的概率，C 表示灾害发生时的受损程度，令 $f=P\times C$，代表农户进行农业生产可能发生的损失，且 f 为 T_F 的函数；δ 为农业保险费率，w 为农户购买保额，则农户参与农业保险应缴纳的保险费用为 δw；$I(R)$ 表示农户在风险事故发生时可获得保险赔付；β 和 γ 是农户进行农业劳动和非农劳动的边际收益。因此，农户总收入 Y 的约束方程如下所示：

$$Y=\beta T_F+\gamma T_{NF}-VX_f-\delta w-f(T_F)+I(R)+Q \tag{3-1}$$

式（3-1）受到的约束条件包括：

$$T=T_F+T_{NF}+T_L \tag{3-2}$$

式（3-2）是户主的时间约束，非负性约束如式（3-3）所示：

$$T_F,\ T_{NF},\ T_L\geq 0 \tag{3-3}$$

农户的效用函数 U 取决于总收入和面临的风险，假设效用函数为凹函数，连续且两次可微，则 $U=-e^{-\alpha(Y)}$，其中，α 为农户风险厌恶程度，则有：

$$U=-e^{-\alpha(\beta T_F+\gamma T_{NF}-VX_f-\delta w-f(T_F)+I(R)+Q)} \tag{3-4}$$

农户的目标是通过分配 T 到 T_F、T_{NF}、T_L 使效用最大化，即：

$$Max_{T_F,T_{NF},T_L}U=Max_{T_F,T_{NF},T_L}(-e^{-\alpha(\beta T_F+\gamma T_{NF}-VX_f-\delta w-f(T_F)+I(R)+Q)}) \tag{3-5}$$

同时，上式满足 $T=T_F+T_{NF}+T_L$。为了找到最优的劳动力配置 T_F 和 T_{NF}，本章通过拉格朗日乘数法进行求解，设 $L=-e^{-\alpha(\beta T_F+\gamma T_{NF}-VX_f-\delta w-f(T_F)+I(R)+Q)}+\lambda(T-T_F-T_{NF}-T_L)$，对 T_F 和 T_{NF} 求偏导，进而得到：

$$\frac{\partial L}{\partial T_F}=\alpha e^{-\alpha(\beta T_F+\gamma T_{NF}-VX_f-\delta w-f(T_F)+I(R)+Q)}(\beta-f'(T_F))-\lambda=0 \tag{3-6}$$

$$\frac{\partial L}{\partial T_{NF}}=\alpha e^{-\alpha(\beta T_F+\gamma T_{NF}-VX_f-\delta w-f(T_F)+I(R)+Q)}(\gamma)-\lambda=0 \tag{3-7}$$

通过联立式（3-6）、式（3-7）可得，$\beta-f'(T_F)=\gamma$，即 $\gamma+f'(T_F)=$

β，为使总效用最大化，农户会调整其在农业部门和非农部门之间的劳动力配置，使农业劳动力边际收益（在考虑风险和农业保险的影响下）等于非农劳动力边际收益。由于在农业生产中，农业劳动时间投入越多，意味着农户可以对农业生产的各个环节进行更加精细的管理，且能够及时发现和应对农业生产中的风险，故 $f'(T_F) < 0$；在农业生产受损的情况下，参与农业保险可通过减少农业灾害发生时的损失 f 来增加农业劳动边际收益，进而使农业劳动的边际收益增加，进一步减弱农业部门劳动力的离农趋势。此外，当农户遭遇灾害时，保险公司会对其经济损失进行一定程度的赔偿，弥补农户在灾害发生时所遭受的损失，保险赔款具有的"损失赔偿效应"会正向影响农户收入及其稳定性（黄颖和吕德宏，2021）。对于风险厌恶者来说，保费补贴通过降低保费负担并间接增加收入，从而具有"转移支付效应"，这一机制可最大化投保人的预期效用。因此，农业保险具有的"损失赔偿效应"和"转移支付效应"，通过风险转移、降低农业生产不确定性及农户风险厌恶程度，有效减少了由自然灾害或其他不利条件引起的潜在经济损失的影响，由此改变农户对未来收入尤其是对于农业经营收入的预期，进而影响其家庭风险管理决策，如农户农业生产行为（刘蔚和孙蓉，2016；张哲晰等，2018），抑制劳动力离农趋势（王韧等，2023）。在农业生产不受损的情况下，农业保险的"风险保障效应"可分散农业生产过程中所面临的风险，提高农户的风险承担能力，稳定农业生产者的产出预期，故参与农业保险促使农户选择增加资本、土地、劳动投入与新技术的采用，而这些生产要素投入的增加会影响农作物产量。有学者发现，参与农业保险可激励农户增加技术采用（Tang & Luo，2019），技术采用的增加不仅可以提高农作物产量，而且改进的农业技术增加了劳动力回报并提高了家庭影子工资率，使农业劳动更具吸引力，创造了新的劳动力-休闲分配均衡（Gertler et al.，2012）。此外，随着我国规模经营的发展以及种植结构的调整，由此带来的多样化生产延长了农忙时间，进而促进了农村劳动力资源的有效利用，优化了农村劳动力的配置（苏会等，2024）。据此，提出如下假说：

假说1：参与农业保险有利于促进农户将劳动力资源向农业部门配置，具体是通过影响农户的农业收入预期和技术投入决策来实现。

基于上述理论分析，本章构建了农业保险影响农户劳动力要素配置行为的机制，具体如图3-1所示。

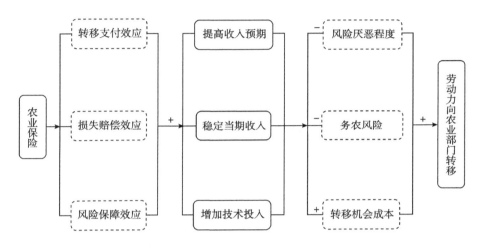

图3-1 农业保险对农户劳动力资源配置的作用机制

已有研究表明，农业保险影响农户劳动力要素配置的效果还受众多因素影响，如代表个人特征的年龄、学历背景和代表家庭特征的耕地规模等。在前文分析的基础上，本章采用更加细化的劳动力供给模型通过公式推导进而得出影响劳动力要素配置的各类因素。假定农户固定耕地资源禀赋为 $\overline{A}=A^{F}+A^{OF}$，其中，$A^{F}$ 和 A^{OF} 分别表示用于农业生产、非农业生产的耕地；Y 代表农户收入，由农业收入 Y_{F} 和非农收入 Y_{E} 构成，其中，$Y_{F}=P^{*}\times K[T_{F},\ A^{F},\ X_{f},\ H^{O},\ R,\ e,\ \delta w,\ I(R)]$，即农户的平均农业产量 $K[T_{F},\ A^{F},\ X_{f},\ H^{O},\ R,\ e,\ \delta w,\ I(R)]$ 是以平均市场价格 P^{*} 出售的；令 H^{O} 表示人力资本，e 表示农户在农业生产中面临的各类不确定事件，农户虽不能确切掌握，但可依据务农经验等信息判断事件发生的概率 $g(e\mid\theta)$，其中，θ 表示农户特征向量，则农户的目标函数为：

$$\underset{T_F,\ T_{NF},\ A^F}{Max}\ EU_j = \int U_j \begin{bmatrix} \gamma T_{NF} + K(T_F,\ A^F,\ X_f,\ H^O,\ R,\ e,\ \delta w,\ I(R))P^* \\ -VX_f - \delta w - PC + I(R) + Q \end{bmatrix}$$

$$dg(e/\theta) \tag{3-8}$$

令 $j = 0,\ 1$，$j = 0$ 表示农户未参与农业保险，$j = 1$ 表示农户参与农业保险，当且仅当 $EU_1 \geqslant EU_0$ 时，农户选择参与农业保险。

式（3-8）受到的约束条件包括：

$$\bar{A} = A^F + A^{OF} \tag{3-9}$$

$$I = \gamma T_{NF} + K(T_F,\ A^F,\ X_f,\ H^O,\ R,\ e,\ \delta w,\ I(R))P^* + Q + I(R) \tag{3-10}$$

式（3-10）是预算约束，农户总收入由以下部分构成：非农劳动收入（$Y_E = \gamma T_{NF}$）、务农所得利润（π_F）以及其他非劳动收入（如政府补贴等），其中，务农所得利润可定义为农业产出价值 $P^* K(\cdot)$ 减去投入成本 VX_f，则有：

$$\pi_F = K(T_F,\ A^F,\ X_f,\ H^O,\ R,\ e,\ \delta w,\ I(R))P^* - VX_f \tag{3-11}$$

本章假设生产函数是凹的、连续的和二次可微；通过对式（3-11）中 T_F、T_{NF} 分别求导可得影响农户劳动力要素配置的影响因素为：

$$(T_F)' = (P,\ \gamma,\ \bar{A},\ Q,\ R,\ X_f,\ H^O,\ e,\ \delta w,\ I(R),\ \theta) \tag{3-12}$$

$$(T_{NF})' = (P,\ \gamma,\ T_F,\ \bar{A},\ Q,\ R,\ H^O,\ e,\ \theta) \tag{3-13}$$

由式（3-12）、式（3-13）可知，除了由前文推导得出农业保险通过减少农业损失、提供保险赔付改变农户收入预期与农业技术投入进而影响农户劳动力资源配置外，要素价格、农户个人及家庭特征、农业生产状况、所属地区特征等均可影响农户劳动力配置决策。同时，由式（3-10）可知，农户用于农业生产的耕地面积越大，务农所得收入可能越高，故其将劳动力向农业部门配置的可能性越大，即土地经营规模在影响农户非农就业行为过程中呈现显著的负向效应（李忠旭和庄健，2021）。根据规模经济理论可知，大规模农业生产通常能够更有效地利用劳动力等资源。随着农业经营规模扩大，农户可能更容易实现劳动力专业化和分工，提高农业生产效率，且农业劳动力绝对数量不断下降的趋势要求必须形成适应现代农业发展的经营方式和格局，培养种植大户、职业化经营者。王韧等（2022）指出，农业经营规模化使大规模农户对风险转移、经济补偿的需求高于普通农户，尤其是在保障水平提升、农险产品创新等方面有着更具针对性的需求。例如，2018~2020 年，三大粮食作物完全成本保险和收入保险试点成效显著，尤其是推动了农业生产向规模化、集约化方向发展，提高了农业适度规模化经营水平（张宝海等，2021），故 2021~2022 年财政部等三部门将三大粮食作物完全成本保险和种植收入保险逐步扩大至 13 个粮食主产省的主要产粮县①，2023 年将政策实施范围扩大至全国所有产粮大县②，2024 年在全国所有地区全面实施③。因此，高保障水平的农业保险政策可提高农户投保和种粮的积极性（张锦华和徐雯，2023），稳定农户收益，促进其农业生产规模化，进而增加其将劳动力向农业部门配置的可能性。

当前，关于人口老龄化对劳动力资源影响的研究主要聚焦于整体层面的宏观分析，缺乏对各个年龄阶段劳动力的微观分层探讨，特别是对于大龄劳动力这一特定群体，有关其变化趋势和区域差异的研究尤为薄弱。实际上，农村劳动力群体因年龄段不同，在体力状况、工作经验积累、专业技能掌握以及对保险产品的理解与认知上均呈现出显著的差异性。年轻人对风险感知的能力和农业保险政策的了解及反应优于老年人，获取相关信息和接受新技能培训的能力较强，可适应新时代农业生产新要求；老年人积累了丰富务农经验，且可能更关心养老保险和医疗保障。因此，通过按照年龄分组，可更好地识别不同年龄段农户特点，更准确地评估参与农业保险对不同年龄组群农户劳动力配置决策的影响。

受教育程度不同的农户，其非农就业机会与风险识别能力不同，受教育程度较高的农户更倾向于选择非农就业。栾青霖和张力（2019）通过创建农村劳动力流动策略模型发现，学历层次高低对农村劳动力流动影响

---

① 资料来源：https：//www.gov.cn/zhengce/zhengceku/2021-06-29/content_5621466.htm。
② 资料来源：https：//www.gov.cn/zhengce/zhengceku/202307/content_6891795.htm。
③ 资料来源：https：//www.gov.cn/zhengce/zhengceku/202405/content_6952698.htm。

较大，接受过高等教育的农村劳动力外出概率比高中毕业生高 15%，比初中生高近 30%。现阶段，学历已成为用人单位评估求职者的重要标准，高学历通常意味着更高的起点。此外，高学历的劳动力往往对自身有较高的期望，其更倾向于选择城市就业机会。根据《2022 年全国高素质农民发展报告》，2022 年高素质农民发展指数为 0.5076，较 2021 年略降 0.47%，高素质农民受教育程度相对较高，高中及以上学历占 57.03%；然而，从农业劳动力的总体结构和历史变化来看，其受教育水平普遍较低，大多数农业劳动力仅接受了小学或初中教育（含中等职业教育）。针对当前农业劳动力普遍存在"年龄大、技能素质相对较低"的特点，提高农业生产比较收益，吸纳高素质人才投身农业产业，以壮大农业生产领域的人才队伍，对推进乡村人才振兴和建设农业强国至关重要。基于此，本章提出如下假说：

假说 2：参与农业保险对农户劳动力资源配置的影响可能因农户经营规模、年龄结构和受教育水平等的不同而存在异质性。

3.3　数据来源、模型设定与变量选取

3.3.1　数据来源

本章的数据来源于 2020 年 8~9 月中国社会科学院农村发展研究所进行的中国乡村振兴综合调查（CRRS），本章选取河南、山东、安徽和黑龙江 4 个粮食主产省的数据进行分析，共 1484 户粮食生产户和 121 个村庄。在进行数据匹配后，剔除含有缺失值、异常值的无效样本，最终得到农户有效样本 984 户。本章选择河南、山东、安徽和黑龙江 4 个省份进行分析，主要是因其农业发展水平较高，且均是政策性农业保险早期试点地区，故样本选择具有典型性。尽管本章使用的 CRRS 数据为 2020 年数据，

但其具有较强的代表性和适用性，一方面是因为农业发展具有一定稳定性，短期内农业发展的基本趋势和特征变化较小；另一方面是因为政策性农业保险的长期性，中国农业保险的主要产品形态在 2020~2023 年并无明显转型升级，虽然三大主粮作物完全成本保险和种植收入保险试点在逐步扩面，但产品仍以物化成本保险为主。

3.3.2　模型设定

3.3.2.1　基准模型

由于农户劳动力资源配置是多值离散选择变量，故本章选择 Oprobit 模型进行分析，该模型将农户劳动力资源配置视为排序变量，需使用潜变量推导极大似然估计量。基于此，本章以农户劳动力资源配置为被解释变量，以是否参加农业保险为核心解释变量，建立如下模型识别待估参数：

$$labo_i^* = \alpha_0 + \alpha_1 insu_i + \beta X_i + \varepsilon_i \tag{3-14}$$

$$labo_i = \begin{cases} 1, & labo_i^* < 5\% \\ 2, & 5\% \leqslant labo_i^* < 50\% \\ 3, & 50\% \leqslant labo_i^* < 95\% \\ 4, & 95\% \leqslant labo_i^* \end{cases} \tag{3-15}$$

其中，$labo_i^*$ 为农户劳动力资源配置潜变量；$insu_i$ 为农户 i 是否参加农业保险；X_i 为影响农户劳动力资源配置的一系列控制变量，包括农户个体、家庭和地区特征；随机误差项 ε_i 服从标准正态分布。α_1 为估计系数，若 α_1 大于 0，表示参与农业保险促进农户将劳动力向农业部门配置；若 α_1 小于 0，则产生的是抑制作用。考虑到 Oprobit 模型估计的系数只能提供显著性和符号的相关信息，故需要计算各参数的边际效应，以更全面地评估其对被解释变量的影响。

3.3.2.2　Bioprobit 模型和 CMP 方法

农户参与农业保险与其非农就业类型之间可能存在互为因果的关系，

某些农户可能通过从事高比较收益的非农工作而增加家庭收入，进而有能力扩大农业生产投入，如为农作物购买保险，由此产生反向因果问题。为解决内生性可能引起的估计结果偏误，本章利用 Sajaia（2008）提出的双变量有序 Probit 模型和 Roodman（2011）提出的 CMP 方法对模型进行重新估计。根据工具变量选取原则，本章参考了李晓旭（2022）的研究，选取了"同一村庄、同一年龄段农户的保险参与率"作为工具变量，该变量与农业保险的参与程度高度相关，但与农户劳动力资源配置无关。一方面，同一村庄、同一年龄段农户的农业保险参与率是一定范围内所有农户参与农业保险的总体情况，与个体农户参与情况紧密相关；另一方面，同一村庄、同一年龄段农户的农业保险参与率并不会直接影响单个农户就业类型的选择，故满足外生性要求。

3.3.2.3 中介效应检验模型

基于前文分析，为检验农业保险通过农业收入预期和农业技术投入作用于农户劳动力资源配置的机制，本章构建如下中介效应模型：

$$MID_i = \beta_0 + \beta_1 insu_i + \beta_2 X_i + \mu_i \tag{3-16}$$

$$labo_i = \gamma_0 + \gamma_1 insu_i + \gamma_2 MID_i + \gamma_3 X_i + \theta_i \tag{3-17}$$

其中，MID_i 代表中介变量，即农业收入预期和农业技术投入，其他变量同前文。参考江艇（2022）的研究，本章选用两步回归法进行中介效应的机制检验，原理如下：若系数 β_1 和 γ_2 均显著，则表明以 MID 为中介变量的机制检验通过，可进一步通过验证 γ_1 是否通过显著性检验来判断其具有完全中介效应还是部分中介效应。若 γ_1 显著且与 $\beta_1 \times \gamma_2$ 的符号一致，则证明存在部分中介效应；若 β_1 与 γ_2 至少有一个不显著，则还需进一步通过 Sobel 检验加以验证，若结果显著，则表明存在中介效应。若通过机制检验证实中介变量（MID）具有部分中介效应，则可通过式（3-18）计算其对总效应的贡献率。

$$\varphi = \beta_1 \times \frac{\gamma_2}{\beta_1 \times \gamma_2 + \gamma_1} \tag{3-18}$$

3.3.3 变量选取与描述性统计

3.3.3.1 被解释变量

本章选择"农户劳动力资源配置"为因变量，用农户兼业类型衡量，参考马彪等（2020）、曾俊霞等（2020）的研究，采用"家庭收入非农化程度分类法"将外部兼业农户分为四类：一是纯农户，当年总收入几乎完全来源于农业活动（农业收入占95%及以上）；二是Ⅰ兼农户，当年总收入中农业收入占主要部分（50%~95%）；三是Ⅱ兼农户，当年总收入中农业收入不再是主要来源，但在总收入中仍占有一定比例（5%~50%）；四是非农户，当年总收入中农业收入所占份额极低（5%以下）①。将受访农户从"非农户"到"纯农户"分别赋值1~4，通过计算四种类型农户的农业保险参与率发现，务农程度更高的农户，其农业保险参与率也更高（见图3-2）。

3.3.3.2 解释变量

本章通过询问"您是否参加农业保险?"的方式来衡量解释变量，该变量被设定为二元变量，回答"否"的赋值为0，回答"是"的赋值为1。

3.3.3.3 控制变量

本章在借鉴已有研究成果的基础上，综合考量了农户的个体特征、家庭背景以及地区差异三个维度，进而选取一系列控制变量以进行深入研究。个体特征包括年龄、受教育水平、是否为党员。诸多研究表明，非农劳动力供给参与决策因年龄、受教育水平而显著不同（Willmore et al.，2012；Chen et al.，2019）。家庭特征包括家庭劳动力人数、是否受灾、农业劳动生产率、耕地面积、是否参加其他保险。家庭劳动力数量的多寡

---

① 当前学术界对农户类型的划分有两种方式：一种是将农业收入占家庭总收入的80%以上称为纯农户，50%~80%称为Ⅰ兼农户，20%~50%称为Ⅱ兼农户，20%以下称为非农户；另一种是将农业收入占家庭总收入的95%以上称为纯农户，50%~95%称为Ⅰ兼农户，5%~50%称为Ⅱ兼农户，5%以下称为非农户。

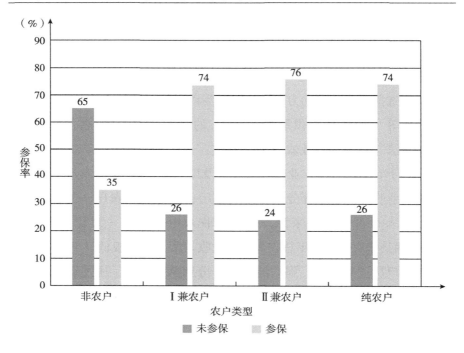

图 3-2　农业保险与农户劳动力资源配置

直接关系到农户所掌握的劳动力资源丰裕程度，进而影响其在决策过程中的灵活性和选择范围，劳动力资源越丰富的家庭，在农业生产及资源配置上拥有越广阔的选择空间（Chen et al.，2019；魏加威和杨汭华，2021）。有受灾经历的农户对风险有着更为深刻和直观的体验，其在劳动力配置与风险管理方面往往积累了更为丰富的实践经验，能够更加有效地应对潜在的风险挑战。农业劳动生产率越高，越可能在更短时间内创造更高的收入，故可能会减少非农工作时间，因为较高的效率意味着较高的务农工资（Serra et al.，2005）。农户可支配的土地资源即耕地规模是其资源配置决策的重要考量因素。农户会根据自身家庭经营的实际规模，灵活调整和优化土地资源的配置策略，以确保农业生产的高效与可持续。地区特征为村庄到县城距离，这一特征会影响农户非农就业机会可得性（马俊凯和李光泗，2023），故而影响家庭劳动力资源配置：农户离县中心的距离越近越容易从事非农工作。各变量的定义及描述性统计如表 3-1 所示。

表 3-1 变量定义及描述性统计

变量		定义及赋值	观测值	平均值	标准差	最小值	最大值
被解释变量	农户非农工作类型	非农户 = 1，II 兼农户 = 2，I 兼农户 = 3，纯农户 = 4	984	2.1819	0.9905	1.0000	4.000
解释变量	农业保险	2019 年参加农业保险，是 = 1，否 = 0	984	0.6321	0.4825	0.0000	1.000
个人特征	年龄	调查年份实际年龄（单位：岁）	984	53.9319	9.6641	24.0000	85.000
	受教育水平	未上学 = 0，小学 = 1，初中 = 2，高中及以上 = 3	984	1.8425	0.7738	0.0000	3.000
	是否为党员	家中户主是否为党员，是 = 1，否 = 0	984	0.2398	0.4272	0.0000	1.000
家庭特征	是否受灾	2019 年是否受灾，是 = 1，否 = 0	984	0.3648	0.4816	0.0000	1.000
	耕地面积	农户 2019 年经营耕地总面积（单位：亩）	984	43.9837	122.0349	0.0000	2200.000
	是否参加其他保险	农户是否参加商业医疗保险，是 = 1，否 = 0	984	0.2287	0.4202	0.0000	1.000
	收入差距	农户非农就业收入与农业收入的差值（单位：元）	984	-10527	166976	-710000	4800000
	家庭劳动力人数	家庭中 18~60 岁的身体健康者人数（单位：人）	984	2.8333	1.0269	1.0000	6.000
	农业劳动生产率	农户总收获量/农业劳动时间	984	237.0305	188.8655	1.0000	567.000
地区特征	村距离县城	村委会距离县政府的距离（单位：千米）	984	19.5622	12.7960	1.5000	60.000
中介变量	农业收入预期	农户 2020 年的农业收入水平会比 2019 年有怎样的变化？减少较多 = 1，有所减少 = 2，差不多 = 3，有所增加 = 4，增加较多 = 5	984	3.0600	0.8363	1.0000	5.000
	农业技术投入	农业生产过程中机械作业占比	984	0.5142	0.3546	0.0000	1.000

3.4 模型估计结果与分析

本章将农户劳动力资源配置视为连续变量，使用最小二乘法（即 OLS）进行基准回归。在 OLS 估计结果中，估计系数就是对应参数对被解释变量的边际影响，若 Insu 的系数为正则表明参与农业保险促进了农户将劳动力向农业部门配置。Ferrer-i-Carbonell 和 Frijters（2004）指出，在使用 OLS 回归与排序选择模型进行数据分析时，两者所得出的估计结果在统计显著性以及系数符号的指向上呈现出高度的一致性。

3.4.1 基准回归

表 3-2 报告了 OLS 和有序 Probit 模型回归结果，包括各参数的估计系数和对应边际效应。通过比较发现，无论是 OLS 还是 Oprobit 模型，模型估计系数均显示，参与农业保险可提高农户将劳动力配置到农业部门的可能性，即使加入控制变量，该结论依然成立。模型（3）显示，同未参与农业保险农户相比，参与保险会使农户将劳动力向农业部门配置的概率增加 70.42%；在加入受访农户个人和家庭特征变量后，结果依然显著。模型（4）相对应的边际效应估计结果表明，在控制其他变量后，农业保险正向促进农户将劳动力向农业部门配置；参与农业保险会使农户成为纯农户的概率增加 6.63%，成为Ⅰ兼农户的概率增加 7.20%，成为Ⅱ兼农户的概率减少 0.91%，成为非农户的概率减少 12.92%。考虑到农户的非农工作类型是通过农业收入占总收入比重来衡量，政策性农业保险通过间接性转移支付、激发农户农业经营积极性保障农业产业发展进而提高农户收入，故农户在参与保险后成为纯农户、Ⅰ兼农户的概率增加，成为Ⅱ兼农户、非农户的概率减少。目前，中国大部分地区的农业生产仍是相对分散的"小农模式"，农户自身抵御风险的能力较弱，收入波动较大，故其通

表3-2　农业保险对农户非农工作类型的影响

变量	OLS		Order Probit		模型（4）的边际效应			
	模型（1）	模型（2）	模型（3）	模型（4）	非农户	I兼农户	II兼农户	纯农户
农业保险	0.5762*** (0.0642)	0.3612*** (0.0605)	0.7042*** (0.0799)	0.5051*** (0.0801)	-0.1292*** (0.0198)	0.0720*** (0.0113)	-0.0091** (0.0044)	0.0663*** (0.0117)
年龄		-0.0098*** (0.0029)		-0.0078** (0.0038)	0.0020** (0.0010)	-0.0011** (0.0005)	0.0001 (0.0001)	-0.0010** (0.0005)
受教育水平		-0.0754** (0.0352)		-0.1116** (0.0476)	0.0285** (0.0122)	-0.0159** (0.0068)	0.0020 (0.0012)	-0.0146** (0.0064)
是否为党员		-0.0582 (0.0683)		-0.1133 (0.0922)	0.0290 (0.0237)	-0.0162 (0.0132)	0.0020 (0.0019)	-0.0149 (0.0122)
是否受灾		0.2267*** (0.0628)		0.3236*** (0.0834)	-0.0828*** (0.0207)	0.0462*** (0.0117)	-0.0058* (0.0031)	0.0425*** (0.0113)
耕地面积		0.0017*** (0.0004)		0.0018*** (0.0005)	-0.0005*** (0.0001)	0.0003*** (0.0001)	-0.0000** (0.0000)	0.0002*** (0.0001)
是否参加其他保险		0.0042 (0.0688)		-0.0151 (0.0971)	0.0039 (0.0249)	-0.0022 (0.0139)	0.0003 (0.0018)	-0.0020 (0.0127)

续表

变量	OLS		Order Probit		模型（4）的边际效应			
	模型（1）	模型（2）	模型（3）	模型（4）	非农户	Ⅰ兼农户	Ⅱ兼农户	纯农户
收入差距		-0.0000 (0.0000)		-0.0000*** (0.0000)	0.0000*** (0.0000)	-0.0000*** (0.0000)	0.0000** (0.0000)	-0.0000*** (0.0000)
家庭劳动力人数		0.0131 (0.0254)		0.0206 (0.0342)	-0.0053 (0.0088)	0.0029 (0.0049)	-0.0004 (0.0006)	0.0027 (0.0045)
农业劳动生产率		0.0010*** (0.0002)		0.0013*** (0.0002)	-0.0003*** (0.0001)	0.0002*** (0.0000)	-0.0000** (0.0000)	0.0002*** (0.0000)
村庄距县城距离		0.0045** (0.0022)		0.0055** (0.0028)	-0.0014** (0.0007)	0.0008* (0.0004)	-0.0001 (0.0001)	0.0007* (0.0004)
观测值	984	984	984	984	984	984	984	984
调整/伪 R² Wald 卡方值	0.0788	0.2603	0.0354 77.75***	0.2113 264.92***	0.2113	0.2113	0.2113	0.2113

注：*、**、***分别表示在10%、5%、1%的水平上显著，括号内为系数的稳健标准误。

过将劳动力资源配置到非农部门来增加收入、分散风险（刘素春等，2022），进而导致农村劳动力外流。财政补贴保费的农业保险能有效满足农户日益增长的风险保障需求，可在一定程度上缓解农户因自然条件波动而面临的"靠天吃饭"的困境，保险在损失发生后通过提供经济补偿，为农户筑起了一道经济安全网，有效保障了农业收入的平稳与可持续（任天驰等，2023）。另外，已有研究表明，参与农业保险可提升农户的技术采用率，进而通过提高技术效率促进农业全要素生产率的提高（Tang et al.，2021），这也是参与保险能引导农户更倾向于农业生产而减少非农生产的原因。

通过对控制变量的分析发现，多数变量对农户劳动力资源配置存在显著影响，这些发现与已有研究结论具有一致性，进一步验证了控制变量选取的相关性和重要性。年龄对农户劳动力资源配置有显著负向作用，年龄每增加1岁，农户将劳动力向农业部门配置成为纯农户的概率平均减少0.1%，成为非农户的概率平均增加0.2%。随着受教育程度的提高，农户将劳动力向农业部门配置的可能性减小，受教育水平每提升一个等级，农户将劳动力向非农部门配置成为非农户的概率增加2.85%，受教育程度较高的农户通常具有更多的就业选择。教育可以提升农户个体的技能水平和资质，使其能够从事更加多样化的职业，特别是在服务业和工业领域，这些行业通常可以提供更高的收入和更稳定的工作。相比之下，农业往往被视为收入不稳定且劳动强度较高的行业。农户非农就业收入与农业收入的差距越大，其将劳动力向农业部门配置的概率越小，收入差距越大，这意味着农户通过非农劳动获得的报酬越多，越倾向于在非农部门工作。就农业劳动生产率而言，农业劳动生产率越高意味着同样时间内其务农获得的产出及收入也越高，其将劳动力向农业部门配置的可能性也越大，这与前人研究相符（Serra et al.，2005）。在地区特征方面，村庄与县城距离每增加1千米，农户将劳动力向农业部门配置成为纯农户的概率增加0.07%，这意味着村庄距离县城越远，农户和非农劳动就业市场的社会距离越远，其将劳动力向非农部门配置的可能性越小。

3.4.2 内生性讨论

根据表 3-3，平均参保率作为工具变量，在 1% 的水平上对农户参与农业保险的行为产生显著影响，这完全符合工具变量的相关性要求。利用 Bioprobit 模型进行进一步检验，结果说明，农业保险是内生解释变量，这强化了 Bioprobit 模型回归结果优于 Oprobit 模型的结论。同时，CMP 方法的内生性检验同样提供了有力证据，其内生性检验参数 atanhrho_12 在 1% 的水平上显著，进一步证实了农户参与农业保险决策的内生性。在排除潜在的内生性偏误后，Bioprobit 模型的第二阶段回归结果显示，在控制可能的内生性偏误后，参与农业保险对农户劳动力资源配置在 1% 的水平上存在显著正向影响，采用 CMP 方法得到了类似的结果，再次证实了参与农业保险促进农户将劳动力资源配置到农业部门的结论。对于纯农户而言，模型（5）的边际效应为 0.3919，且在 1% 的水平上显著，这表明由于模型中存在内生性问题，基准回归结果可能未充分反映农业保险对农户劳动力资源配置产生的实际影响，进而导致了对其正面效应的低估，即参与保险会使农户将劳动力要素向农业部门配置的概率增加 39.19%。

3.4.3 稳健性检验

3.4.3.1 倾向得分匹配

本章运用倾向得分匹配法构建反事实框架，以纠正可能的选择性偏误，从而验证参与农业保险对农户劳动力资源配置的正向影响是否具有一致且稳定的效果①。本章对参与农业保险农户和未参与农业保险农户进行倾向得分值匹配。图 3-3 展示了匹配前后参保农户（处理组）与未参保农户（控制组）在倾向得分值上的概率分布状况：匹配前，两组样本虽有共同区域，但图形轮廓的重合度不高；而匹配后，图形轮廓重合部分明

---

① 倾向得分匹配法主要控制的是可观测变量的影响，若可观测变量选择不当或过少，则很容易引起估计偏差，由于没有足够的把握证明本章选取的可观测变量（即各个解释变量）不存在任何纰漏，因此仅将倾向得分匹配法用作稳健性检验。

表 3-3 参与农业保险对农户就业类型的影响：基于 Bioprobit 模型和 CMP 方法

变量	Bioprobit 模型		模型（5）（IV-Oprobit）CMP 方法			模型（5）的边际效应 边际效应			
	第一阶段	第二阶段	第一阶段	第二阶段	非农户	I 兼农户	II 兼农户	纯农户
参与农业保险		1.5903*** (0.1264)		1.8006*** (0.2502)	-0.3808*** (0.0399)	0.0634 (0.0590)	-0.0745*** (0.0139)	0.3919*** (0.1105)
平均参保率	0.0438*** (0.0096)		0.0145*** (0.0040)					
其他变量	控制	控制	控制	控制	控制	控制	控制	控制
athrho	-0.9926*** (0.2366)							
atanhrho_12			-0.8579*** (0.2946)					
Wald 卡方值/LR 检验	705.52***		480.96***					
观测值	984	984	984	984	984	984	984	984

注：*** 表示在 1% 的水平上显著，括号内为系数的稳健标准误。表中数据均为四舍五入后结果，atanhrho_12 为一阶估计方程和二阶估计方程误差项相关性检验。

显增多。可见，参保和非参保农户的倾向得分区间基本实现重合，模型匹配平衡性检验通过，且经过倾向得分匹配后，基本达到类似随机试验的效果。

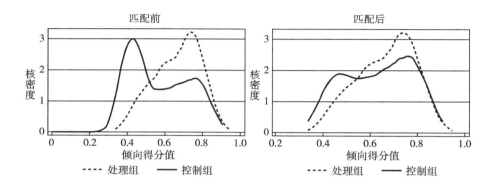

图 3-3　匹配前后处理组与控制组的倾向得分值概率分布

本章测算了匹配后两组样本的平均处理效应（ATT）。为保证得到稳健结果，本章分别采用最小近邻（1∶1）、半径和核匹配 3 种方法进行估计。结果显示，最小近邻匹配的处理组损失样本量为 260 个，非处理组无样本损失，其余两种匹配方式均无样本损失，结果如表 3-4 所示。无论是采用最小近邻匹配、核匹配，还是半径匹配，ATT 的测算结果均说明，在排除样本之间的可观测系统性差异后，参与农业保险对农户将劳动力向农业部门配置成为纯农户在 1% 的水平上存在显著正向作用。从整体估计结果来看，相对于非参保农户，参与政策性农业保险的农户其劳动力资源向农业部门配置的程度增加了 0.1885~0.4807 个单位（ATT），且在 1% 的水平上显著，其中，最小近邻匹配后得出的 ATT 数值最大，为 0.4807。

表 3-4　不同倾向得分匹配的结果

匹配方法	处理组	匹配成功的控制组	ATT	标准误	t 统计量
最小近邻匹配 （1∶1 无放回）	2.2983	1.8177	0.4807***	0.0706	6.81

匹配方法	处理组	匹配成功的控制组	ATT	标准误	t 统计量
半径匹配（0.1）	2.3939	2.2054	0.1885***	0.0721	2.61
核匹配	2.3939	2.2022	0.1917***	0.0719	2.67

注：***表示在1%的水平上显著，最小近邻匹配采取无放回的方式；半径匹配中，半径选取0.1。

3.4.3.2　替换被解释变量

本小节将被解释变量替换为农业劳动时间。农业劳动时间变量用"农户2019年在本户内和本户外农业劳动时间和"来衡量，本章将农户农业劳动时间设置为连续型和分类变量，分别采用 OLS 和 CMP 方法进行回归，参考 Chang 和 Mishra（2012）的研究，当农业劳动时间为 0 时，赋值为 0；小于等于总时间的 1/3 时，赋值为 1；大于总时间的 1/3、小于总时间的 2/3 时，赋值为 2；大于等于总时间的 2/3 时，赋值为 3。在将被解释变量替换为农业劳动时间后，表 3-5 所展示的估计结果仍旧显著，进一步证实了参与农业保险对农户劳动力资源配置存在显著的正向作用，说明替换被解释变量的回归结果具有良好的稳健性。

3.4.4　机制检验

本章通过构建中介效应模型式（3-16）、式（3-17）来检验农业保险通过影响农户的农业收入预期和农业技术投入进而作用于其劳动力资源配置的机制，结果如表 3-6 所示。其中，农业保险对农业收入预期的影响系数为 0.2152，对农业技术投入的影响系数为 0.2265，均在 1% 的水平上显著为正，这表明参与农业保险不仅提升了农户对农业收入的预期，还增加了其对农业技术的投入，这与刘蔚和孙蓉（2016）、黄颖和吕德宏（2021）的研究结论一致。另外，式（3-17）中的参数为 0.0862 和 1.0564，分别在 10% 和 1% 的水平上显著，即农户对农业收入预期越高、对农业技术投入越多，其将劳动力向农业部门配置的可能性越大。农户劳

表 3-5　参与农业保险对农户农业劳动时间的影响

变量	OLS		CMP 方法		边际效应			模型（8）的边际效应	
	模型（6）	模型（7）	模型（8）（IV-Oprobit）						
			第一阶段	第二阶段	非农户	I 兼农户	II 兼农户	纯农户	
参与农业保险	45.7638***	31.6865***		1.6687***	-0.3480***	0.0602	-0.1114***	0.3993***	
	(6.6337)	(6.9532)		(0.3211)	(0.0591)	(0.0487)	(0.0147)	(0.1192)	
平均参保率			0.0145***						
			(0.0040)						
其他变量	未控制	控制	控制	控制	控制	控制	控制	控制	
atanhrho_12			-0.7022**						
			(0.2967)						
R^2/LR 检验	0.0471	0.1150	166.43***						
观测值	984	984	984	984	984	984	984	984	

注：**，***分别表示在 5%，1%的水平上显著，括号内为系数的稳健标准误。

表 3-6 农业保险对农户劳动力资源配置影响的作用机制

变量	农业收入预期	农业技术投入	非农工作类型	非农工作类型
农业保险	0.2152***	0.2265***	0.4883***	0.3057***
	(0.0575)	(0.0211)	(0.0806)	(0.0858)
农业收入预期			0.0862*	
			(0.0482)	
农业技术投入				1.0564***
				(0.1393)
控制变量	已控制	已控制	已控制	已控制
R-squared	0.1210	0.3639	0.2127	0.2360
Sobel 检验	0.0200**	0.1896***		
	(0.0271)	(0.0000)		
Bootstrap 检验	0.0200**	0.1896***		
	(0.0280)	(0.0000)		
观测值	984			

注：①*、**、***分别表示在10%、5%、1%的水平上显著。②控制变量同表3-2，因篇幅限制，仅汇报核心解释变量的回归结果。③Sobel 和 Bootstrap 检验栏中括号内为对应 P 值，其余括号内为系数的稳健标准误。④基于 Bootstrap 的中介效应检验方法得到的95%置信区间不包括"0"，说明中介效应显著存在。

动力资源配置是通过当年总收入中农业收入占比来衡量的，在农业生产过程中，机械作业占比越大、投入技术越多，生产效率越高，进而可能带来更多的务农收入。此外，随着农业技术的进步，以农业机械为代表的外包服务实现了农业生产环节的可分性。相关实证研究表明，在当前阶段，农机外包服务并未显著扩大农户外出务工的规模（耿鹏鹏等，2022）。综上所述，以农业收入预期和农业技术投入为中介变量的机制通过检验。式（3-17）中农业保险对农户劳动力资源配置的影响系数分别为 0.4883 和 0.3057，均在1%的水平上显著为正，且与 $\beta_1 \times \gamma_2$ 的符号一致，这表明农业收入预期和农业技术投入在农业保险对农户劳动力资源配置的影响中发挥着部分中介效应，故假说1得到验证。进一步地，利用式（3-18）计算得到农业收入预期和农业技术投入所发挥的部分中介效应对总效应的贡献率分别为 3.6599% 和 43.9056%。

3.4.5 异质性分析

3.4.5.1 按农户经营规模分组

根据本章数据，当前农业生产经营的主力军是经营面积不足 10 亩的小农户，占样本总量的 55.28%，构成了农业生产的基石；有 249 户农户的经营面积在 10~50 亩（不包含 50 亩），占比为 25.3%，显示出一定的规模扩展趋势；经营面积超过 50 亩的农户，虽然占比较低，约为 19.41%，但其中不乏大规模经营者，如 50~100 亩（不包含 100 亩）的有 69 户，大于等于 100 亩的更是多达 122 户，体现了农业生产的多样性和规模化潜力。总体而言，样本农户的平均种植面积为 43.98 亩，而最小规模农户因完全转出承包地，经营面积为 0 亩，最大规模农户经营面积达 2200 亩，样本方差为 122 亩，凸显了农户经营规模之间的显著分化。因此，从不同经营规模的角度研究农业保险对农户劳动力资源配置的影响具有重要的实际意义。

如表 3-7 所示，参与农业保险对四类不同规模农户劳动力资源配置均产生了正向影响，且通过比较边际效应可知，参与保险对大规模农户将劳动力向农业部门配置的激励作用更大。耕地面积大于等于 100 亩农户的边际效应小于其他 3 个类别农户的边际效应，可能的原因是：耕地面积在 100 亩以上的农户通常已具有较大生产规模，具备实现规模经济的条件，具有更高生产效率和更强竞争力，故其可能已配置相对稳定和足够的劳动力来支持农业生产。同时，大规模农户通常拥有更多的资源和多样化的生产结构，这使其能够更有效地应对农业生产风险。相比之下，规模较小农户的资源和生产结构相对单一，风险承受能力较弱，故对农业保险的依赖程度较高。此外，回归结果表明，只有耕地面积为 10~50 亩（不包含 50 亩）的农户的边际效应显著，说明在本章数据分析框架下，农业保险对耕地面积为 10~50 亩（不包含 50 亩）的农户将劳动力向农业部门配置的促进作用更为明显。

表3-7 农业保险对不同农户经营规模劳动力资源配置的影响

变量	10亩以下（不包含10亩）		10~50亩（不包含50亩）		50~100亩（不包含100亩）		大于等于100亩	
	IV-Oprobit	边际效应	IV-Oprobit	边际效应	IV-Oprobit	边际效应	IV-Oprobit	边际效应
参与农业保险	1.7578***	0.2086	1.9252***	0.5823***	2.2350***	0.6171	0.5663	0.1807
	(0.4899)	(0.1817)	(0.5203)	(0.2087)	(0.8175)	(0.4235)	(1.2884)	(0.4141)
平均参保率	0.0148***		0.0118		0.0151		0.0218*	
	(0.0057)		(0.0079)		(0.0142)		(0.0131)	
其他变量	控制		控制		控制		控制	控制
atanhrho_12	-0.6079		-1.2374*		-1.0462		-0.5108	
	(0.4547)		(0.7008)		(1.0301)		(0.6682)	
LR检验	230.90***		73.17***		27.81***		25.89***	
观测值	544		249		69		122	

注：*、**、***分别表示在10%、5%、1%的水平上显著，括号内为系数的稳健标准误。边际效应均为纯农户对应边际效应。

3.4.5.2　按年龄分组

劳动力作为农村最具能动性的生产力要素，其年龄结构变化趋势直接关系到农业劳动生产率高低和乡村治理有效性。研究表明，目前农村劳动力老龄化水平不仅绝对值较高，而且相对增速也超过城镇，在未来 30 年，农村劳动力供给将继续呈现年龄结构断层发展趋势（陆杰华和郭荣荣，2023）。鉴于当前农村面临的居住与从业人口减少导致的"空心化"问题，以及人口年龄结构向老龄化发展的态势，推进乡村全面振兴的关键之一是优化与调整农业劳动力结构。因此，本章以年龄分组方式论证农业保险对农户劳动力资源配置的影响，有助于更全面理解不同年龄段农户在面对农业保险时的态度和行为逻辑。根据联合国国际劳工组织的定义，劳动年龄人口中 45 岁及以上的劳动力被归类为大龄劳动力，本章所用数据中 45 岁及以上农户的参保率为 62.32%，小于 45 岁农户的参保率为 68.24%，可以看出年轻农户的风险意识更强，更加关注农业经营的稳定性和风险管理。回归结果如表 3-8 所示，参与农业保险对两个年龄段农户均产生促进作用，但比较边际效应可发现，相对于 45 岁及以上年龄段农户，农业保险对 45 岁以下农户的激励作用更强，即农户越年轻，在参与农业保险后越倾向于将劳动力向农业部门配置。

表 3-8　农业保险对不同年龄段农户劳动力资源配置的影响

变量	年轻劳动力（<45 岁）		大龄劳动力（≥45 岁）	
	IV-Oprobit	边际效应（纯农户）	IV-Oprobit	边际效应（纯农户）
参与农业保险	2.1921***	0.5848***	1.6426***	0.3147**
	(0.1360)	(0.0227)	(0.3295)	(0.1268)
平均参保率	0.0165		0.0159***	
	(0.0133)		(0.0042)	
其他变量	控制	控制	控制	控制
atanhrho_12	-2.0439**		-0.6826**	
	(0.8240)		(0.2957)	

续表

变量	年轻劳动力（<45 岁）		大龄劳动力（≥45 岁）	
	IV-Oprobit	边际效应 （纯农户）	IV-Oprobit	边际效应 （纯农户）
Wald 卡方值/LR 检验	102.07***		391.23***	
观测值	148	148	836	836

注：**、***分别表示在 5%、1%的水平上显著，括号内为系数的稳健标准误。

3.4.5.3 按受教育程度分组

不同受教育程度农户的风险识别与规避能力、非农就业机会、对农业保险的认知等存在差异，故其保险参与行为也不尽相同。因受访农户平均受教育程度接近初中，故本章参考相关研究（王性玉等，2019），将受教育程度划分为三个阶段（小学及以下、初中、高中及以上），由于本章所用数据中高中以上学历（大学本科、大学专科）样本仅有 17 个，故没有做更加详细的划分。如表 3-9 所示，对于不同受教育程度的农户，农业保险对其劳动力资源配置的影响明显不同，参与农业保险均促进三类农户将劳动力向农业部门配置，但随着受教育程度提高，农业保险的促进作用在逐渐减弱。比较纯农户的边际效应可知，参与农业保险使小学及以下学历的农户将劳动力向农业部门配置成为纯农户的概率增加 36.67%，而对于初中、高中学历的农户，这一作用分别为 35.63%、31.52%，这与以往研究结论相符（Miller et al.，2022）。

表 3-9　农业保险对不同学历农户劳动力资源配置的影响

变量	小学及以下		初中		高中及以上	
	IV-Oprobit	边际效应 （纯农户）	IV-Oprobit	边际效应 （纯农户）	IV-Oprobit	边际效应 （纯农户）
参与农业保险	1.7412*** （0.4391）	0.3667* （0.2020）	1.7046*** （0.3942）	0.3563** （0.1548）	1.7702** （0.7748）	0.3152 （0.2941）
平均参保率	0.0168* （0.0088）		0.0155*** （0.0053）		0.0180* （0.0103）	

续表

变量	小学及以下		初中		高中及以上	
	IV-Oprobit	边际效应 （纯农户）	IV-Oprobit	边际效应 （纯农户）	IV-Oprobit	边际效应 （纯农户）
其他变量	控制	控制	控制	控制	控制	控制
atanhrho_12	−0.9531* （0.5650）		−0.7232* （0.3743）		−0.5879 （0.6413）	
LR 检验	171.8800***		262.7900***		69.1100***	
观测值	283		524		177	

注：*、**、***分别表示在10%、5%、1%的水平上显著，括号内为系数的稳健标准误。

3.5 结论与政策启示

本章基于2020年中国乡村振兴综合调查（CRRS）中河南、山东、安徽和黑龙江4个粮食主产省984户调研数据，采用Oprobit、Bioprobit模型和CMP方法以及中介效应模型等考察了参与农业保险对农户劳动力资源配置的影响，研究得出：第一，参与农业保险可激励农户将劳动力向农业部门配置。第二，农业保险分别通过提高农户对农业收入的预期和农业技术投入这两种作用机制抑制农户离农趋势。第三，农业保险对农户劳动力资源配置的影响程度，在不同农户间存在异质性，对拥有更大耕地经营规模、年龄在45岁以下和受教育水平较低的农户将劳动力要素配置到农业部门的影响更为显著。根据以上研究结论，本章提出如下政策建议：

第一，创新农业保险宣传方式，推进精准投保理赔，加大财政对职业化农业经营者（有高保险保障需求）的支持力度。通过现代信息平台提供全面的农业保险产品信息、市场动态和理赔案例，帮助农户增强风险管理意识；在农业保险具体实践层面推进精准投保理赔，做到应赔尽赔，充分实现风险保障功能，提升农业保险产品和服务供给质量，进而吸引更多农户参与保险，提高保险覆盖率。对于有意务农者，合理引导其回流，通过细分农业保险市场，出台更多专属保险，探索开展"一揽子"综合险，如试点农业全产业链组合保险，从单一性保险向综合性保险转变，为职业化农业经营者提供从种子源头到销售终端的全产业链风险保障。

第二，增加农业收入保障，鼓励技术投入与创新。充分发挥农业保险的增收效应，提高保险保障水平和服务质量，确保农户在遭遇自然灾害或市场价格波动时，能够获得合理的预期农业收入。通过农业保险引导和支持农户采用先进种植技术和装备来增强抗风险能力，对新技术采纳农户提供相对优惠的保险费率和更高水平的风险保障，进而促进家庭劳动力在农业部门的稳定配置，实现"留村农户规模化"，培养种植大户、职业化经营者。

第三，推广差异化和普惠型农业保险产品。创新多元化产品体系，更多体现对不同农业经营主体、同一经营主体不同保险标的的适配性。确保各个区域、农业产业类别以及多样化的经营主体都能被纳入保障范围，提升财政补贴政策在农业领域中的普惠程度和精准性，以促进农业保险服务的广泛普及和深入发展。在相当长的一个时期内小规模分散经营仍为中国农业的主导型经营形态，故政策设计必须考虑小规模农户在农业生产中的风险保障需求。

第四，实施综合金融支持策略。健全农村劳动力激励机制，鼓励年轻、有一定技能、高素质农村劳动力"留下来"，在农户拥有承包权，并有回乡务农意愿的前提下，培养专职农业生产经营者。政府可加快农村金融改革，重视农业保险与信贷等工具的协同作用，积极推行"农业保险+信贷"模式，通过深化农业保险风险保障和金融机构融资保障功能之间的协作，建立更加紧密的银保互动机制，以缓解年轻、有技能农村劳动力面临的资金短缺问题。

参考文献

[1] 白南生，何宇鹏.回乡，还是外出？——安徽四川二省农村外出劳动力回流研究 [J].社会学研究，2002（3）：64-78.

[2] 柴智慧.参与农作物保险是否促进农户农地转入？——基于内蒙古的微观实证 [J].保险研究，2021（12）：39-54.

[3] 程名望，贾晓佳，俞宁.农村劳动力转移对中国经济增长的贡献（1978~2015年）：模型与实证 [J].管理世界，2018（10）：161-172.

[4] 杜志雄，高鸣.新阶段深化农村改革的关键问题和路径选择 [J].农业经济问题，2023（9）：4-18.

[5] 付小鹏，梁平.政策性农业保险试点改变了农民多样化种植行为吗 [J].农业技术经济，2017（9）：66-79.

[6] 耿鹏鹏，檀竹平，罗必良."挤出"抑或"吸纳"：农机服务如何影响农业劳动力转移 [J].华中农业大学学报（社会科学版），2022（4）：24-37.

[7] 郭远智，周扬，韩越.中国农村人口老龄化的时空演化及乡村振兴对策 [J].地理研究，2019（3）：667-683.

[8] 黄颖，吕德宏.农业保险、要素配置与农民收入 [J].华南农业大学学报（社会科学版），2021（2）：41-53.

[9] 江生忠，付爽，李文中.农业保险财政补贴政策能调整作物种植结构吗？——来自中国准自然实验的证据 [J].保险研究，2022（6）：51-66.

[10] 江艇.因果推断经验研究中的中介效应与调节效应 [J].中国工业经济，2022（5）：100-120.

[11] 姜长云.论农业生产托管服务发展的四大关系 [J].农业经济

问题，2020（9）：55-63.

[12] 李芳华，姬晨阳. 乡村振兴视角下的农村劳动力回流弹性估计——基于空间断点回归的研究 [J]. 中国农村经济，2022（2）：36-55.

[13] 李梅华，刘冬姣，卯寅. 农业保险与农业资源优化配置 [J]. 中国保险，2022（1）：32-36.

[14] 李晓旭. 农业保险购买对农户农业收入的影响研究 [D]. 咸阳：西北农林科技大学，2022.

[15] 李忠旭，庄健. 土地托管对农户家庭经济福利的影响——基于非农就业与农业产出的中介效应 [J]. 农业技术经济，2021（1）：20-31.

[16] 刘素春，赵新宇，田冠超. 农业保险能减弱农民的非农就业意愿吗——基于山东省、浙江省、陕西省的调研数据 [J]. 农业技术经济，2022（11）：53-64.

[17] 刘蔚，孙蓉. 农险财政补贴影响农户行为及种植结构的传导机制——基于保费补贴前后全国面板数据比较分析 [J]. 保险研究，2016（7）：11-24.

[18] 陆杰华，郭荣荣. 乡村振兴战略下农村劳动力老化：发展趋势、机理分析与应对路径 [J]. 中国农业大学学报（社会科学版），2023（4）：5-21.

[19] 栾青霖，张力. 农村劳动力流动影响机制的实证检验 [J]. 统计与决策，2019（1）：124-128.

[20] 马彪，张琛，彭超. 农户分化背景下农业保险的功能实现研究 [J]. 保险研究，2020（9）：77-91.

[21] 马九杰，崔恒瑜，吴本健. 政策性农业保险推广对农民收入的增进效应与作用路径解析——对渐进性试点的准自然实验研究 [J]. 保险研究，2020（2）：3-18.

[22] 马俊凯，李光泗. 农地确权、要素配置与种植结构："非粮化"抑或"趋粮化" [J]. 农业技术经济，2023（5）：36-48.

［23］农业农村部科技教育司.2022 年全国高素质农民发展报告［M］.北京：中国农业出版社，2022.

［24］任天驰，杨汭华.农业保险如何影响农户家庭储蓄率——基于五省两期调查数据［J］.农业技术经济，2023（5）：49-63.

［25］任天驰，张洪振，杨晓慧，杨汭华.农业保险保障水平与农户生产投资：一个"倒 U 型"关系——基于鄂、赣、川、滇四省调查数据［J］.中国农村观察，2021（5）：128-144.

［26］任远，施闻.农村外出劳动力回流迁移的影响因素和回流效应［J］.人口研究，2017（2）：71-83.

［27］苏会，曹冉，刘华，等.农业转型时期劳动力农内配置的内在逻辑与社会效应——基于中西部传统农村的实践［J］.农业经济问题，2024（1）：107-118.

［28］庹国柱.值得探讨的几个农险产品创新问题［J］.中国保险，2021（1）：30-35.

［29］王韧，陈嘉婧，周宇婷，等.农业保险助力农业强国建设：内在逻辑、障碍与推进路径［J］.农业经济问题，2023（9）：110-123.

［30］王韧，潘家宝，陈嘉婧.异质性视角下"二元主体"的农业保险需求研究［J］.云南财经大学学报，2022（7）：48-62.

［31］王性玉，任乐，赵辉，等.农户信誉特征、还款意愿传递与农户信贷可得——基于信号传递博弈的理论分析和实证检验［J］.管理评论，2019（5）：77-88.

［32］魏加威，杨汭华.收入风险冲击下农业保险对农户家庭劳动力资源配置影响研究——基于山东、河南、贵州 1733 户调研数据［J］.干旱区资源与环境，2021（10）：53-59.

［33］文丰安.乡村振兴战略背景下农村劳动力回流与治理［J］.农村经济，2021（5）：1-10.

［34］袁纯清.农业保险高质量发展要坚持六个导向［J］.保险研究，2023（5）：3-8.

［35］曾俊霞，郜亮亮，王宾，龙文进.中国职业农民是一支什么样的队伍——基于国内外农业劳动力人口特征的比较分析［J］.农业经济问题，2020（7）：130-142.

［36］张宝海，李嘉缘，李永乐，等.三大粮食作物完全成本保险和收入保险试点情况调研报告［J］.保险理论与实践，2021（6）：1-12.

［37］张驰，吕开宇，程晓宇.农业保险会影响农户农药施用吗？——来自4省粮农的生产证据［J］.中国农业大学学报，2019（6）：184-194.

［38］张驰，张崇尚，仇焕广，等.农业保险参保行为对农户投入的影响——以有机肥投入为例［J］.农业技术经济，2017（6）：79-87.

［39］张红宇.大国小农背景下农业经营格局重构的长期思路［J］.农村工作通讯，2023（14）：26-29.

［40］张吉鹏，黄金，王军辉，等.城市落户门槛与劳动力回流［J］.经济研究，2020（7）：175-190.

［41］张锦华，徐雯.完全成本保险试点能激励粮食产出吗？［J］.中国农村经济，2023（11）：58-81.

［42］张旭光，赵元凤.奶牛保险对养殖户疫病风险防控投入的影响研究［J］.保险研究，2020（6）：69-80.

［43］张哲晰，穆月英，侯玲玲.参加农业保险能优化要素配置吗？——农户投保行为内生化的生产效应分析［J］.中国农村经济，2018（10）：53-70.

［44］周晓时，樊胜根.破解"谁来种粮"难题：全面推进农业机械化的基础与路径［J］.中州学刊，2023（12）：54-60.

［45］Chang H. H., Mishra A. K. Chemical Usage in Production Agriculture: Do Crop Insurance and Off-Farm Work Play a Part? ［J］. Journal of Environmental Management, 2012, 105: 76-82.

［46］Chen X., Chen J., Huang C. Y. Too Risky to Focus on Agriculture? An Empirical Study of China's Agricultural Households' Off-Farm Employment Decisions ［J］. Sustainability, 2019（3）：697.

［47］ Ferrer-i-Carbonell A. , Frijters P. How Important is Methodology for the Estimates of the Determinants of Happiness? ［J］. The Economic Journal, 2004 （497）: 641-659.

［48］ Gertler P. J. , Martinez S. W. , Rubio-Codina M. Investing Cash Transfers to Raise Long-Term Living Standards ［J］. American Economic Journal: Applied Economics, 2012 （1）: 164-192.

［49］ Miller C. D. M. , Mishra A. K. , Villacis A. Employer-Sponsored Health Insurance Coverage, Government Payments and Labor Allocation: The Case of US Farm-Operator Households ［J］. Journal of Agricultural and Resource Economics, 2022 （1）: 158-177.

［50］ Regmi M. , Briggeman B. C. , Featherstone A. M. Effects of Crop Insurance on Farm Input Use: Evidence From Kansas Farm Data ［J］. Agricultural and Resource Economics Review, 2022 （2）: 361-379.

［51］ Roodman D. M. Fitting Fully Observed Recursive Mixed-Process Model with CMP ［J］. Stata Journal, 2011 （2）: 159-206.

［52］ Sajaia Z. Maximum Likelihood Estimation of a Bivariate Ordered Probit Model: Implementation and Monte Carlo Simulations ［J］. Stata Journal, 2008 （2）: 311-328.

［53］ Sakket T. G. , Kornher L. Unintended Consequences or a Glimmer of Hope? Comparative Impact Analysis of Cash Transfers and Index Insurance on Pastoralists' Labor Allocation Decisions ［C］. International Association of Agricultural Economists, 2021.

［54］ Serra T. , Goodwin B. K. , Featherstone A. M. Agricultural Policy Reform and Off-Farm Labour Decisions ［J］. Journal of Agricultural Economics, 2005 （2）: 271-285.

［55］ Tang L. , Luo X. Can Agricultural Insurance Encourage Farmers to Apply Biological Pesticides? Evidence from Rural China ［J］. Food Policy, 2021, 105: 102-174.

[56] Tang Y. M. , Yang Y. , Ge J. H. , et al. The Impact of Weather Index Insurance on Agricultural Technology Adoption Evidence From Field E-conomic Experiment in China [J]. China Agricultural Economic Review, 2019 (4): 622-641.

[57] Willmore L. , Cao G. Y. , Xin L. J. Determinants of Off-Farm Work and Temporary Migration in China [J]. Population & Environment, 2012 (2-3): 161-185.

4 农业保险对农户正规信贷配给的影响

在前文已深入探讨农业保险对土地流转和劳动力资源配置的影响后，本章转向金融支持领域，全面分析农业保险政策如何影响农户的信贷行为。随着乡村振兴战略的深入推进和农业现代化进程的加快，农村金融的稳定性与有效性成为促进农业农村经济可持续发展的关键因素。在发展中国家的农村金融体系中，农业信贷和农业保险是最常见的两类工具。农业信贷通过为农户提供资金支持，帮助其扩大生产规模，提高农业生产效率，解决资金周转问题；农业保险通过转移农业生产中的不确定性，为农户提供必要的风险保障。在这个过程中，稳定的资金供给与有效的风险管理共同构成了农业健康发展的基础。然而，在中国农村地区，农户普遍面临正规信贷配给的困境，这一问题主要源于信息不对称、缺乏抵押品、金融机构的风险规避等多重因素，导致金融服务覆盖不足，农户难以获得充足的信贷支持，这不仅影响其农业生产规模的扩大，也阻碍了农业技术升级和收入稳定增长。信贷配给问题主要表现为两种形式：供给型信贷配给和需求型信贷配给，前者是指金融机构基于对风险控制的考量，对农户的贷款申请采取严格筛选、有限发放策略；后者则是农户因信贷申请程序复杂、贷款成本过高或者信心不足而主动放弃贷款申请。这两类信贷配给现象的并存，加剧了农户的融资难问题，进而制约了农村经济发展。为解决这一困境，近年来，中国政府大力推动农业保险发展，并积极探索农业保险与信贷的联动机制，特别是通过农业保险的增信功能提高农户的信贷获取能力。自 2009 年以来，政府相继出台多项政策文件，强调农业保险与农业信贷的良性互动，利用农业保险为农户增信，降低金融机构的信贷风险。随着农业保险政策支持力度的加大，农业保险在农村的普及率和覆盖面逐步提高。越来越多的研究发现，农业保险不仅能够为农户提供生产风险保障，还可以通过降低信贷风险、提高农户信用等级，促进金融机构为农户提供更多信贷支持，从而在一定程度上缓解信贷配给问题。尽管农业保险在缓解农户信贷配给方面的作用越来越受到关注，但其具体作用机制及效果仍缺乏系统的实证研究，尤其是在中国这样一个农村金融市场复杂且多变的农业大国，不同地区、不同经营规模的农户在参与农业保险后的信贷行为是否存在显著差异，这些问题仍需深入探讨。

国内外学者对农业保险与信贷配给的关系进行了大量研究。已有研究普遍认为，农业保险能够通过减少农业生产中的风险，提高农户的还款能力，进而增强农户的信贷可获得性。一些研究发现，农业保险在某种程度上可以被视为一种非正式的"抵押物"，有助于缓解农户因缺乏抵押品而导致的信贷供给不足问题。同时，农业保险通过收入稳定功能降低了农户的收入波动，减少了金融机构面临的客群贷款违约风险，从而提升了其放贷意愿。农业保险在信贷供需两侧的影响可以从两个角度出发进行分析：在需求侧方面，农业保险可以通过减少农户的信贷风险成本，提升其信贷需求；在供给侧方面，农业保险通过降低贷款风险，增强金融机构发放贷款的意愿。然而，现有研究大多单方面讨论农业保险对信贷供给或需求的影响，较少有研究全面分析农业保险如何通过供需两侧共同作用，缓解信贷配给问题。此外，二者对不同农户类型和地区的异质性作用仍然未能得到充分研究。因此，在中国复杂的农村金融环境下进一步探讨农业保险的具体影响机制具有重要的学术价值和政策意义。

基于上述背景，本章基于中国乡村振兴综合调查（CRRS）中河南、山东、安徽和黑龙江 4 个粮食主产省的农户调研数据，采用双重样本选择模型、Eprobit 模型、倾向得分匹配法和多项 Logit 模型进行实证分析，系统讨论农业保险对农户正规信贷配给的影响，并通过构建中介效应模型来验证农业保险影响信贷配给的作用机制，旨在揭示农业保险在缓解农户信贷配给中的作用机制，为政策制定和农村金融体系优化提供理论支撑和实证依据。研究结果表明，首先，参与农业保险显著降低了农户受到需求型和供给型信贷配给的概率。同时，参与农业保险通过减少价格配给和交易成本配给，负向影响农户受到需求型配给的概率。其次，异质性分析显示，对于不同农地经营规模的农户，农业保险均能减弱信贷配给的影响，尤其是对 44 亩以下的小规模农户的作用更为显著。最后，机制分析表明，农业保险通过增加资本、技术、农业劳动时间投入及提高银行授信额度等渠道减少信贷配给，其中，农业劳动时间投入的影响相对较小。

本章的研究为进一步理解农业保险在缓解农户正规信贷配给中的作用机制提供了实证依据，不仅拓宽了农业保险与农村金融之间关系的研究视角，也为政策制定者提供了可借鉴的参考建议。在政策层面，本章的研究结果表明，政府应继续强化农业保险与信贷的联动机制，特别是在小规模农户中通过提高农业保险的覆盖率和保障水平，帮助其获取更多的正规信贷支持。同时，政策制定者应针对不同类型农户实施差异化的农业保险政策，以进一步优化农村金融体系，推动农业现代化发展。本章通过对农业保险与信贷配给问题的理论和实证研究，揭示了农业保险在缓解农户信贷配给问题中的关键作用，研究结果不仅为农村金融服务的进一步普惠化发展提供了政策参考，而且为农业保险制度的优化和农村经济的可持续发展提供了理论支持。未来研究可以继续深入探讨农业保险与信贷在不同地区和不同农业模式下的差异化影响，从而为中国农村金融体系的建设与农业保险政策的完善提供更为丰富的实证依据。

4.1 引言

实现乡村全面振兴，农村金融是需要破解的三大"瓶颈"之一。在发展中国家的农村金融体系中，农业信贷通过提供资金可帮助农户扩大生产经营规模，提高生产效率，解决资金周转问题；农业保险具有转移和分散风险功能，可为农户的农业生产提供风险保障。中国农村地区微观经济主体由于信息不对称及抵押品缺失，长期面临融资困境，尤其是农户存在较为严重的正规信贷配给（程郁等，2009；陈治国等，2016），主要原因有三个：一是农户自身经济实力较弱，缺乏可用抵押的资产；二是金融机构为农村地区提供的金融服务比较缺乏；三是潜在借贷需求者因各种因素，往往主动放弃贷款申请。

面对农村地区长期存在的融资困难状况，中国政府在近十多年采取一系列政策举措。从 2009 年开始，中央先后制定并颁布了多项政策文件，均提出大力发展农业保险，与农业信贷建立良性互动关系，用保险为农业贷款提供担保。此外，自佛山市三水区于 2008 年提出"政银保"模式，并在实践中切实破解了农业融资难题以来，"政银保"在全国的试点范围越来越广泛。例如，安徽省长丰县"草莓种植小额信贷组合保险"、陕西省"银保富"、山东省济南市"生猪价格指数保险+银行贷款"、黑龙江省"农业保险+信贷"等。从历年相关政策及各地实践可知，农业"保险+信贷"政策目标旨在缓解中国农村信贷市场农户融资难问题，即借助农业保险风险保障功能为农业信贷提供融资担保或为农户增信（叶明华和陈康，2022）。

在有关农业保险与农业信贷关系的研究中，早期的学者普遍否定了二者之间存在长期稳定的协同发展关系（Miranda，2011；Ifft et al.，2015；祝国平和刘吉舫，2014；罗永明等，2017），但伴随近年来农业保险和农业信贷发展水平的提高，越来越多的实证研究证实了二者之间存在协同效应和互补性。部分学者认为，二者之间存在互动且彼此影响的关系。国外较早研究农业保险和农业信贷关系的学者中，Binswanger（1986）认为，农业保险能够发挥类似抵押品的作用，部分替代抵押品，为信贷提供风险补偿机制，降低贷款人风险预期，提高其期望收益，从而将潜在借款人转化为实际借款人或提高现有借款人贷款规模，但同时也强调不同承保标的、风险和保障程度的保险可起到的抵押品替代作用会有所差异。Armendariz 和 Jonathan（2005）发现，将农业保险和信贷相结合既可增加贫困家庭获得信贷的机会，也有助于降低贫困家庭因灾致贫、重新陷入贫困陷阱的概率。Nadolnyak 等（2016）指出，农业保险通过经济补偿功能为农户的稳定收入提供一定保障，从而使违约风险降低，对农业信贷产生正向促进作用。尽管中国农村金融市场发展较晚，且农业保险相较于农业信贷发展更为滞后，导致国内学者对二者之间互动关系的研究起步较晚，但也论证了二者间互动关系的存在。苑美琪和陶建平（2019）利用 EEMD 分析方法证明了农业保险与农业贷款间存在相互促进、协同发展的关系。林凯旋（2020）认为，金融业追求的盈利性、安全性与农业产业风险高、收益低的特性相矛盾，但是银保联动不仅可以提高农民抵御风险的能力，还能提供担保抵押，可以很好地解决农民获得信贷难、农业生产风险和价格风险难以应对的问题。唐勇和吕太升（2021）提出，农业保险和农业信贷具有正相关及长期稳定的协同关系，且二者与农业总产值也均有正相关及长期稳定的协同关系，能够提高农业技术效率，促进农业全要素生产率增长，但是该协同关系的运作机制尚不完善（尹晓轩，2022），仍需进一步加强涉农金融体系建设（王倩等，2021）。朱然等（2023）基于山东、辽宁、江西、四川 4 个省份的调查数据，利用 OLS、2SLS 方法以及中介效应模型检验银保互动对农户收入水平的影响，研究发现，第一，银保互动比农业保险和农业信贷具有更大的促进农户增收作用；第二，银保互动分别通过降低生产风险、扩大经营规模、提高生产效率促进农户收入水平提高；第三，异质性检验结果表明，银保互动对不同收入水平、不同经营规模农户都能够发挥更好的增收作用；第四，银保互动可有效降低农户脆弱性。部分学者认为，农业保险与农业信贷之间是耦合协调关系。早期，学者对二者之间的耦合协调理论和机制进行了探讨，为后续研究奠定了基础（欧永生，2009；李玲玲和胡琰如，2010）。随着理论研究深入，学者开始通过构建指数体系、收集样本数据等方法，利用耦合协调度模型等对二者之间的耦合协调关系进行量化分析（刘素春和智迪迪，2017；李敏，2020；Ai et al.，2023）。

在农业保险与农业信贷互动方面，有学者认为，农业保险对农业信贷的影响起主导作用，信贷促进保险发展的效果有限（陈长民和康芳丽，2017）。一是农业保险的介入可以改善农村信贷市场中的信息结构，节省信贷机构的征信成本（李梅华等，2022），且在一定程度上具备替代抵押品的作用（Binswanger，1986）；二是保险服务的存在可以帮助更精确地考量和定义风险，提高金融市场的资源分配效率，部分转移和分散农业的自然风险，提高金融机构的积极性和放贷意愿（Trivelli et al.，2006；邱晖和倪嘉波，2018）。农业保险可以提高农户获得农业信贷的可能性，这一观点已经得到许多研究的支持（Armendariz & Jonathan，2005；Voskanyan，2018；Maria et al.，2019），任乐等（2017）通过 Logit 和 Tobit 回归模型探究参加和不参加农业保险农户的农业信贷可得性，发现参保农户更容易获得农业信贷，且信贷额度更高。由于信息不对称、农户自身缺乏有效抵押品、交易成本高等问题的存在，农户从金融机构获得贷款面临一定困难（胡振等，2022），农业保险则可以缓解这一问题，它成为农户的一种替代抵押品（左斐和罗添元，2018；廖朴等，2019）。

农业保险对农业信贷规模的影响也得到了广泛关注，国外有学者通过案例分析法对有无农业保险的农业信贷进行了比较分析，结果表明，农业保险可以提高农业贷款的数量和质量，增加农民收入（Gine & Yang，2009）。现有文献主要关注以下方面：一是农业保险可以降低信贷风险，提高信贷机构的放贷意愿，扩大信贷规模（梁春燕，2010；安冬等，2015）；二是农业保险可以为缺乏抵押物的农户提供信贷支持，从而扩大农业信贷的受益面;三是农业保险提供的风险保障与损失补偿可以激励农户增加农业资本投入并保障农户收入,进而增强农户贷款意愿(Gine & Yang,2009;潘明清等,2015;刘金霞和武翠芳,2018)。

此外,农业保险在缓解农户信贷配给问题中的作用也逐渐受到重视。尽管目前关于农业保险对农业信贷配给影响的研究并不丰富,但已有研究表明,一方面,农业保险能在一定程度上化解农业信贷机构经营过程面临的道德风险和逆向选择,规避、转嫁信贷经营风险,且农业保险保单具有的质押功能使农户在购买农业保险后可将保单质押给信贷机构,通过这种方式,保单所提供的最低收入保障降低了农户被动违约风险,从而提高其贷款能力和水平(李梅华等,2022),稳定农户收入,提高贷款人的预期收益,把潜在的借款人转化为实际借款人或提高现有借款人的贷款规模,从而扩大农业信贷市场(梁春燕,2010)。另一方面,农户面临的正规信贷配给可能是金融机构本身决策带来的结果,也可能是自主决策所致,前者往往称为供给型信贷配给,后者称为需求型信贷配给,现有研究集中探讨各类因素如何影响供给方配给,而忽视了大量受到需求方配给的农户,对需求方配给的忽视也将因分析框架的不完整造成双重样本选择性问题,带来估计结果的偏误。

目前,国内外学者对农户融资环境的探索已相对深入,对农户信贷配给及其影响因素的研究也颇多,但受限于样本选择、方法选取以及研究视角的差异,这些研究暂时未能达成一致结论。有关在中国开展试点项目并不广泛的银保互联的研究也主要集中于微观层面的描述,以数据为支撑进行详细论证的文献并不多,且主要聚焦于对正规信贷市场中供给方行为的探讨(Gine & Yang,2012;McIntosh et al.,2013;刘祚祥和黄权国,2012),故已有研究虽丰富,但鲜有学者针对农业保险这一关键因素,对农户信贷配给的影响及作用机理进行深入研究,且缺乏对农户面临多种互相交叉信贷配给类型的现实考虑。在现阶段大力建设农业强国的背景下,系统探究农业保险如何影响农户受到的正规信贷配给,不仅可揭示农业风险管理和农村金融之间的关系,且有助于发展金融领域农业保险的应用理论，从保险影响信贷配给需求侧补充农村信贷配给理论。基于此，本章基于中国乡村振兴综合调查（CRRS），采用三阶段联立 Probit 模型、Eprobit 模型、倾向得分匹配法和多项 Logit 模型，系统考察参与农业保险对农户面临正规信贷配给的影响，并考虑作用机制与作用的异质性。根据实证分析结果，剖析了研究结论所具有的政策意义。本章的边际贡献在于：首先，将农业保险政策和农村信贷体系相结合，论析农户参与农业保险对其面临正规信贷配给影响的作用机制，有助于提高农业生产经营主体融资需求的满足程度，进而提高农业生产效率和农民收入，实现农业农村经济发展。其次，基于 4 个粮食主产省的大规模田野调查数据，实证检验农业保险对农户正规信贷配给的具体作用及影响路径，并分析其对不同经营规模农户影响的异质性，这不仅使研究结果符合现阶段中国农户分化趋势越来越明显的客观现实，而且保证了因果关系识别的可信度。最后，在应用价值层面，本章的研究结果不仅有助于提高农业生产经营主体融资需求的满足程度，而且可以指导农业"保险+信贷"的制度优化和产品创新。

4.2　理论分析与研究假说

农户信贷作为一种契约行为，受制于借贷双方的借贷意愿。农户是否借款取决于农户生产生活中对信贷是否需要（黄祖辉等，2007），信贷机构是否愿意贷款取决于其对农户的风险评估。银行主要根据农户的还款意愿、还款能力以及双方之间信息不对称程度决定是否贷款。近年来，尽管政策和农村金融机构都在积极推进农村金融服务的普惠化，但中低收入小农户在获取贷款方面仍面临不少困难（易福金等，2023），有大约超过 50% 的农户存在信贷需求无法得到满足的挑战。

中国农户长期融资困难，主要原因在于其缺乏抵押物，同时信贷机构也面临获取农户信息不足的困局，这导致信贷机构无法准确判断农户违约风险，只能采取保守的信贷决策，造成了放贷资金不足。要提高农户获得信贷的可能性，必须同时优化农户资产状况并提高其信息透明度，这需要通过多渠道帮助农户积累诸如保单等可替代部分抵押品的资产，同时还需要建立渠道来使信贷机构获取更多的农户真实信息，降低信贷机构面临的信息不确定性。

4.2.1　农业保险影响农户供给方配给的理论分析

假定有多个需要申请农业信贷以进行农业生产的农户，农户生产水平同质。假设 A 银行向其提供贷款，利率为 r，r_f、C_i 和 W_i 分别表示无风险利率、农户 i 得到的信贷量和其初始财富。假设：

（1）农户、银行均为风险规避型，追求预期收益最大化。

（2）仅考虑利率和农业保险对农户和银行行为的影响。

（3）农户进行第 j 项农业生产不遭受损失的概率为 P_j，收益为 R_j，遭受损失时收益为 0，所有类型农业生产的期望收益相同，为 R，即 $P_j \times R_j = R$。

（4）由于存在信息不对称，银行不知道每个农户的风险程度，但了解农户进行农业生产不遭受损失概率在所有农户农业生产中分布的概率密度函数 $f(p)$。

由以上假设，可得到在不考虑农业保险的情况下，第 i 个农户的期望收益 π_{fi} 为：

$$\pi_{fi} = R - P_i(1+r)C_i + (1+r_f)W_i \qquad (4-1)$$

农户只有在期望收益大于 0 的情况下才会申请贷款，则农户成功申请信贷的临界概率 P_i 为：

$$\dot{p}_i = \frac{R + (1+r_f)W_i}{(1+r)C_i} \qquad (4-2)$$

由式（4-1）亦可知，农户的期望收益会随不遭受损失概率的减小而增加，即风险越大，农户的期望收益越多，故农户申请贷款成功的区间是 $[0, \dot{P}_i]$。记 $\dot{P}$、C 和 W 分别为所有农户临界成功概率、贷款额和初始财富，则：

$$\dot{P}=\frac{R+(1+r_f)W}{(1+r)C} \tag{4-3}$$

申请贷款后所有农户进行农业生产不遭受损失的平均概率为：

$$\overline{P}=\frac{\displaystyle\int_0^{\dot{P}}pf(p)\,dp}{\displaystyle\int_0^{\dot{P}}f(p)\,dp} \tag{4-4}$$

平均成功概率 $\overline{P}$ 对 r 求偏导可得：

$$\frac{\partial\overline{P}}{\partial r}=\frac{\dfrac{\partial\dot{P}}{\partial r}\dot{P}f(\dot{P})\displaystyle\int_0^{\dot{P}}f(p)\,dp-\dfrac{\partial\dot{P}}{\partial r}f(\dot{P})\displaystyle\int_0^{\dot{P}}pf(p)\,dp}{\left(\displaystyle\int_0^{\dot{P}}f(p)\,dp\right)^2} \tag{4-5}$$

$$=\frac{\dfrac{\partial\dot{P}}{\partial r}f(\dot{P})\left[\dot{P}\displaystyle\int_0^{\dot{P}}f(p)\,dp-\displaystyle\int_0^{\dot{P}}pf(p)\,dp\right]}{\left(\displaystyle\int_0^{\dot{P}}f(p)\,dp\right)^2} \tag{4-6}$$

因 $\dot{P}\displaystyle\int_0^{\dot{P}}f(p)\,dp-\displaystyle\int_0^{\dot{P}}pf(p)\,dp>0$，故 $\dfrac{\partial\overline{P}}{\partial r}$ 与 $\dfrac{\partial\dot{P}}{\partial r}$ 符号一致，而 $\dfrac{\partial\dot{P}}{\partial r}=$
$\dfrac{-C[R+(1+r_f)W]}{(1+r)^2C^2}=\dfrac{-[R+(1+r_f)W]}{(1+r)^2C}$，可以看到 $\dfrac{\partial\dot{P}}{\partial r}<0$，即 $\dfrac{\partial\overline{P}}{\partial r}<0$，说明农户
的贷款利率越高，农业生产遭受损失的概率越大，农业生产的风险程度越
高。这与 Stiglitz 和 Weiss（1981）信贷配给模型的基本结论一致。由于银
行放贷的期望收益与借款人项目的风险程度呈正相关关系，且逆向选择存
在使利率高到一定程度后银行的期望收益反而会下降，银行自然没有动机
设置高于能带来最大期望收益的利率水平，故而出现信贷配给现象，银行
期望收益达到最高水平后，没有得到信贷的农户申请再高利率的贷款也无
法得到银行支持。

当农业保险作为农户申请贷款条件，农户利用农业保险保单进行抵押
贷款后，农户遭受农业生产损失而无力偿还贷款时，保险赔款将优先直接

支付给银行。假定农业保险保费为 Y，赔款为 X，那么购买保险后单个农户的期望收益为：

$$\pi_f = R - P[(1+r)C+Y] - (1-P)Y + (1+r_f)W \tag{4-7}$$

此时，农户申请信贷临界成功的概率为：

$$\dot{P}' = \frac{R-Y+(1+r_f)W}{(1+r)C} \tag{4-8}$$

农户购买农业保险后，农业生产不遭受损失的平均概率记为 $\overline{P}'$，$\overline{P}'$ 对 r 求偏导，可得：

$$\frac{\partial \overline{P}'}{\partial r} = \frac{\frac{\partial \dot{P}'}{\partial r} f(\dot{P}) \left[\dot{P}' \int_0^{\dot{P}'} f(p)\,dp - \int_0^{\dot{P}'} p f(p)\,dp \right]}{\left(\int_0^{\dot{P}'} f(p)\,dp \right)^2} \tag{4-9}$$

这时银行单位资金的期望收益率为：

$$\pi_b/C = \overline{P}'(1+r) + (1-\overline{P}')\frac{X}{C} - (1+i) \tag{4-10}$$

式（4-10）对 r 求偏导，可得：

$$\frac{\partial \pi_b/C}{\partial r} = \overline{P}' + \frac{\partial \overline{P}'}{\partial r}\left(1+r-\frac{X}{C}\right) \tag{4-11}$$

$\frac{\partial \overline{P}'}{\partial r}$ 的符号与 $\frac{\partial \dot{P}'}{\partial r}$ 一致，而 $\frac{\partial \dot{P}'}{\partial r} = \frac{Y-R-(1+r_f)W}{(1+r)^2 C}$，可以发现，当 $Y>R+(1+r_f)W$ 时，有 $\frac{\partial \dot{P}'}{\partial r}>0$，$\frac{\partial \overline{P}'}{\partial r}>0$，所以，在 $R+(1+r_f)W<Y$ 且 $X<(1+r)C$ 时，有 $\frac{\partial \pi_b'}{\partial r}>0$。

银行对所有贷款农户的期望收益率随贷款利率提高而增加，这与无保险情况下形成明显对比。由于在风险一定的情况下，保费越高，保障程度越高，故在农业保险保障程度充足但同时保险赔款不高于农户应还的贷款本息之和的情况下，农户参与农业保险将导致银行的期望收益率与利率之间呈现单调递增关系。银行期望收益的提高，将使银行有动机增加信贷供给，从而使更多农户的信贷需求得到满足。

基于上述分析，提出研究假说 1：农业保险有助于缓解农户供给方信贷配给。

　　进一步地，农业保险对供给方信贷配给的影响要视农户条件而定，可能因农地经营规模而产生异质性作用。与传统小农户相比，大规模土地经营者的农业生产率可能较高，农地产出价值也相应较高。对金融机构而言，农地产出价值越高，意味着可抵押性越高，对农户的激励和约束作用也越强（黄惠春等，2016）。另外，大规模农户的生产经营与信贷呈现"企业化"特征，具有明显借贷优势，促使金融机构增加信贷供给。胡芝嘉（2022）基于对四川省的调查发现，农业保险对家庭农场的信贷约束有显著的异质性，经营规模较大，土地亩数在160亩以上家庭农场的信贷可得性在参与农业保险后得到提高。

　　基于上述分析，提出研究假说 1a：对大规模农户而言，农业保险缓解其面临供给方信贷配给的作用更为明显。

　　此外，一方面，农业灾害发生前，由于农业保险具有分散风险的职能，可稳定农业生产者产出预期，促使其增加资本、土地、劳动投入与新技术采用，进而促进农户增收，增强农户信贷清偿能力，最终减弱其受到信贷配给的可能性。具体而言，农业保险可在为农业劳动者预期收益提供风险保障前提下，一是激励农户将更多劳动力资源向农业部门配置（邵全权和郭梦莹，2020）；二是促使农户将闲置、抛荒或低效使用的土地投入农业生产，进而增加农业生产中土地投入并提高土地利用效率（Miao，2012）；三是农业保险通过转移和分散农业风险，促使农户增加农业设施、农药、化肥、机械设备等方面投资（徐斌和孙蓉，2016）；四是激励农户增加技术采用（Tang et al.，2019；李棠等，2022）。另一方面，当农业风险发生后，保险公司对受灾农户按损失比例进行补偿，减少农户收入损失，使其预期收入波动减小，稳定的收入能提高农户按时偿还贷款的能力，降低贷款违约概率。

　　农户申请正规贷款时，其生产经营信息对信贷机构而言并不透明。信贷机构为了评估农户信贷风险，需花费大量时间和货币成本去收集相关数据。同时，即使银行获取了信息，也无法完全判断其真实性，农户可能出于个人利益进行选择性信息披露，这种信息不对称进一步提高银行交易成本。为降低风险，银行只能通过要求提供更多抵押品或提高贷款利率来减少损失可能性，而这可能阻碍更多符合条件的农户获得信贷。可见，降低信息获取交易成本也是减弱供给方信贷配给的关键，而农业保险公司可以通过其掌握大量关于农户的详细数据的优势，协助信贷机构获取真实有效的信息，大幅降低信贷机构交易成本，促进信贷机构对农户进行资金投放。此外，银行在进行信用评估时，会将农户保险参与情况作为重要参考指标，从而对参保户给予较高信用评分，增加其获得贷款概率。

基于上述分析，提出研究假说2：农业保险可通过促进农户在农业生产中资本、劳动与技术投入，并增加其获得银行授信可能性而减弱农户受到的信贷配给。

4.2.2 农业保险影响农户需求方配给的理论分析

本章通过构建一个简单模型对农业保险影响农户需求方配给进行理论分析，本章关注的核心问题是：农业保险参与是否降低农户选择非正规贷款的可能性。参与农业保险者必须在每个种植期支付保险费用 m，选择非正规贷款者在经济困难时期以利率 r' 向非正规贷款人借款。

假设农户进行农业生产存在两种状态：高产出水平状态 O_h 与低产出水平状态 O_l，$O_h = c + m$，其中，c 表示所有必要的消费支出，m 表示农业保险保费支出，这意味着在经济状况好的时期，农户没有储蓄。由于在低产出水平状态下，农户所需的消费大于产出，农户将不得不采用风险缓解策略来弥补差值。由于农业保险不可能为农户提供100%的风险保障，因此参与农业保险的农户将会得到保险公司 $k(O_h - O_l)$ $(0 < k < 1)$ 的赔偿，未参保农户将不得不向非正规贷款人借款。假设高产出水平状态以概率 p 出现，则低产出水平状态以概率 $1 - p$ 出现，且资金在两个时期之间以常数因子 β $(0 < \beta < 1)$ 贴现，非正规贷款人按照利率 r' 在一定时间后收回贷款。此外，假设农户在每个时期从某些非农业活动中获得恒定的收入 w。

（1）农户选择农业保险的价值函数：

$$VF_{ins} = u(w) + \beta p[u(w+O_h-m)] + \beta(1-p)$$
$$\{u[w+O_l+k(O_h-O_l)-m]\} \qquad (4-12)$$

根据式（4-12），假设在第一个时期，农户无农作物种植，农户收入是 w，这低于所需的消费水平 O_h，且由于这一时期没有种植农作物，故不支付保费。第二个时期，农户种植农作物，需支付保费且可能获得保险赔付，此时期，是否得到保险赔付取决于年份好坏，但农户在两种情况下都需要支付保费（m）。好年景出现的概率是 p，此时农户收入为 $w+O_h$，但因农户支付了保费，故净收入为 $w+O_h-m$，该收入效用经过 β 折现为 $\beta u(w+O_h-m)$；坏年景出现的概率是 $1-p$，此时农户收入为 $w+O_l$，但因农户支付了保险费用且得到了保险赔付 $k(O_h-O_l)$，故有效收入为 $w+O_l+k(O_h-O_l)-m$，该收入效用同样经过 β 折现为 $\beta u[w+O_l+k(O_h-O_l)-m]$。这反映出因参与了农业保险，农户实际上被从坏年景的收入风险中保护起来，因为保险赔付补偿了农作物产出的减少，保费 m 的支出减少了在好年景下农户可能获得的收入，但却保障了其在坏年景下收入波动。

（2）农户未选择农业保险的价值函数：

$$VF_{nins} = u(w) + \beta p[u(w+O_h)] + \beta(1-p)$$
$$\{u[w+O_l+(O_h-O_l)] - \beta u(1+r')(O_h-O_l)\} \qquad (4-13)$$

由式（4-13）可知，在好年景中，农户达到所需消费水平 O_h 而无须支付任何保费；在坏年景中，农户收入不足以支付所需消费 O_h，以至于其不得不从非正规渠道借款以弥补这个差距，以达到所需消费水平，农户从非正规渠道借入 O_h-O_l，且需在下一个时期以利率 r' 偿还，还款可来自农户收入、家庭资产（作为抵押品），或通过农户劳动力服务偿还。此外，由式（4-13）可以看出，随着非正规借款渠道利率的上升，农户未选择农业保险价值函数的效用逐渐递减。令 $N=VF_{ins}-VF_{nins}$，N 表示参与农业保险获得的净效用，N 越大，理性农户越有可能参与农业保险，尤其是当 $N>0$ 时，农户会选择参与农业保险而不是非正式贷款；当 $N=0$ 时，农户在农业保险和向放贷款人借贷之间将无差别。

因此，本章得到一个临界利率 r^*：

$$r^*+1=\cfrac{1}{\left(\cfrac{w+O_h-m}{w+O_h}\right)^p\left(\cfrac{w+O_l+k(O_h-O_l)-m}{w+O_h}\right)^{(1-p)}(O_h-O_l)} \qquad (4-14)$$

由式（4-14）可知，等式右边的数小于等于1，等式左边的数大于1，故 $N>0$，说明当非正规渠道的贷款利率增加时，未参保的效用减少，这使参与农业保险的吸引力相对增加，而非正规借款渠道的利率往往偏高。已有研究表明，非正规信贷利率通常较高，且借贷条件与还款方式多样化，某些情况下甚至带有一定的强制性与压迫性（沈红丽，2021）。

在发展中国家，农户获得信贷的方式主要分为正规信贷和非正规信贷两类渠道，其中存在显著的不均衡现象，被形象地描述为"二八定律"，即20%的农户从正规信贷渠道获得高达80%的贷款总额（Von Pischke et al.，1983），这种现象反映了正规金融机构在贷款分配上的极度不平等。由于正规金融渠道的种种约束，大部分农户无法满足其严格的贷款条件，使非正规信贷成为农户获取资金的主要途径（刘西川等，2019），无论是贷款数额还是贷款农户数量的比重均达70%以上（Jia et al.，2010；杨汝岱等，2011）。尽管非正规信贷在某种程度上弥补了正规金融服务的不足，为广大农户提供了资金上的便利，但其对农户家庭福利的影响值得探讨。研究显示，正规信贷对于提升农户家庭的福利具有显著正面效应，这可能是因为正规信贷通常具有更低的利率和更合理的还款条件，同时可能伴随技术支持和培训等附加服务。然而，非正规信贷的效果则相对复杂，可能会对农户的家庭福利产生负面影响。受制于有限的农村关系圈，非正规借贷参与群体相对封闭且稳定，贷款主要源自亲朋好友。本章所基于的调研数据中，有40.56%的农户的民间借贷来自亲戚朋友。此外，在农村关系圈层中，农户普遍崇尚"救急不救穷"借贷理念，资金借贷利率根据双方关系自行确定，或不规定名义利率（张一昊等，2022）。相较于非正规借贷，农业保险优势包括：①风险分散与保障能力，农业保险通过收取保费，建立风险共担机制，能够为农户提供损失保障，有效分散单个农户面临的风险。②促进农业可持续发展，农业保险可激励农户采用更先进的农业技术和种植方法，保险可减少农户尝试新技术带来的风险，这有助于提高农业生产效率和发展可持续性。③提高获取正规信贷的能力，参与农业保险的农户可能更容易从正规金融机构获得贷款，保单可作为还款能力的一种保障，减轻金融机构的担忧，从而增加农户获取更低利率贷款的可能性。

农业保险对需求方信贷配给的作用机制主要体现为刺激农户信贷需求，同时降低农户申请贷款面临的交易成本和风险门槛，促使部分潜在需求者向银行提出申请。出于种种原因（如利率太高等），农户的信贷需求被抑制后其放弃申请贷款，会导致需求型信贷配给的产生，这主要是因为金融机构在甄别农户风险时不够准确，让农户对获贷失去信心，产生申贷无望的负面预期（Kon & Storey，2003）。农业保险的介入，可有效帮助农户减弱这种"信贷恐慌"（李成友等，2019）。对许多农户来说，缺乏足值抵押物是获得信贷的主要障碍。农业保险为农户提供的保单可解决农户抵押物不足难题，保单具有一定价值，农户在购买农业保险后，可将保单质押给信贷机构帮助其获得信贷资金。农业保险除了能提高农户获得农业信贷的可能性，还能在一定程度上能降低农户借款成本，从而减轻农户风险配给和价格配给。此外，保险公司可基于所掌握的有关农户的真实经营状况、农业生产风险等信息与信贷机构共享，进而优化信贷机构对农户的风险评估，助其准确判断农户实力，进而简化农户贷款申请程序（唐勇和吕太升，2021），减弱交易成本配给。农业保险为农业信贷机构提供了更有效的风险管理途径和完善的风险防控体系，提高了银行贷前信息甄别和贷后风险管控能力，降低了银行对于传统贷款技术的依赖，缓解了农户因与信贷员不熟而引致的社会资本配给，据此，本章提出如下假说：

假说3：农业保险有助于缓解农户需求方信贷配给。

假说3a：农业保险可缓解农村正规信贷市场中来自需求方的交易成本配给、风险配给、价格配给和社会资本配给，增强农户向银行申请贷款的意愿。

此外，农业保险对需求方信贷配给的缓解作用是否同样存在规模偏好特征，值得进一步考察。理论而言，大规模土地经营户因农业生产性投资较高，其信贷融资需求也更旺盛。不仅如此，大规模经营户农地抵押价值高，且信贷需求更多，可有效降低其申请贷款的平均交易成本，实现在信贷市场上的规模经济。农地的生存保障属性是小农户面临风险配给的主要原因，而大规模经营农户的农地生存保障属性较弱，更多表现为经济属性（顾庆康和林乐芬，2019）。因此，相较于小农户而言，大规模经营户对于农业保险和信贷的需求较为强烈，且面临的交易成本和风险门槛较低，农业保险对需求方信贷配给的缓解作用也就更强。因此，本章进一步提出以下假说：

假说 3b：农业保险对需求方信贷配给的缓解作用随着农地经营规模扩大而增强，同样存在规模偏好特征。

基于上述文献回顾与理论分析，本章构建农业保险对农户正规农业信贷配给的作用机制，具体如图 4-1 所示。

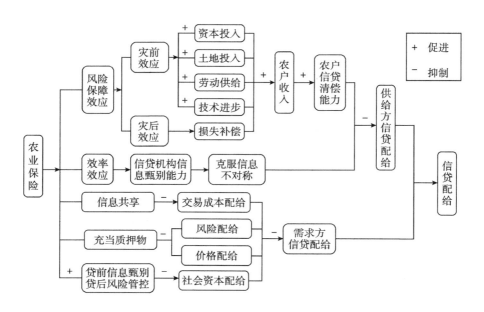

图 4-1　农业保险对农户正规农业信贷配给的作用机制

4.3 数据来源、模型设定与变量选取

4.3.1 数据来源

本章使用的微观数据来源于中国社会科学院农村发展研究所于 2020 年 8~9 月进行的中国乡村振兴综合调查（CRRS），该调查综合考虑经济发展水平、区域位置以及农业发展情况，在东部地区、中部地区、西部地区、东北地区的省份中随机抽取样本省份。调查数据覆盖全国 50 个县（市）、156 个乡（镇），共获得 300 份村庄调查问卷和 3800 余份农户调查问卷，收集了 1.5 万余人家庭成员信息。在具体样本农户选取上，课题组首先根据样本省份人均 GDP 水平将所有县（市、区）等分为低水平、中低水平、中水平、中高水平和高水平 5 组，并按照空间上尽量覆盖整个省份的条件，在每组中抽取 1 个县，即每个省抽取 5 个样本县。其次按照相同的抽样方式，根据人均 GDP 水平将样本县内乡（镇）分为低、中、高 3 组，从每组中随机抽取 1 个乡（镇），即每个县抽取 3 个乡（镇）。再次根据乡（镇）政府的指导确定村庄经济发展水平，并将所有村庄分为经济水平较差和较好 2 组，从每组中随机抽取 1 个村，即每个乡（镇）抽取 2 个村。最后根据村委会提供的花名册，采用等距抽样方法在每个村随机抽取 12 户左右的样本农户。本章选取河南、山东、安徽和黑龙江 4 个粮食主产省的数据进行分析，共 1484 户粮食生产户和 121 个村庄。在进行数据匹配后，剔除含有缺失值、异常值的无效样本，最终得到农户有效样本为 853 份。考虑到河南用占全国 1/16 的耕地，生产了全国 1/10 的粮食，其中，小麦占 1/4，牢牢守住了"中原粮仓"[①]；山东以约占全国 6%

---

① 资料来源：https：//dnr. henan. gov. cn/2019/06-24/1863039. html。

的耕地和 1% 的淡水，生产约占全国 8% 的粮食、11% 的水果、12% 的蔬菜、13% 的水产品，农产品出口 1257.4 亿元，连续 22 年居全国第 1 位[①]；黑龙江粮食"商品量全国最多，调出量全国最高，增产的贡献全国最大，商品率全国最高，增产潜力全国最大"[②]；安徽粮食总产连续 4 年站稳 800 亿斤台阶，稳居全国第 4 位[③]，4 个省份的农业发展水平较高，且作为农业保险的先行先试省份，选择这 4 个省份的调研数据具有一定的代表性。

4.3.2 信贷配给类型的识别

信贷配给类型的识别如图 4-2 所示。

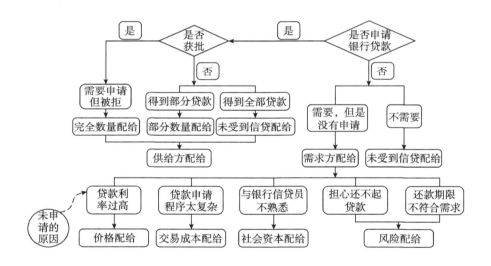

图 4-2 信贷配给类型的识别

本章采取以下流程识别农户面临的信贷配给类型：首先，询问"2019 年，你家有没有向正规银行（包括农村信用社、村镇银行）申请过

---

① 资料来源：https://new.qq.com/rain/a/20210924A0EZHV00。

② 资料来源：www.npc.gov.cn/npc/c2/c189/c7266/201905/t20190522_64890.html。

③ 资料来源：https://www.ah.gov.cn/group6/M00/05/13/wKg8BmIoA8uAaYrtAAr9-Sm-sI4493.pdf。

贷款?",对于回答"是"的,继续询问其"是否获得银行批准?",若获得银行批准,则表明其已有银行贷款,*Bankloan* = 1;否则 *Bankloan* = 0,表明农户受到完全数量配给;再询问"申请的贷款额度"和"实际获得的贷款额度",若申请的贷款额度>实际获得的贷款额度,则 *Pbankloan* = 1,表明农户受到部分数量配给。其次,对于回答"否"的即 2019 年未申请过贷款的,询问其"未申请的原因是什么",回答包括:0 = 不需要,没有资金需求;1 = 不需要,有其他途径可以解决资金需求;2 = 没担保人或抵押物;3 = 网点远,没熟人,贷款手续复杂,审批时间长;4 = 担心还不起贷款或者抵押物被没收;5 = 利息太高,不想支付利息;6 = 有贷款未还清。对于回答"不需要"的农户,*Demand* = 0;对于回答其他原因的,*Demand* = 1,且 *Apply* = 0(需要但未申请)。根据问题"如申请了未获批,原因是什么?"筛选出农户,*Reject* = 1。由此,可识别出农户是否具有信贷需求、是否受到需求方配给或供给方配给:

$$XD = \begin{cases} 1 & Demand = 1 \ or \ Bankloan = 1 \\ 0 & Demand = 0 \end{cases}$$

$$DR = \begin{cases} 0 & Demand = 1 \ and \ Apply = 0 \\ 1 & Reject = 1 \ or \ Bankloan = 1 \end{cases}$$

$$SR = \begin{cases} 0 & Bankloan = 1 \\ 1 & Reject = 1 \ or \ Pbankloan = 1 \end{cases}$$

其中,*XD* 表示农户是否有未满足的信贷需求,若有未满足的信贷需求,则 *XD* = 1,否则 *XD* = 0;*DR* 表示农户是否没有受到需求方配给,若没有受到需求方配给,则 *DR* = 1,否则 *DR* = 0;*SR* 表示农户是否受到供给方配给,若受到供给方配给,则 *SR* = 1,否则 *SR* = 0。需要注意的是,只有当 *XD* = 1 时,才能观察到 *DR* 的取值,即是否受到需求方配给。同样地,只有当 *DR* = 1,农户未受到需求方配给时,才能观察到 *SR* 的取值。根据已有文献(Angori et al., 2019;Rostamkalaei et al., 2020),可以识别出四种具体的需求方配给类型——交易成本配给、风险配给、价格配给、社会资本配给。识别方法如下:对于需要资金但未申请贷款的农户，询问其未申请贷款的原因，回答包括：网点远、没熟人、贷款手续复杂、审批时间长；贷款利息太高，不想支付利息；没担保人或抵押物；担心还不起贷款或者抵押物被没收；有贷款未还清。因贷款手续复杂而放弃申请的属于交易成本配给；因有贷款未还清、担心还不起贷款或者抵押物被没收而放弃申请的属于风险配给，原因在于其会引发贷款到期时农户难以再融资的困扰，给农户带来风险；因贷款利息太高而放弃申请的属于价格配给；因没担保人而放弃申请的属于社会资本配给。

4.3.3　信贷配给类型的统计

本小节主要是基于 DEM 方法统计本章所用数据中农户的信贷资金需求、需求型信贷配给和供给型信贷配给的基本情况及四种具体的需求方配给类型所占比重，进而更加细致全面了解本章所用数据，为后文的实证分析奠定基础。

在 853 户有效样本农户中，2019 年有信贷和无信贷需求农户分别为476 户、377 户，分别占有效样本农户的 55.8%、44.2%。其中，在有信贷需求农户中，未遭受和遭受需求型信贷配给农户分别为 305 户、171户，分别占有信贷需求农户的 64.1%、35.9%。在未遭受需求型信贷配给农户中，未受到和受到供给型信贷配给农户分别为 214 户、91 户，分别占有信贷需求农户的 45%、19%。其中，在受到供给型信贷配给农户中，受到部分数量配给和完全数量配给农户分别为 48 户、43 户，分别占有信贷需求农户的 10%、9%；在受到需求型信贷配给农户中，受到价格配给、交易成本配给、风险配给、社会资本配给农户分别为 119 户、17户、18 户、17 户，分别占有信贷需求农户的 25%、3.57%、3.78%、3.57%（见图 4-3）。通过上述分析可以发现，农户受到了不同类型的正规信贷配给。同时，从样本调查数据可知，需求型信贷配给为农村正规信贷配给的主要形式。

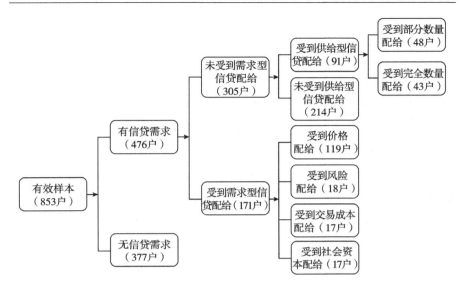

图 4-3 样本农户信贷配给情况

4.3.4 模型设定

由于本章研究的农户信贷需求和贷款申请行为都是内生的，依据农户是否选择申请贷款来判断其是否受到了需求方配给的前提是农户有信贷需求，且只有对于没有受到需求方配给的农户，即选择申请贷款的农户，才能观测其是否受到供给方配给。因此，当考察农业保险对需求方配给和供给方配给的影响时，本章通过构建基于两个次序选择的三阶段双重样本选择模型（三阶段联立 Probit 模型）来处理样本选择偏差问题，并通过倾向得分匹配法和多项 Logit 模型进行稳健性检验，进而得出农业保险对农户信贷配给的具体影响。

4.3.4.1 基准模型

借鉴 Vadean 和 Piracha（2010）、李庆海等（2016）、Drakos 和 Giannakopoulos（2018）的研究，通过构建双重样本选择模型纠正双重样本选择性问题：

第一阶段，估计农业保险对农户信贷需求的影响：

$$XD^* = \alpha_0 + \alpha_1 insu_i + \alpha_2 X_{1i} + \varepsilon_{1i}, \quad XD = I(XD^* > 0) \tag{4-15}$$

其中，$XD = 1$ 表示农户有未满足信贷需求；XD^* 表示潜变量；$I(\cdot)$ 表示二值示性函数，若括号内条件满足则取 1，否则取 0；核心解释变量 $insu_i$ 表示农户 i 是否参加农业保险；X_i 为影响农户信贷需求的一系列控制变量；ε_1 为随机扰动项；i 表示农户。

第二阶段，估计农业保险对需求方配给的影响。当且仅当农户在有贷款需求（$XD = 1$）情况下，才能依据其是否选择申请贷款而判断其是否没有受到需求方配给：

$$DR^* = \beta_0 + \beta_1 insu_i + \beta_2 X_{2i} + \varepsilon_{2i}, \quad DR = I(DR^* > 0), \text{ 如果 } XD = 1 \tag{4-16}$$

其中，$DR = 1$ 表示农户未受到需求方配给。

第三阶段，估计农业保险对供给方配给的影响。当且仅当农户在申请贷款（$XD = 1$，$DR = 1$）情况下，才能观察到其是否受到供给方配给：

$$SR^* = \gamma_0 + \gamma_1 insu_i + \gamma_2 X_{3i} + \varepsilon_{3i}, \quad SR = I(SR^* > 0), \text{ 如果 } XD = 1 \text{ 且 } DR = 1 \tag{4-17}$$

其中，$SR = 1$ 表示农户受到供给方配给。需指出的是，在包含三个阶段贷款融资分析过程中，只有当农户有贷款需求，才能依据其是否选择申请贷款而判断其有没有受到需求方配给。进一步地，只有农户提出贷款申请才能知道其贷款申请是否获得信贷机构批准及批准额度，进而判断其是否受到供给方配给。为保证模型可识别性，双重样本选择模型中的协变量 X_{1i}、X_{2i} 和 X_{3i} 需要满足 $X_{1i} \neq X_{2i} \neq X_{3i}$，即两两并不完全相同。

与 Vadean 和 Piracha（2010）的假设一样，本章假定方程误差项（ε_1，ε_2，ε_3）$\in N_3(0, V)$，其中，V 是一个典型的对称矩阵，即式（4-15）、式（4-16）和式（4-17）中的随机扰动项服从如下分布：

$$\begin{bmatrix} \varepsilon_{1i} \\ \varepsilon_{2i} \\ \varepsilon_{3i} \end{bmatrix} \sim N \left\{ \begin{bmatrix} 0 \\ 0 \\ 0 \end{bmatrix}, \begin{bmatrix} 1, & \rho_{12}, & \rho_{13} \\ \rho_{12}, & 1, & \rho_{23} \\ \rho_{13}, & \rho_{23}, & 1 \end{bmatrix} \right\}$$

根据农户是否有信贷需求、是否受到需求型配给和是否受到供给型配给，将其分为四个相互排斥的类别：没有信贷需求（$XD = 0$，$DR = UN$，$SR = UN$）、受到需求方配给（$XD = 1$，$DR = 0$，$SR = UN$）、受到供给方配给（$XD = 1$，$DR = 1$，$SR = 1$）、未受到信贷配给（$XD = 1$，$DR = 1$，$SR = 0$），UN 表示不可观测。构造如下似然函数：

$$L = \prod_{i=1}^{N} \phi_3 \left(\alpha X, \; \beta X, \; \gamma X; \; \rho_{12}、\rho_{23}、\rho_{13} \right)^{LD_i \times DR_i \times SR_i} \times \phi_3 \left(\alpha X, \; \beta X, \; -\gamma X; \; \rho_{12}、-\rho_{23}、-\rho_{13} \right)^{LD_i \times DR_i \times (1-SR_i)} \times \phi_2 \left(\alpha X, \; -\beta X; \; -\rho_{12} \right)^{LD_i \times (1-SR_i)} \times \phi_1 \left(-\alpha X \right)^{(1-LD_i)} \tag{4-18}$$

其中，ϕ_3（·）、ϕ_2（·）、ϕ_1（·）分别表示三维、二维和一维标准正态分布，通过最大化似然函数 L 所求得的式（4-15）、式（4-16）和式（4-17）中的系数可以解决双重样本选择偏误，且可通过三个方程误差项之间的相关系数 ρ_{12}、ρ_{23}、ρ_{13} 判断不同方程之间的内在相关性。

4.3.4.2 多项 Logit 模型

假设 j 代表农户受到信贷配给类型，$j = 1$、2、3 分别表示农户未受到信贷配给、受到需求型配给、受到供给型配给这 3 类信贷配给类型，使用随机效用法，假设农户 i 受到第 j 类信贷配给所能带来的效用为：

$$U_{ij} = insu'_i \sigma_j + x'_i \tau_j + \varepsilon_{ij} (i = 1, \; 2, \; \cdots, \; n; \; j = 1, \; 2, \; 3) \tag{4-19}$$

其中，核心解释变量 $insu_i$ 表示农户 i 是否参加农业保险；x_i 为影响农户效用的一系列控制变量，只随个体 i 的改变而改变，不随信贷配给方案 j 的变化而变化；系数 σ_j 和 τ_j 表明 $insu_i$ 和 x_i 对随机效用 U_{ij} 的作用取决于受到的信贷配给方案 j；ε_{ij} 为随机扰动项。农户 i 受到信贷配给方案 j 的概率可以写成：

$$P(y_i = j) = p(U_{ij} \geq U_{is}, \; \forall s \neq j) = p(U_{is} - U_{ij} \leq 0, \; \forall s \neq j)$$
$$= \varepsilon_{is} - \varepsilon_{ij} \leq insu'_i \sigma_j + x'_i \tau_j - insu'_i \sigma_s - x'_i \tau_s, \; \forall s \neq j \tag{4-20}$$

假设 $\{\varepsilon_{ij}\}$ 服从"无关独立性假定"且为 I 型极值分布，可证明：

$$P(y_i = j) = \frac{e^{(insu'_i \sigma_s + x'_i \tau_s)}}{\sum_{s=1}^{3} e^{(insu'_i \sigma_s + x'_i \tau_s)}} \tag{4-21}$$

很明显,各项选择方案的概率之和为 1,即 $\sum_{s=1}^{3} P(y_i=j)=1$。需要注意的是,现实中,无法同时识别所有的系数 $\sigma_s(s=1,2,3)$,但是如果把 σ_s 变为 $\sigma_s^*=\sigma+\varphi$($\varphi$ 为某常数向量),并不会影响模型拟合效果。因此,通常在拟合模型时把某一个方案设定为"参照方案"(base category),令其相应系数 $\sigma_s=0$。本章将"未受到信贷配给"设定为参照方案。由此,农户 i 受到第 j 类信贷配给的概率为:

$$P(y_i=j)=\begin{cases} \dfrac{1}{1+\sum_{s=1}^{3}e^{(insu_i'\sigma_s+x_i'\tau_s)}}, & j=1 \\[4mm] \dfrac{\sum_{s=1}^{3}e^{(insu_i'\sigma_s+x_i'\tau_s)}}{1+\sum_{s=1}^{3}e^{(insu_i'\sigma_s+x_i'\tau_s)}}, & j=2,3 \end{cases} \qquad (4-22)$$

其中,$j=1$ 所对应的是参照方案未受到信贷配给,该模型可以使用极大似然估计方法(MLE)进行估计。单个农户 i 的似然函数为:

$$L_i(\sigma_1,\sigma_2,\sigma_3)=\prod_{s=1}^{3}\left[P(y_i=j\mid insu_i)\right]^{1(y_i=j)} \qquad (4-23)$$

4.3.4.3 Eprobit 模型

农户购买农业保险与其受到的正规信贷配给之间可能存在反向因果等内生性问题。已有研究表明,信贷约束导致农户的资金流动性受限,进而在一定程度上限制了农户对农业保险的支付能力,削弱了农业保险的实际需求(易福金等,2023),由此产生反向因果问题。在内生性处理部分,为排除样本选择问题造成的估计结果偏误,本章针对反向因果问题,将样本总体局限在具有信贷需求的农户样本中,进一步考察参与农业保险对农户受到正规信贷配给影响的大小。此外,本章所关注的内生变量为二元变量,若采用以往使用的 IV-Probit 模型进行估计将得到有偏结果,故采用扩展回归模型(Extended Regression Model,ERM)进行估计。此外,鉴于被解释变量为二值选择变量,故使用内生 Probit 模型(Eprobit)进行内生性处理。构建的基准模型如下:

$$Probit(P_i)=\ln\frac{P(Y_i=1)}{1-P(Y_i=1)}=\delta_0+\delta_1 insu_i+\delta_2 X_i+\varepsilon_i \qquad (4-24)$$

其中，P_i 表示农户受到信贷配给的概率；Y_i 为因变量，表示农户 i 是否受到信贷配给；$insu_i$ 表示农户 i 是否参与农业保险；X_i 表示其他影响农户信贷配给的控制变量，包括个体、家庭和金融环境等层面变量；δ_0 为常数项，δ_1 和 δ_2 为待估参数；ε_i 为随机扰动项。

内生 Probit 模型需要包含至少一个工具变量才可识别。为纠正潜在的内生性导致的估计偏差，本章参考其他学者，选择与购买农业保险高度相关、与农业信贷配给不相关的"同一村庄、同一年龄段农户参保率"作为工具变量。一方面，同一村庄、同一年龄段农户参保率是一定范围内所有农户参与农业保险的总体情况，与个体农户参与情况紧密相关；另一方面，同一村庄、同一年龄段农户参保率并不会直接影响单个农户银行信贷的获取以及银行机构的放贷，故满足外生性条件。

4.3.4.4 中介效应检验模型

本章使用因果逐步回归法论析农业保险对农户信贷配给的作用机制。具体步骤如下：第一步，验证农业保险对中介变量 Z 的影响；第二步，验证中介变量 Z 是否在农业保险对农户信贷配给的影响中发挥中介作用。构建如下中介效应模型：

$$Z_i = \phi_0 + \phi_1 insu_i + \phi_2 X_i + \mu_i \tag{4-25}$$

$$xdpj_i = \lambda_0 + \lambda_1 insu_i + \lambda_2 Z_i + \lambda_3 X_i + \upsilon_i \tag{4-26}$$

其中，Z_i 表示中介变量，即农业生产过程中资本投入、技术投入、劳动时间投入和是否获得银行授信，其他变量同上。本章参考江艇（2022）的研究，选用两步回归法进行中介效应的机制检验。具体原理如下：若系数 ϕ_1 和 λ_2 均显著，则表明以 Z_i 为中介变量的机制检验通过，可进一步通过验证 λ_1 是否通过显著性检验来判断是完全中介效应还是部分中介效应。若 λ_1 显著且与 $\phi_1 \times \lambda_2$ 的符号一致，则证明存在部分中介效应；若 ϕ_1 与 λ_2 至少有一个不显著，则还需进一步通过 Sobel 检验加以验证，若结果显著，即表明存在中介效应。若通过机制检验证实中介变量 Z_i 具有部分中介效应，则可通过式（4-27）计算其对总效应的贡献率。

$$\xi = \phi_1 \times \frac{\lambda_2}{\phi_1 \times \lambda_2 + \lambda_1} \qquad\qquad (4-27)$$

此外，考虑到通过逐步回归法验证中介效应的方式在近年来受到遮掩模型等特殊情况的干扰（Mackinnon et al.，2000），因此，本章使用 Sobel 方法进行稳健性检验。

4.3.5　变量选取与描述性统计

4.3.5.1　被解释变量

（1）信贷需求。在总样本中，农户分为两种情形，要么有信贷需求，要么没有信贷需求。此时，构建农户是否具有信贷需求的虚拟变量 XD，$XD=1$ 表示农户具有信贷需求，$XD=0$ 表示农户没有信贷需求。

（2）需求型配给。在具有信贷需求的农户子样本中，农户分为两种情形，即受到需求型配给和没有受到需求型配给。此时，构建农户是否受到需求型配给的虚拟变量 DR，$DR=0$ 表示农户受到了需求型配给，$DR=1$ 表示农户没有受到需求型配给。显然，DR 只有在 $XD=1$ 的时候，才可以被观测到。

（3）供给型配给。在没有受到需求型配给的农户子样本中，农户又可分为两种情形：受到供给型配给和没有受到供给型配给。此时，构建农户是否受到供给型配给的虚拟变量 SR，$SR=1$ 表示农户受到供给型配给，$SR=0$ 表示农户没有受到供给型配给。显然，SR 只有在 $XD=1$ 且 $DR=1$ 的时候，才可以被观测到。

（4）风险配给、价格配给、交易成本配给和社会资本配给。在受到需求型配给的农户子样本中，农户又可分为四种情形：受到风险配给、价格配给、交易成本配给和社会资本配给。$fxpj=1$ 表示农户受到风险配给，$jgpj=1$ 表示农户受到价格配给，$shhzbpj=1$ 表示农户受到社会资本配给，$jychbpj=1$ 表示农户受到交易成本配给。

4.3.5.2　核心解释变量

本章采用"您是否参加农业保险？"问项测量解释变量，其属于二分类变量，回答"否"赋值0，回答"是"赋值1。

4.3.5.3 控制变量

本章参考既有文献，从个体、家庭及借款特征三个层面选取控制变量。

（1）个人特征变量。参照已有研究（程郁等，2009；李丹和张兵，2013），本章引入了户主年龄、户主受教育程度、户主健康状况、婚姻状况4个变量。户主年龄、受教育程度和健康状况可以在一定程度上反映农户的还债能力，婚姻状况可以反映农户对信贷资金的需求。

（2）家庭特征变量。根据已有研究，本章引入了上年家庭总收入、耕地面积、是否受灾、家庭劳动力人数、家庭兼业化水平、是否养殖牲畜、农业补贴、拥有宅基地数量、家庭拥有社会资本9个变量。其中，家庭拥有社会资本用以衡量农户社会关系网络的强弱；是否受灾用以反映农户大额刚性支出的影响（李庆海等，2012）；其余变量则用以反映农户家庭经济禀赋的影响（程郁等，2009）。

（3）借款特征变量（金融环境）。借鉴已有研究，本章引入了是否负债、银行存款、是否有资金需求、风险态度（影响保险的购买决策和贷款申请行为，受数据限制，本章采用农户是否参加商业医疗保险来作为农户对农业风险态度的代理变量；参加＝风险规避＝0，未参加＝风险偏好＝1）、距离银行营业点距离和是否有产品通过网络交易6个变量。

考虑到样本中部分变量的方差较大，可能存在极端值影响回归结果，本章对上年家庭总收入、耕地面积、农业补贴和银行存款4个连续变量在上下1%的水平上进行缩尾处理，并对处理后的数据进行回归。各变量的定义及描述性统计如表4-1所示。

表4-1 变量定义及描述性统计

变量类型	变量名称	定义	取值说明	平均值	标准差	最小值	最大值
因变量（第一部分）	XD	信贷需求	农户在2019年是否有未满足的信贷需求，是＝1，否＝0	0.56	0.50	0.00	1.00

续表

变量类型	变量名称	定义	取值说明	平均值	标准差	最小值	最大值
因变量（第一部分）	DR	需求型配给	农户在 2019 年是否主动放弃向银行申请贷款，是＝0，否＝1	0.81	0.40	0.00	1.00
	SR	供给型配给	农户在 2019 年是否被银行完全或部分拒绝发放贷款，是＝1，否＝0	0.11	0.31	0.00	1.00
因变量（第二部分）	fxpj	风险配给	农户在 2019 年是否因有贷款未还清、担心还不起贷款或者抵押物被没收而放弃申请贷款，是＝1，否＝0	0.02	0.14	0.00	1.00
	jgpj	价格配给	农户在 2019 年是否因贷款的利率过高而主动放弃申请贷款，是＝1，否＝0	0.14	0.35	0.00	1.00
	shhzbpj	社会资本配给	农户在 2019 年是否因没担保人而放弃申请贷款，是＝1，否＝0	0.02	0.14	0.00	1.00
	jychbpj	交易成本配给	农户在 2019 年是否因贷款手续复杂而放弃申请贷款，是＝1，否＝0	0.02	0.14	0.00	1.00
核心自变量	x	农业保险	2019 年参加农业保险，是＝1，否＝0	0.54	0.50	0.00	1.00
控制变量（个人特征）	age	户主年龄	调查年份实际年龄（单位：岁）	54.43	10.63	23.00	85.00
	edu	户主受教育程度	未上学＝0，小学＝1，初中＝2，高中及以上＝3	1.79	0.79	0.00	3.00
	health	户主健康状况	通过问项"与同龄人相比的健康状态如何?"衡量，很好＝1，好＝2，一般＝3，差＝4；很差＝5	3.64	1.00	1.00	5.00
	marry	婚姻状况	已婚＝1，未婚＝0	0.94	0.24	0.00	1.00

变量类型	变量名称	定义	取值说明	平均值	标准差	最小值	最大值
控制变量（家庭特征）	income	上年家庭总收入	用 2019 年农户家庭总收入衡量（单位：元）	69510.25	73439.02	2400	396560
	scale	耕地面积	2019 年经营耕地总面积（单位：亩）	44.46	89.52	0.00	510.00
	disaster	是否受灾	2019 年是否受灾，是 = 1，否 = 0	0.45	0.50	0.00	1.00
	labor	家庭劳动力人数	家庭中 18~60 岁的身体健康者人数（单位：人）	2.97	1.22	0.00	6.00
	jyhcd	家庭兼业化水平	2019 年家庭农业收入占总收入的比例，纯农户 = 1，Ⅰ 兼农户 = 2，Ⅱ 兼农户 = 3，非农户 = 4	2.78	0.98	1.00	4.00
	lives	是否养殖牲畜	2019 年是否养殖牲畜，是 = 1，否 = 0	0.42	0.49	0.00	1.00
	relief	农业补贴	2019 年农户获得转移性纯收入中关于农业补贴金额（单位：元）	3817.90	7568.30	0.00	41850.00
	asset	拥有宅基地数量	您家有几宗宅基地？（单位：宗）	1.22	0.49	0.00	4.00
	socialcap	家庭拥有社会资本	用"您共有多少个可以借到钱（5000 元以上）的亲戚朋友（无论给不给利息）？"衡量（单位：个）	7.76	19.34	0.00	500.00
控制变量（金融环境/借款特征变量）	debt	是否负债	用"至 2019 年末，您是否有未还清的欠款（包括银行和亲朋好友）？"衡量，是 = 1，否 = 0	0.31	0.46	0.00	1.00

续表

变量类型	变量名称	定义	取值说明	平均值	标准差	最小值	最大值
控制变量（金融环境/借款特征变量）	savings	银行存款	至 2019 年末，您的银行存款（活期加定期）总共大约有多少钱？（单位：万元）	512.50	2139.90	0.00	9999.00
	money	是否有资金需求	2019 年您是否缺过钱，是＝1，否＝0	0.42	0.50	0.00	1.00
	attitude	风险态度	是否参加商业医疗保险，是＝1，否＝0	0.22	0.42	0.00	1.00
	distance	距离银行营业点距离	用"村委会距离乡镇政府距离"衡量（单位：公里）（注：按车行距离，可以用手机导航）	6.41	7.12	0.05	56.00
	internet	是否有产品通过网络交易	2019 年您家是否经营有产品通过网络交易，是＝1，否＝0	0.06	0.235	0.00	1.00
机制变量	tech	技术投入	农业生产过程中机械作业占比（单位:%）	49.24	34.30	0.00	100.00
	cap	资本投入	农业生产过程中资本投入（单位：元）	7.02	4.05	0.00	19.11
	agrilt	农业劳动时间	本户内农业劳动时间（单位：天）	99.60	92.15	0.00	365.00
	yhshx	是否获得银行授信	是＝1，否＝0	0.43	0.50	0.00	1.00

4.3.5.4　机制变量

为讨论农业保险对农户信贷配给影响的作用机制，本章选取如下机制变量：一是农业生产过程中的资本投入，即农户耕地、播种、打药、施肥、排灌水、收获和运输 7 个生产环节中投入的费用总和；二是技术投入，即农户在上述 7 个生产过程中所投入的机械作业占比总和；三是农业劳动时间，即农户 2019 年在本户内投入的农业劳动时间，按天计算；四是是否获得银行授信，即通过调查问卷所设问题"农户是不是银行或信用社认定的信用户或获得银行授信"来衡量。考虑到资本投入数值较大，为了控制异方差、缩小量纲差距，对资本投入进行了取对数处理。

4.4 实证结果与分析

4.4.1 基准回归

表 4-2 给出了基准实证模型的回归结果。首先，为了保证三阶段联立 Probit 模型可被识别且实证结果是有效的，需要对其进行相关检验。由表 4-2 可知，ρ_{12}、ρ_{23} 和 ρ_{13} 联合显著性检验为 21.14，在 1% 的水平上显著拒绝信贷需求、没有受到需求型信贷配给和供给型信贷配给无关联的假设，即信贷需求、没有受到需求型信贷配给和供给型信贷配给方程并不是完全独立的。事实上，这也进一步支持了采用双重样本选择模型的合理性。同时，ρ_{12} 和 ρ_{23} 的检验值在 5% 及以上的水平上显著，表明在供给型信贷配给方程中确实存在信贷需求和需求型信贷配给导致的双重样本选择问题，而使用三阶段联立 Probit 模型可以克服双重样本选择问题所导致的估计偏误。此外，识别变量是否受灾、家庭劳动力人数、农业劳动时间、农业补贴、拥有宅基地数量、是否负债、是否有资金需求、是否获得银行授信均在 10% 及以上的水平上显著，这表明三阶段联立 Probit 模型在回归过程中能够被识别，表 4-2 中的回归结果是有效的。

表 4-2 双重样本选择模型估计结果

变量	是否具有信贷需求		是否没有受到需求型配给		是否受到供给型配给	
	系数	标准误	系数	标准误	系数	标准误
x	0.056	0.077	0.340 ***	0.129	−0.707 ***	0.163

续表

变量	是否具有信贷需求		是否没有受到需求型配给		是否受到供给型配给	
	系数	标准误	系数	标准误	系数	标准误
age	−0.017***	0.004	−0.017***	0.006	0.013	0.008
edu	−0.099**	0.048	—	—	—	—
health	−0.165***	0.039	−0.024	0.066	—	—
marry	−0.046	0.160	—	—	0.230	0.303
income	0.000**	0.000	0.000*	0.000	0.000	0.000
scale	0.001**	0.001	0.001	0.001	−0.001	0.001
disaster	0.294***	0.077	—	—	−0.019	0.167
labor	—	—	0.078	0.052	−0.130*	0.073
agrilt	−0.002***	0.000	−0.000	0.001	—	—
jyhcd	—	—	−0.014	0.063	—	—
lives	—	—	−0.042	0.123	−0.014	0.152
relief	0.000	0.000	—	—	0.000*	0.000
asset	0.056	0.075	—	—	0.270*	0.155
socialcap	—	—	0.012	0.009	—	—
debt	—	—	0.226*	0.127	0.031	0.183
savings	0.000	0.000	0.000	0.000	−0.000	0.000
money	—	—	0.413***	0.130	—	—
yhshx	—	—	0.909***	0.181	−1.040***	0.197
attitude	−0.106	0.090	—	—	—	—
Internet	—	—	—	—	0.034	0.216
distance	—	—	−0.000	0.006	—	—
Constant	1.243***	0.349	−0.650	0.518	0.135	0.683
ρ_{12}	0.677***	0.205	—	—	—	—
ρ_{23}	—	—	−0.862**	0.368	—	—
ρ_{13}	—	—	—	—	−0.091	0.359
联合显著性检验	21.14***					
样本数	853					

注："—"表示该变量不在相应阶段方程中；*、**、***分别表示在10%、5%、1%的水平上显著。

由表 4-2 的回归结果可知，参与农业保险的回归系数在 1% 的水平上显著且正向影响没有受到需求方配给，即对于受到需求方信贷配给是负向影响，表明参与农业保险有助于农户信贷需求意愿的表达，降低了农户受到需求方信贷配给的概率，假说 3 部分得证。参与农业保险的回归系数在 1% 的水平上显著且负向影响受到供给方配给，表明农户可借助农业保险的风险保障功能为农业信贷提供融资担保或为其增信（叶明华和陈康，2022），农户即使不一定能以信用户的身份获得贷款，也能通过购买保险提高自己的贷款可得性，即降低遭受供给方信贷配给的概率，假说 1 部分得证。

在控制变量中，户主年龄、上年家庭总收入、是否负债、是否有资金需求和是否获得银行授信对是否受到需求型配给有显著影响。年龄的影响为负，且在 1% 的水平上显著，即年龄越大，受到需求型配给的概率越大，这可能是由于年龄较大的农户对利率的承受能力较低，对风险更加厌恶，不愿意承担债务带来的风险和不确定性，对贷款资金需求不足，不愿意贷款或者主动放弃贷款的比例较高（梁虎和罗剑朝，2019）。此外，一些贷款机构在审批贷款时可能对年龄较大的借款人设置更严格的要求，如更高利率、更严格贷款审查或更多担保要求，这些条件使年龄较大的农户对贷款持怀疑态度或者认为贷款不划算，从而选择不贷款或放弃贷款。收入的影响为正，且在 10% 的水平上显著，即收入越高，受到需求型配给的概率越小，通常银行在提供贷款时需要一定的财务证明，包括稳定的收入和良好的信用记录，收入越高的农户更有可能满足这些条件，因此更容易从正规银行获得贷款，进而可能提升农户向正规金融机构申请贷款的积极性。此外，收入越高的农户可能更倾向于进行长期规划，如信用记录的维护，通过正规渠道贷款可以帮助其与银行建立良好的关系，这对未来更大规模的贷款也有帮助。是否负债和是否有资金需求的影响为正，且是否负债在 10% 的水平上显著，是否有资金需求在 1% 的水平上显著，即有负债/资金需求的农户受到需求型配给的可能性越小。这是因为，一是银行贷款通常具有较低的利率和较长的还款期限，相比其他融资方式如民间借贷更加经济划算；二是银行可为农户提供专业金融服务，包括贷款咨询、规划和管理，其可为农户提供更全面的资金解决方案，帮助农户更好地理解和管理借款；三是正规信贷受到法律和监管机构的监督和保护，这意味着农户与正规金融机构之间的交易受到法律框架的保障，有更多的权益保护和救济途径，相比之下，非正规渠道存在较高风险，农户可能面临欺诈、不公平交易条件或其他问题。因此，有负债/资金需求的农户更倾向于选择正规金融机构，以获得更安全和可靠的金融服务。是否获得银行授信的影响为正，且在1%的水平上显著，即获得银行授信的农户受到需求型配给的可能性越小，这可能是由于获得银行授信意味着农户已经与银行建立了信任与合作关系，其通过与银行进行商业往来，展示了自己的信用和还款能力，银行也对农户的经营状况有了更深入的了解，在这种情况下，基于对银行专业性和信誉的考虑，农户更倾向于向银行申请贷款。同时，获得授信的农户使其自身信用在某种程度上起到了实物抵押品的作用，从而在需要借贷时，会更倾向于从银行贷款（张三峰等，2013）。家庭劳动力人数、农业补贴、拥有宅基地数量和是否获得银行授信对受到供给型配给有显著影响。家庭劳动力人数的影响为负，且在10%的水平上显著，即农户家庭劳动力人数越多，越不容易受到供给型配给，家庭劳动力数量较多说明家庭劳动力资源更为丰富，这意味着农户有更多的人力投入和劳动收入来源，表示家庭有更强的还款能力，这对于银行来说是一个重要的考虑因素。银行更倾向于向那些有稳定且较高收入来源的家庭发放贷款，因为这样的家庭更有可能按时偿还贷款。农业补贴的影响为正，且在10%的水平上显著，即获得农业补贴金额越多的农户，越容易受到供给型配给，从理论上来说，获得农业补贴越多的农户具有更稳定的收入来源，农业补贴作为农户收入的一部分有助于缓解农业经营中的风险，故考虑到借款人的偿债能力和还款来源，银行应该更加倾向于给获得较多农业补贴的农户发放贷款，但结合本章所用数据发现，缩尾处理后获得农业补贴高于样本均值的183个样本中，有70个农户在2019年有负债，占比为38.25%；123个农户有信贷需求，占比为67%；有27个农户受到供给型配给，占比为 14.75%。而在低于样本均值的 670 个样本中，有 191 个农户有负债，占比为 28.5%；仅有 353 个农户有信贷需求，占比为 52.68%；有 64 个农户受到供给型配给，占比为 9.55%。基于本章所用样本，获得高农业补贴的农户拥有更多的负债，有更高的信贷需求，故其受到供给型信贷配给的可能性更大。拥有宅基地数量的影响为正，且在 10% 的水平上显著，即拥有宅基地数量越多的农户越容易受到到供给型配给，从理论上讲，银行更加倾向于给拥有宅基地数量更多的农户发放贷款，因为宅基地通常代表着稳定的资产，尤其是在农村地区银行更愿意向拥有稳定资产的借款人贷款，但结合本研究数据来看，853 个样本中拥有 1 处宅基地的样本农户有 667 个，2 处以上样本仅有 16 个。是否获得银行授信的影响为负，且在 1% 的水平上显著，即获得银行授信会减小农户受到供给型配给的可能性，这可能是由于银行授信是对农户信用状况和经营能力的全面评估，获得授信的农户通常具有良好的信用记录、稳定的经营收入以及合规的财务管理，这些因素使其成为银行较为优质的放贷对象，进而降低贷款风险。同时，银行授信有助于简化再次贷款的审批流程，对于已经获得授信的农户，银行在审批贷款时可以省去部分信用调查和风险评估环节，从而加快贷款发放速度。

此外，基于前文分析，根据农户未提出贷款申请的原因，本章将其面临的需求型信贷配给主要分为风险配给、价格配给、交易成本配给与社会资本配给，并分别验证农业保险对四者的影响，本章借鉴彭澎等（2018）的分析方法，通过 Probit 模型研究农业保险对农户受到各种需求方配给的具体影响。由表 4-3 可知，农业保险对不同类型的需求方配给均产生负向影响，其中，对价格配给和交易成本配给影响显著，样本农户参与农业保险的概率每增加 1%，其受到价格配给和交易成本配给的概率分别会减少 3.8% 和 2.8%。可以看出，对于本章所用样本中主动退出农村正规信贷市场的农户而言，因为贷款利率高和贷款手续复杂嫌麻烦而放弃申请退出正规信贷市场的农户，农业保险能增强其申请正规贷款的意愿。这一结果进一步验证了部分假说 3。由于政府对农业保险进行保费补贴，农户所

表4-3 导致需求型配给原因的 Probit 模型估计结果

变量	是否受到风险配给		是否受到价格配给		是否受到交易成本配给		是否受到社会资本配给	
	估计系数	边际效应	估计系数	边际效应	估计系数	边际效应	估计系数	边际效应
x	-0.100	-0.003	-0.187*	-0.038*	-0.701***	-0.028**	-0.020	-0.001
	(0.228)	(0.007)	(0.113)	(0.023)	(0.246)	(0.011)	(0.198)	(0.008)
age	0.014*	0.000*	0.002	0.000	0.006	0.000	-0.021**	-0.001*
	(0.008)	(0.000)	(0.006)	(0.001)	(0.010)	(0.000)	(0.010)	(0.000)
health	0.061	0.002	-0.122**	-0.025**	-0.091	-0.004	-0.074	-0.003
	(0.126)	(0.004)	(0.055)	(0.011)	(0.087)	(0.004)	(0.114)	(0.005)
labor	-0.225**	-0.007**	-0.065	-0.013	0.074	0.003	0.165	0.007
	(0.089)	(0.003)	(0.045)	(0.009)	(0.067)	(0.003)	(0.119)	(0.005)
income	0.000	0.000	-0.000	-0.000	-0.000	-0.000	0.000	0.000
	(0.000)	(0.000)	(0.000)	(0.000)	(0.000)	(0.000)	(0.000)	(0.000)
scale	0.002*	0.000*	-0.000	-0.000	0.001	0.000	-0.003	-0.000
	(0.001)	(0.000)	(0.001)	(0.000)	(0.001)	(0.000)	(0.002)	(0.000)
jyhcd	0.133	0.004	-0.062	-0.013	0.043	0.002	0.004	0.000
	(0.143)	(0.005)	(0.067)	(0.014)	(0.117)	(0.005)	(0.122)	(0.005)
socialcap	-0.245***	-0.008***	-0.009	-0.002	0.002	0.000	-0.039*	-0.002
	(0.059)	(0.003)	(0.008)	(0.002)	(0.002)	(0.000)	(0.023)	(0.001)
debt	0.630*	0.020*	-0.103	-0.021	0.325	0.013	0.513***	0.021***
	(0.333)	(0.012)	(0.142)	(0.029)	(0.244)	(0.010)	(0.173)	(0.008)

续表

变量	是否受到风险配给		是否受到价格配给		是否受到交易成本配给		是否受到社会资本配给	
	估计系数	边际效应	估计系数	边际效应	估计系数	边际效应	估计系数	边际效应
savings	-0.008	-0.000	0.000	0.000	-0.004	-0.000	-0.013	-0.001
	(0.017)	(0.001)	(0.000)	(0.000)	(0.013)	(0.001)	(0.018)	(0.001)
agrili	-0.003**	-0.000*	-0.001*	-0.000*	-0.000	-0.000	0.000	0.000
	(0.002)	(0.000)	(0.001)	(0.000)	(0.001)	(0.000)	(0.001)	(0.000)
money	-0.004	-0.000	0.352**	0.073**	0.605**	0.024**	0.100	0.004
	(0.312)	(0.010)	(0.142)	(0.029)	(0.283)	(0.012)	(0.227)	(0.009)
lives	0.005	0.000	0.127	0.026	-0.271	-0.011	0.109	0.005
	(0.218)	(0.007)	(0.113)	(0.023)	(0.227)	(0.009)	(0.240)	(0.010)
distance	0.004	0.000	0.002	0.000	-0.006	-0.000	0.016	0.001
	(0.012)	(0.000)	(0.007)	(0.001)	(0.015)	(0.001)	(0.011)	(0.000)
yhshx	-0.252	-0.008	-0.390***	-0.080***	-0.619**	-0.025**	-0.604**	-0.025**
	(0.334)	(0.011)	(0.126)	(0.026)	(0.291)	(0.012)	(0.257)	(0.012)
Constant	-2.333***	—	-0.105	—	-2.226**	—	-1.205	—
	(0.766)	—	(0.516)	—	(0.950)	—	(0.844)	—
Wald chi²	51.03***		40.10***		67.00***		41.45***	
Pseudo R²	0.328		0.078		0.200		0.165	
Obs					853			

注：*、**、***分别表示在10%、5%、1%的水平上显著，括号内为稳健标准误。

需支付的保费相对较低，使农户更能负担得起保险，同时间接降低了他们从银行贷款的整体成本。此外，当农户参与农业保险时，保险能够为其农业活动中可能受到的风险提供覆盖，如自然灾害、作物损失等。这降低了银行贷款的潜在风险，因为即使贷款的农户遭遇风险，保险赔付也可以帮助他们恢复生产并继续偿还贷款。在这种情况下，由于保险公司分担了部分风险，银行面临的实际违约风险得以降低，这可能导致贷款利率的下调。随着利率的降低，那些原本因利率过高而放弃申请贷款的农户现在可以享受更低的贷款成本，从而缓解了价格配给的问题（彭澎等，2018）。

结合本章数据分析可知，本章所用样本中农户年龄超过 50 岁以上农户有 572 户，占比达到67%，随着年龄的增长，农户可能面临更多的身体和精神上的挑战，对于复杂的贷款手续可能感到力不从心。他们缺乏足够的精力去了解和应对贷款过程中所需的各种文件和程序，因此更倾向于选择更为简单、直接的融资方式，或者干脆放弃贷款申请，而参与农业保险可以改善农户的信用状况，且农业保险节省了信贷机构征信成本，银行在考虑是否给予贷款时通常会评估申请人的信用记录和信用风险。参与农业保险可以建立良好的信用记录，减少银行对农户信用评估的不确定性，从而简化了信用评估过程。此外，保险公司在调查过程中会收集被甄别农户的信息，通过建立保险公司和银行之间的信息共享机制，能够提升银行的信息处理能力（Von Pischke et al.，1983）。这样一来，银行在贷款前的调查工作量会减少，信息收集的成本也随之降低，从而简化了农户办理贷款的手续。这使那些原本退出正规信贷市场的农户重新形成有效的信贷需求，交易成本的配给问题得到了缓解。

4.4.2　内生性讨论

本章使用工具变量法进行估计得到的结果如表 4-4 所示。如前所述，工具变量是同一村庄、同一年龄段农户参保率。表 4-4 模型（1）报告了第一阶段的估计结果。工具变量在 1% 的水平上显著，且回归系数为 0.015，说明同一村庄、同一年龄段农户参保率越高，单个农户参保的可能性越大，工具变量满足相关性条件。模型（2）和模型（4）将关键解释变量和工具变量同时作为解释变量进行回归，结果显示，关键解释变量依然显著，而工具变量不显著，说明工具变量满足外生性条件（孙圣民和陈强，2017）。根据模型（3）和模型（5）报告的第二阶段的估计结果，参与农业保险在 5% 的水平上显著，说明参与农业保险农户受到需求型和供给型信贷配给的概率显著低于未参与农业保险的农户。同时，弱工具变量检验的 F 统计量为 32.44，再次表明工具变量满足相关性条件。由此可见，在考虑内生性问题后，本章的回归结果依旧稳健。

表 4-4　内生性检验

变量	参与农业保险	需求型配给		供给型配给	
	第一阶段	外生性检验	第二阶段	外生性检验	第二阶段
	模型（1）	模型（2）	模型（3）	模型（4）	模型（5）
x		−0.316**	−0.910**	−0.333**	−0.956**
		(0.145)	(0.423)	(0.150)	(0.452)
控制变量	已控制	已控制	已控制	已控制	已控制
iv_num	0.015***	−0.010		−0.010	
	(0.002)	(0.008)		(0.008)	
Wald chi^2		139.32***	162.07***	33.56***	40.00***
观测值	476	476	476	476	476

注：**、***分别表示在 5%、1%的水平上显著性，括号中为稳健标准误；表中仅汇报关键解释变量的估计结果。

4.4.3　稳健性检验

4.4.3.1　倾向得分匹配

本章运用倾向得分匹配法分别构建参与农业保险对农户需求型和供给型信贷配给影响的反事实框架来纠正可能的选择性偏误，以验证参与农业保险对农户受到需求型和供给型信贷配给影响的负向作用是否具有一致、

稳定的效果。本章先对参与农业保险农户和未参与农业保险农户进行倾向
得分值匹配。图4-4和图4-5都分别展示了需求型配给和供给型配给匹配
前后处理组（即参与保险户）与控制组（即未参与保险户）倾向得分值的
概率分布情况，可知，匹配前，两组样本函数虽有共同区域，但图形轮廓
的重合度不高；而匹配后，两组样本函数更为接近，图形重合部分明显增
多。可见，参保和非参保农户的倾向得分区间基本实现重合，模型匹配平
衡性检验通过，且经过倾向得分匹配后，基本达到类似随机试验的效果。

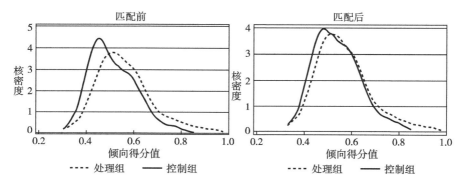

图4-4　需求型配给匹配前后处理组与控制组的倾向得分值概率分布

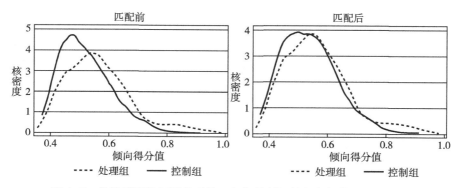

图4-5　供给型配给匹配前后处理组与控制组的倾向得分值概率分布

　　本章针对需求型配给和供给型配给分别测算了匹配后两组样本的平均
处理效应（ATT）。匹配方法的差异会导致出现不同的样本损失量，为保

证得到稳健结果，本章分别采用最小近邻（1∶1）、半径和核匹配三种方法进行估计，三种方法处理组（参保农户组）的样本量均为463个，非处理组为390个。结果显示，针对需求型配给，最小近邻匹配的处理组损失样本量为73个，非处理组无样本损失，其余两种匹配方式均无样本损失；针对供给型配给，最小近邻匹配的处理组损失样本量为73个，非处理组无样本损失，半径匹配的处理组损失样本量为2个，非处理组无样本损失，核匹配无样本损失。由表4-5和表4-6可知，三种匹配方法的估计结果具有一致性，即参与农业保险对农户受到的需求型和供给型信贷配给均存在显著负向影响。从整体估计结果来看，相对于非参保农户，参与农业保险的农户受到需求型配给的程度减弱了 0.066~0.100 个单位（ATT），受到供给型配给的程度减弱了 0.052~0.062 个单位（ATT），且均在 1% 或 5% 的水平上显著，其中，针对需求型和供给型配给均是最小近邻匹配后得出的 ATT 数值最大，分别为 -0.100 和 -0.062。

表 4-5　针对需求型配给不同倾向得分匹配的结果

匹配方法	处理组	匹配成功的控制组	ATT	标准误	t 统计量
最小近邻匹配（1∶1 无放回）	0.156	0.256	-0.100***	0.029	-3.47
半径匹配（0.1）	0.153	0.220	-0.066**	0.030	-2.24
核匹配	0.153	0.220	-0.067**	0.029	-2.28

注：**、***分别表示在 5%、1% 的水平上显著；最小近邻匹配采取无放回的方式；半径匹配中，半径选取 0.1。

表 4-6　针对供给型配给不同倾向得分匹配的结果

匹配方法	处理组	匹配成功的控制组	ATT	标准误	t 统计量
最小近邻匹配（1∶1 无放回）	0.067	0.128	-0.062***	0.021	-2.91
半径匹配（0.1）	0.089	0.141	-0.052**	0.023	-2.27
核匹配	0.089	0.143	-0.054**	0.023	-2.36

注：**、***分别表示在 5%、1% 的水平上显著；最小近邻匹配采取无放回的方式；半径匹配中，半径选取 0.1。

4.4.3.2　利用多项 Logit 模型进行估计

（1）多重共线性检验。在进行多项 Logit 回归前，多重共线性检验是至关重要的一步，因为它直接关系到模型的稳定性和预测精度。本章先采用方差膨胀因子（VIF）来度量自变量之间的共线性程度，结果显示，所有自变量的 VIF 最大值仅为 2.13，远低于通常认为的多重共线性阈值 10，这表明自变量间不存在显著的多重共线性。为了进一步验证这一结论，本章计算了自变量间的相关系数，发现这些系数均较小且不显著，也证明自变量之间不存在显著的相关性和多重共线性。

（2）豪斯曼（Hausman）检验。多项 Logit 模型对数据的要求较为严格，使用前需满足"无关独立性假定"（IIA）。Hausman 检验的思路是：若 IIA 假定成立，则去掉其中某个方案不会对其他方案参数的一致估计产生影响，而仅仅是降低估计效率，即去掉其中某个方案后的子样本系数估计值与全样本系数估计值没有系统性的差别（Hausman et al.，1984）。表 4-7 给出了去掉各信贷配给类型后的 Hausman 检验结果，结果显示，结果不能拒绝 IIA 假定，故本章可采取多项 Logit 模型进行稳健性检验。

表 4-7　IIA 假定的 Hausman 检验结果

去掉某方案	卡方检验统计量	自由度	P 值	结果显示
2	-2.778	18		
3	-0.621	18		
1	0.581	18	1.000	支持原假设

参考已有研究（梁虎和罗剑朝，2019），本章以农户受到的信贷配给类型为因变量，对于每个农户而言，可能存在未受到信贷配给、受到需求型配给和供给型配给等多种情况，农户面临的不是二值问题，而是多值问题，故选择多项 Logit 模型进行稳健性检验。本章将参照方案设为"未受到信贷配给"，结果如表 4-8 所示。回归结果表明，相较于未受到信贷配给，参与农业保险会显著负向影响农户受到的需求型和供给

型信贷配给。

表 4-8　多项 Logit 模型的回归结果

变量	需求型配给		供给型配给	
	系数	Z 值	系数	Z 值
x	−0.742***	0.197	−0.922***	0.271
age	0.001	0.010	−0.007	0.013
$health$	−0.224**	0.093	0.029	0.134
$labor$	−0.137*	0.082	−0.090	0.110
$income$	−0.000	0.000	0.000***	0.000
$scale$	−0.002	0.002	−0.000	0.002
$jyhcd$	−0.028	0.116	−0.049	0.142
$socialcap$	−0.028*	0.016	−0.003	0.010
$debt$	0.349	0.232	0.873***	0.290
$savings$	0.000	0.000	−0.000	0.000
$agrilt$	−0.003**	0.001	−0.002	0.002
$money$	1.095***	0.249	2.039***	0.358
$lives$	0.140	0.199	−0.152	0.258
$distance$	0.011	0.012	0.002	0.020
$yhshx$	−1.196***	0.243	−0.394	0.280
$relief$	0.000	0.000	0.000	0.000
$asset$	0.314	0.194	0.636***	0.246
$disaster$	0.333*	0.196	0.053	0.261
$marry$	0.169	0.380	0.370	0.616
$internet$	−0.332	0.488	0.308	0.423
$Constant$	−0.219	0.955	−3.499***	1.160
Pseudo R^2	0.174			
log likelihood	−574.268			
Wald chi2	171.33			
Prob>chi2	0.000			
Observations	853			

注：*、**、***分别表示在 10%、5%、1%的水平上显著。

4.4.4　异质性分析

通过区分农户的农地经营规模来看，目前学界区分农地经营规模主要是以其经营的土地亩数为标准（郭熙保和吴方，2020）。从本章数据来看，对耕地面积在上下1%水平进行缩尾处理后，全部样本农户的平均种植面积为44亩，且耕地面积在10亩以下的小农户仍是目前农业生产经营主要力量，占全部样本农户的56%；有645户农户土地经营面积在44亩以下，占比为75.6%；大约有24.4%农户的农地经营面积在44亩及以上。本章将样本农户的农地经营规模主要划分为两类进行异质性分析，如表4-9所示，参与农业保险对两类农户受到需求型和供给型信贷配给均产生负向作用，但购买农业保险对于土地规模较小、土地亩数在44亩以下农户受到到信贷配给的减弱效果更明显，这与预期假说并不一致。结合样本数据可知，一方面，对于农地经营面积在44亩及以上农户，受到信贷配给农户占全部样本的比重为31.25%，而44亩以下农户的这一比例为30.54%，低于前者；另一方面，农地经营面积在44亩及以上有资金需求的农户为128户，而农地经营面积在44亩以下有资金需求的农户达到234户，故参与农业保险对于44亩以下农户的信贷配给减弱效果更加明显。

表4-9　异质性回归结果分析

变量	小规模经营农户（44亩以下）			大规模经营农户（44亩及以上）		
	是否具有信贷需求	是否没有受到需求型配给	是否受到供给型配给	是否具有信贷需求	是否没有受到需求型配给	是否受到供给型配给
x	0.051 (0.089)	0.519*** (0.183)	−0.947*** (0.260)	0.383** (0.183)	0.194 (0.355)	−0.186 (0.340)
控制变量	已控制			已控制		
样本数	645			208		

注：**、***分别表示在5%、1%的水平上显著，括号内为稳健标准误。

4.4.5 机制检验

基于中介效应模型，本章分别对农业生产中资本投入、技术投入、农业劳动时间投入以及银行授信这四种传导机制进行检验，回归结果如表4-10所示。从实证结果可知，农业保险可分别通过增加农户农业生产中资本投入、技术投入、劳动时间投入以及促进农户获得银行授信这四种路径对农户受到信贷配给产生影响。具体来说，第一，参与农业保险对资本投入在1%的水平上存在显著正向影响，且影响系数为1.960。第二，参与农业保险在1%的水平上对技术投入存在显著正向影响，影响系数为0.180。第三，参与农业保险对农业劳动时间投入在5%的水平上存在显著正向影响，影响系数为0.285，表明农业保险可以有效发挥其风险保障功能，降低农业生产过程中的不确定性，稳定农业生产者的产出预期，进而促使农户增加资本、技术、劳动时间投入。第四，参与农业保险对银行授信在1%的水平上存在显著正向影响，影响系数为0.245，表明农业保险通过为农户提供一定的风险保障，减少了农户因自然灾害或其他不可控因素导致的经济损失，这种保障降低了农户的生产和经营风险，从而降低了银行向农户提供贷款的风险，银行在评估贷款申请时，会认为参保农户具有更好的还款保障，从而提高授信可能性。由上述分析可知，农业保险分别从资本投入、技术投入、农业劳动时间投入与银行授信这四种中介路径对农户受到信贷配给产生影响，农业保险通过这四种机制减弱了农户受到的信贷配给。此外，式（4-26）中农业保险对农户信贷配给的影响系数分别为-0.113、-0.096、-0.122、-0.132，且除了技术投入在10%的水平上负向显著外，其余路径均在1%的水平上显著为负，与$\phi_1 \times \lambda_2$符号一致，这表明资本投入、技术投入、农业劳动时间投入与银行授信在农业保险对农户信贷配给的影响路径中发挥着部分中介效应。进一步地，利用式（4-27）计算得到资本投入、技术投入、农业劳动时间投入和银行授信所发挥的部分中介效应对总效应的贡献率分别为13.5%、15.25%、6.75%和21.32%。Sobel检验的检验结果（P值）与中介效用最终检验结果的显著性水平保持一致，可以认为表4-10中的中介效应模型估计结果是稳健的。至此，假说2得证。

表4-10　农业保险对农户信贷配给影响的作用机制

作用机制	阶段Ⅰ	系数	阶段Ⅱ	系数	中介效应	sobel检验
资本投入	农业保险→ 资本投入	1.960*** (0.242)	资本投入→ 信贷配给	−0.009** (0.005)	−0.018**	0.045
技术投入	农业保险→ 技术投入	0.180*** (0.025)	技术投入→ 信贷配给	−0.096* (0.050)	−0.010*	0.09
劳动时间 投入	农业保险→ 劳动时间投入	0.285** (0.111)	劳动时间投入→ 信贷配给	−0.031*** (0.009)	−0.010**	0.037
银行授信	农业保险→ 银行授信	0.245*** (0.094)	银行授信→ 信贷配给	−0.146*** (0.032)	−0.012**	0.026

注：①*、**、***分别表示在10%、5%、1%的水平上显著，括号内为稳健标准误。②因篇幅限制，仅汇报核心解释变量的回归结果。③Sobel检验一栏中检验结果为对应P值。

4.5　结论与启示

本章基于中国乡村振兴综合调查（CRRS）中河南、山东、安徽和黑龙江4个粮食主产省853户粮食生产户数据，采用三阶段联立Probit模型，实证分析了参与农业保险对农户面临正规信贷配给的影响。研究结果表明，第一，参与农业保险可减小农户受到需求型和供给型信贷配给的概率，且农业保险对不同类型的需求方配给均产生负向影响，其中，对价格配给和交易成本配给影响显著，样本农户参与农业保险的概率每增加1%，其受到价格配给和交易成本配给的概率分别会减少3.8%和2.8%。第二，在利用Eprobit模型控制潜在内生性问题，且采用倾向得分匹配法和多项 Logit 模型进行估计后，所得结论依然稳健。第三，异质性分析表明，参与农业保险对不同农地经营规模农户受到的两类信贷配给均有减弱作用，其中对于农户农地经营面积在 44 亩以下农户减弱作用更显著。第四，机制分析表明，参与农业保险可通过增加资本投入、技术投入、农业劳动时间投入以及提高银行授信概率四种渠道减弱农户受到的信贷配给，其中，农业劳动时间投入渠道的作用相对较弱。

本章的研究结论具有如下政策启示：

第一，加强农业保险推广力度。研究结果表明，农业保险显著减少了农户受到的信贷配给限制。因此，政府应加大力度推广农业保险，创新农业保险宣传方式。保险公司可以通过信贷机构布局的有利形势，与农业信贷网点进行合作，向农民宣讲农业保险知识，推动农业保险和农业信贷的共同发展；利用移动互联网技术，依托微信、直播平台等提供全面的农业保险产品信息、市场动态和理赔案例，帮助农户增强风险管理意识和更好了解、选择适合自己的保险产品，特别是针对小规模农户，通过补贴保费、简化投保流程等措施，提升农业保险的覆盖率和吸引力。

第二，进一步深化农业保险与信贷的联动机制。鉴于农业保险能显著降低金融机构的信贷风险，建议进一步深化"保险+信贷"模式，如通过政策引导，让更多金融机构将农业保险纳入信贷审批的重要考量因素，同时为投保农户提供更优惠的贷款条件。

第三，鼓励农村金融创新。鉴于农业保险和信贷在解决农户融资难问题上的潜力，政府应鼓励金融科技公司和传统金融机构创新金融产品和服务，如使用大数据和人工智能技术优化信贷评估模型，提高信贷决策的效率和精确度。

第四，农险产品要突出差异性和普惠性。差异性强调创新多元化的保险产品体系，保险产品要更多地体现对不同农业经营主体、同一经营主体不同保险标的的适配性。例如，根据各农业生产经营主体在经营规模、经营特点、风险敞口等方面的差异性，因地制宜设计多样化的新产品。普惠性要求实现农业保险对各个区域农业产业和经营主体的全覆盖，提高财政补贴政策对农业产业和经营主体的普惠程度。更为重要的是，在相当长的一个时期内小规模分散经营仍为中国农业的主导型经营形态，故政策设计必须考虑小规模农户在农业生产中的风险保障需求，为小规模经营的普通农户提供低保费、低补偿的普惠型保险产品，可设计简化、易理解产品，降低农户购买门槛，提升农业保险的覆盖率和吸引力。

第五，针对不同农地经营面积农户实施差异化政策，实现利用农业保险减弱信贷配给的目标。农业保险对不同农地经营规模的农户都能够起到减弱两类信贷配给的作用，但对农户农地经营面积在 44 亩及以上农户的减弱作用相对较弱。因此，农业保险政策需要重点关注农地经营面积在 44 亩及以上的农户。可根据农地经营面积水平设立不同的农业保险赔付标准，适当提高大规模农户的保障额度，同时给予小规模农户更低的贷款利率。

第六，减少交易成本和消除价格配给障碍。建设更多的农村金融服务网点，提供在线申请工具，以及加强金融知识普及教育。政府还可提供利率补贴，降低农户的实际贷款利率；通过财政拨款，对参与农业保险的农户给予利率补贴，减轻他们的贷款负担。

参考文献

[1] 安冬，张元波，陈思齐.农业保险影响农业信贷的机制及实证研究 [J]. 开发研究，2015（1）：44-47.

[2] 陈长民，康芳丽.陕西农业保险与农业信贷协同关系实证分析 [J]. 统计与信息论坛，2017，32（4）：111-115.

[3] 陈治国，李成友，李红.农户信贷配给程度及其对家庭金融资产的影响 [J]. 经济经纬，2016（3）：43-47.

[4] 程郁，韩俊，罗丹.供给配给与需求压抑交互影响下的正规信贷约束：来自 1874 户农户金融需求行为考察 [J]. 世界经济，2009（5）：

73-82.

［5］顾庆康，林乐芬.农地经营权抵押贷款能缓解异质性农户信贷配给难题吗？［J］.经济评论，2019（5）：63-76.

［6］郭熙保，吴方.家庭农场经营规模、信贷获得与固定资产投资［J］.经济纵横，2020（7）：92-105+2.

［7］胡振，聂雅丰，罗剑朝.社会资本与农户融资约束——基于农户分化和农地金融创新的异质性检验［J］.农业技术经济，2022（5）：65-76.

［8］胡芝嘉.农业保险对家庭农场信贷约束的影响研究［D］.雅安：四川农业大学，2022.

［9］黄惠春，徐章星，祁艳.农地流转与规模化经营缓解了农户信贷约束吗？——来自江苏的经验证据［J］.南京农业大学学报（社会科学版），2016，16（6）：109-120+155.

［10］黄祖辉，刘西川，程恩江.中国农户的信贷需求：生产性抑或消费性——方法比较与实证分析［J］.管理世界，2007（3）：73-80.

［11］江艇.因果推断经验研究中的中介效应与调节效应［J］.中国工业经济，2022（5）：100-120.

［12］李成友，孙涛，李庆海.需求和供给型信贷配给交互作用下农户福利水平研究——基于广义倾向得分匹配法的分析［J］.农业技术经济，2019（1）：111-120.

［13］李丹，张兵.社会资本能持续缓解农户信贷约束吗［J］.上海金融，2013（10）：9-13+116.

［14］李玲玲，胡琰如.农业保险与农业信贷的协同效应分析［J］.现代经济信息，2010（5）：157.

［15］李梅华，刘冬姣，卯寅.农业保险与农业资源优化配置［J］.中国保险，2022（1）：32-36.

［16］李敏.我国农业保险与农村信贷耦合协调发展研究［D］.蚌埠：安徽财经大学，2020.

[17] 李庆海，李锐，汪三贵．农户信贷配给及其福利损失——基于面板数据的分析 [J]．数量经济技术经济研究，2012，29（8）：35-48+78．

[18] 李庆海，吕小锋，孙光林．农户信贷配给：需求型还是供给型？——基于双重样本选择模型的分析 [J]．中国农村经济，2016（1）：17-29．

[19] 李棠，孙乐，陈盛伟．农业保险对农业技术采纳行为的影响研究——基于种植业家庭农场的调研数据 [J]．中国农业资源与区划，2022，43（7）：172-182．

[20] 梁春燕．农业保险与农村信贷供求的"帕累托改进" [J]．产权导刊，2010（4）：26-28．

[21] 梁虎，罗剑朝．供给型和需求型信贷配给及影响因素研究——基于农地抵押背景下4省3459户数据的经验考察 [J]．经济与管理研究，2019，40（1）：29-40．

[22] 廖朴，吕刘，贺晔平．信贷、保险、"信贷+保险"的扶贫效果比较研究 [J]．保险研究，2019（2）：63-77．

[23] 林凯旋．农业信贷与保险联动支持农业发展：内在逻辑与改进路径 [J]．保险研究，2020（4）：69-76．

[24] 刘金霞，武翠芳．农业保险对农业信贷保障作用的实证研究 [J]．农村金融研究，2018（12）：46-50．

[25] 刘素春，智迪迪．农业保险与农业信贷耦合协调发展研究——以山东省为例 [J]．保险研究，2017（2）：29-39．

[26] 刘西川，潘巧方，傅昌銮．小额贷款公司的双重目标：冲突还是兼容？——基于浙江省数据与联立方程的实证分析 [J]．山东财经大学学报，2019，31（2）：52-59．

[27] 刘祚祥，黄权国．信息生产能力、农业保险与农村金融市场的信贷配给——基于修正的 S-W 模型的实证分析 [J]．中国农村经济，2012（5）：53-64．

[28] 罗永明, 罗荷花, 骆伽利. 广东省农业保险与农村信贷互动机制的实证研究: 1988—2013 [J]. 南方农村, 2017, 33 (2): 14-19.

[29] 欧永生. 对建立农业保险——信贷耦合机制的思考 [J]. 贵州农村金融, 2009 (4): 33-34.

[30] 潘明清, 郑军, 刘丽. 农业保险与农村信贷发展: 作用机制与政策建议 [J]. 农村经济, 2015 (6): 76-79.

[31] 彭澎, 吴承尧, 肖斌卿. 银保互联对中国农村正规信贷配给的影响——基于 4 省 1014 户农户调查数据的分析 [J]. 中国农村经济, 2018 (8): 32-45.

[32] 邱晖, 倪嘉波. 中国农村金融制度变迁的制约因素及改革措施 [J]. 内蒙古社会科学 (汉文版), 2018, 39 (3): 100-106.

[33] 任乐, 王性玉, 赵辉. 农户信贷可得性和最优贷款额度的理论分析与实证检验——基于农业保险抵押品替代视角 [J]. 管理评论, 2017, 29 (6): 32-42.

[34] 邵全权, 郭梦莹. 发展农业保险能促进农业经济增长吗? [J]. 经济学动态, 2020 (2): 90-102.

[35] 沈红丽. 正规信贷还是非正规信贷提升了农户家庭福利? ——基于倾向得分匹配方法的研究 [J]. 现代财经 (天津财经大学学报), 2021, 41 (3): 70-82.

[36] 孙圣民, 陈强. 家庭联产承包责任制与中国农业增长的再考察——来自面板工具变量法的证据 [J]. 经济学 (季刊), 2017, 16 (2): 815-832.

[37] 唐勇, 吕太升. 农业信贷、农业保险与农业全要素生产率增长——基于交互效应视角 [J]. 哈尔滨商业大学学报 (社会科学版), 2021 (3): 116-128.

[38] 唐勇, 吕太升. 农业信贷、农业保险与农业全要素生产率增长——基于交互效应视角 [J]. 哈尔滨商业大学学报 (社会科学版), 2021 (3): 116-128.

[39] 王倩, 王艳, 朱莹, 等. 中国农业保险、农业贷款与农民收入

耦合协调发展研究 [J]. 世界农业, 2021 (1): 109-119+131.

[40] 徐斌, 孙蓉. 粮食安全背景下农业保险对农户生产行为的影响效应——基于粮食主产区微观数据的实证研究 [J]. 财经科学, 2016 (6): 97-111.

[41] 杨汝岱, 陈斌开, 朱诗娥. 基于社会网络视角的农户民间借贷需求行为研究 [J]. 经济研究, 2011, 46 (11): 116-129.

[42] 叶明华, 陈康. 农业 "保险+信贷" 政策对农业信贷发展的影响 [J]. 华南农业大学学报 (社会科学版), 2022, 21 (6): 66-77.

[43] 易福金, 燕菲儿, 王金霞. 信贷约束下的农业保险需求高估问题: 理论解释与经验证据 [J]. 管理世界, 2023, 39 (5): 78-97.

[44] 尹晓轩. 山东省农业保险与农业信贷协同发展研究 [D]. 长春: 吉林财经大学, 2022.

[45] 苑美琪, 陶建平. 基于 EEMD 视角的农业保险与农业信贷互动绩效——以山东省为例 [J]. 中国农业大学学报, 2019, 24 (7): 223-232.

[46] 张三峰, 卜茂亮, 杨德才. 信用评级能缓解农户正规金融信贷配给吗? ——基于全国 10 省农户借贷数据的经验研究 [J]. 经济科学, 2013 (2): 81-93.

[47] 张一昊, 刘自强, 田晨阳. 数字普惠金融对农村非正规借贷的影响 [J]. 武汉金融, 2022 (12): 79-88.

[48] 朱然, 顾雪松, 秦涛, 等. 银保互动对农户增收的作用效果与机制研究——基于鲁、辽、赣、川四省的调查数据 [J]. 中国农村观察, 2023 (1): 96-115.

[49] 祝国平, 刘吉舫. 农业保险是否支持了农业信贷? ——来自全国 227 个地级市的证据 [J]. 农村经济, 2014 (10): 77-81.

[50] 左斐, 罗添元. 农业保险对农户信贷可得性的影响研究: 理论分析与政策建议 [J]. 农村经济与科技, 2018, 29 (10): 188-190+187.

[51] Ai T. Y., Zhang J. S., Shao J. W. Study on the Coordinated Pov-

erty Reduction Effect of Agricultural Insurance and Agricultural Credit and its Regional Differences in China [J]. Economic Analysis and Policy, 2023, 78: 835-44.

[52] Angori G. , Aristei D. , Gallo M. Lending Technologies, Banking Relationships, and Firms' Access to Credit in Italy: The Role of Firm Size [J]. Applied Economics, 2019, 51 (58): 6139-6170.

[53] Armendariz B. , Jonathan M. The Economics of Microfinance [M]. Massachusetts: MIT Press, 2005.

[54] Binswanger H. P. Risk Aversion, Collateral Requirements and the Markets for Credit and Insurance in Rural Areas [M]//Hazell, et al. Crop Insurance for Agricultural Development: Issues and Experience. Baltimore: Johns Hopkins Press, 1986.

[55] Drakos K. , Giannakopoulos N. Self and Bank Credit Rationing: A Trivariate Probit with Double Selection [J]. Research in International Business and Finance, 2018, 44: 124-134.

[56] Gine X. , Goldberg J. , Yang D. Credit Market Consequences of Improved Personal Identification: Field Experimental Evidence from Malawi [J]. The American Economic Review, 2012, 102 (6): 2923-2954.

[57] Gine X. , Yang D. Insurance, Credit, and Technology Adoption: Field Experimental Evidence from Malawi [J]. Journal of Development Economics, 2009 (1): 89.

[58] Hausman J. A. , et al. Econometric Models for Count Data with an Application to the Patents - R&D Relationship [J]. Econometrica, 1984, 52 (4): 909-938.

[59] Ifft, J. , Kuethe T. , Morehart M. Federal Crop Insurance is Associated with Higher Levels of Short-Term Farm Debt [J]. Amber Waves: The Economics of Food, Farming, Natural Resources & Rural America, 2015, 3 (1): 36-38.

［60］Jia X. P. , Heidhues F. , Manfred Z. Credit Rationing of Rural Households in China ［J］. Agricultural Finance Review, 2010, 70 （1）: 37–54.

［61］Kon Y. , Storey D. J. A Theory of Discouraged Borrowers ［J］. Small Business Economics, 2003, 21 （1）: 37–49.

［62］MacKinnon D. P. , Krull J. L. , Lockwood C. M. Equivalence of the Mediation, Confounding, and Suppression Effect ［J］. Prevention Science, 2000, 1 （4）: 173–181.

［63］Maria A. N. , Pieters J. , Francisco A. Credit, Insurance and Farmers' Liability: Evidence from a Lab in the Field Experiment with Coffee Farmers in Costa Rica ［J］. Journal of Economic Behavior&Organization, 2019, 166: 12–27.

［64］McIntosh C. , Sarris A. , Papadopoulos F. Productivity, Credit, Risk, and the Demand for Weather Index Insurance in Smallholder Agriculture in Ethiopia ［J］. Agricultural Economics, 2013, 44 （4–5）: 399–417.

［65］Miao R. , Hennessy D. A. , Feng H. Effects of Crop Insurance Subsidies and Sod Saver on Land Use Change ［J］. Journal of Agricultural and Resource Economics, 2012 （2）: 247–265.

［66］Miranda M. J. Systemic Risk, Index Insurance, and Optimal Management of Agricultural Loan Portfolios in Developing Countries ［J］. American Journal of Agricultural Economics, 2011 （6）: 118–122.

［67］Nadolnyak D. , Valentina H. , Xuan S. Climate Variability and Agricultural Loan Delinquency in the US ［J］. International Journal of Economics and Finance, 2016, 8 （12）: 99–102.

［68］Rostamkalaei A. , Nitan M. , Riding A. Borrower Discouragement: The Role of Informal Turn Downs ［J］. Small Business Economics, 2020, 54 （7）: 173–188.

［69］Stiglitz J. , Weiss A. Credit Rationing in Markets with Imperfect Information [J]. American Economic Review, 1981, 71 (3): 393-410.

[70] Tang Y. M. , Yang Y. , Ge J. H. , et al. The Impact of Weather Index Insurance on Agricultural Technology Adoption Evidence from Field Economic Experiment in China [J]. China Agricultural Economic Review, 2019, 11 (4): 622-641.

[71] Trivelli C. , Carter M. R. , Galarza F. , et al. Can Insurance Unlock Agricultural Credit and Promote Economic Growth? [R]. Basis Collaborative Research Support Program (CRSP), University of Wisconsin, Madison, BASIS Brief, 2006.

[72] Vadean F. , Piracha M. Circular Migration or Permanent Return: What Determines Different Forms of Migration [J]. Frontiers of Economics and Globalization, 2010, 32 (8): 467-495.

[73] Von Pischke J. D. , Adams D. W. , Donald G. Rural Financial Markets in Developing Countries—Their Use and Abuse [M]. Baltimore: Johns Hopkins University Press, 1983.

[74] Voskanyan G. Analysis of the Current Situation of Insurance Market and Credit Insurance in RA [J]. World Science, 2018, 11 (39): 46-49.

5 农业保险渐进式改革和种植结构调整：基于省级数据的实证①

　　粮食安全是中国经济和社会发展的基础性问题。随着全球气候变化、市场价格波动以及考虑到土地资源的有限性，确保粮食生产的稳定性和供给安全变得越发重要。粮食安全不仅涉及总量，更关乎结构问题。自1985年起，中国开始实施农业结构调整，旨在适度降低种植业比重，积极发展养殖业和渔业，促进农业内部的多元化发展。农业农村部先后在不同阶段制定了种植业结构调整规划，对保障粮食等重要农产品的供给安全，推进种植业高质量发展发挥了重要的指引作用。在影响农户种植行为的诸多因素中，国家支持政策尤为关键，农业保险就是其中的重要一环。2022年中央一号文件再次强调要"积极发展农业保险"，特别指出要"实现三大粮食作物完全成本保险和种植收入保险主产省产粮大县全覆盖"。自2007年中国启动由中央财政予以补贴的农业保险试点以来，农业保险政策经历了渐进式的改革和发展，覆盖范围和保障水平逐步提高，从早期的保费补贴政策到农业大灾保险，再到近年来的三大粮食作物完全成本保险和种植收入保险。农业保险政策的推行，不仅为农业生产提供了重要的风险管理工具，还为农业种植结构的调整提供了有力的保障。尽管农业保

---

　　① 本章内容发表于2023年《中国农业大学学报》第10期，原文名称《农业保险政策渐进式改革与种植结构调整——基于省级数据的实证》。

险的政策效果逐步显现，但农业保险政策对种植结构调整的具体影响及其机制仍需深入探讨，尤其是不同区域在农业保险政策实施过程中的差异性。本章基于中国2007年以来农业保险政策的渐进式改革，重点是探讨农业保险政策对种植结构调整的影响，进而为政策制定者提供有力的理论依据和实证支持。

在农业保险对种植业结构调整的影响方面，现有文献主要集中于探讨农业保险政策的实施与农户生产行为之间的关系。首先，已有研究普遍认为，农业保险能够通过减轻农户的生产风险，激励其增加粮食种植面积，从而实现粮食安全目标。其次，农业保险对种植业结构的影响也受到多种因素的制约，如劳动力转移、土地流转、农业补贴政策和农业机械化等。在农业保险逐步推广的过程中，特别是在保费补贴的支持下，随着农业保险政策的升级，保险保障范围逐渐从直接物化成本扩展到完全成本，再到种植收入，这使农业生产主体特别是规模经营主体的风险保障需求得到更好的满足。另外，农业保险的推行与农业供给侧结构性改革密切相关。一方面，农业保险对种植业结构的调整产生了显著的积极作用，推动了农业生产向粮食作物倾斜，使种植业的"趋粮化"特征越加明显；另一方面，不同地区之间农业保险政策实施效果的差异性也受到关注，主要关注粮食主产区、主销区和产销平衡区之间在种植业结构调整方面的异质性。总体来看，国内外学者对农业保险政策的作用机制已有较多的讨论，但对于其对种植业结构调整的具体影响路径和影响的区域异质性的考察仍不充分。因此，如何进一步发挥农业保险的激励作用，推动农户优化种植结构，保障粮食安全，仍是学界研究的重点。

鉴于此，本章以2007年中国政策性农业保险试点以来的渐进式改革为背景，基于中国31个省份（不包括港澳台地区）的面板数据，运用渐进式双重差分模型，实证分析了农业保险政策渐进式改革对种植结构调整的影响。本章的核心假说是：农业保险政策通过增加预期收入和提供风险保障，显著影响农户种植行为，表现为扩大粮食作物种植面积，优化种植结构，尤其是在粮食主产区，该政策的影响更为显著。为了验证该假说，本章首先构建了"农业保险—种植行为—种植结构"的理论框架，分析农业保险如何通过提高农户的收入预期和风险保障水平，影响其作物种植选择和种植面积分配。其次利用中国 31 个省份的面板数据，结合渐进式双重差分模型，实证检验农业保险政策对农作物总种植面积、粮食作物种植面积及其占比的影响。为进一步探讨政策效果的区域异质性，本章还将研究对象分为粮食主产区、主销区和产销平衡区，分析不同区域的政策影响差异。研究结果表明，首先，农业保险通过保费补贴和提升保障水平，提高了农户的预期收入，激励其种植粮食作物，显著增加了农作物总种植面积和粮食作物种植面积，并优化了种植结构。其次，农业大灾保险和三大粮食作物完全成本保险与种植收入保险政策均有效推动了粮食作物种植面积的扩大，并促使种植结构向以粮食为主的方向调整，且后者的效果更为显著。再次，在具体作物方面，农业保险政策显著扩大了稻谷、小麦和玉米的种植面积，减少了薯类作物的种植，对豆类的影响不明显。最后，异质性分析表明，农业保险政策在各功能区均有助于扩大粮食作物种植面积，但仅在粮食主产区显著促进了种植结构的"趋粮化"。

本章的研究结果为进一步优化农业保险政策、促进农业种植结构调整提供了实证依据。政策制定者应继续提高农业保险的保障水平，扩大保险覆盖范围，优化保费补贴机制，鼓励有条件的地区增加财政支持，提升农户的种粮积极性，特别是在粮食主产区，进一步完善农业保险政策，激励农户增加粮食作物的种植面积，进一步稳定并提高粮食生产能力，确保国家粮食安全。同时，本章还建议，继续扩大最新农业保险政策试点的覆盖面，逐步从主粮作物扩至非主粮作物，从产粮大省扩至非产粮大省，从产粮大县扩至非产粮大县。通过本章的研究，不仅深化了对农业保险与种植结构调整之间关系的理解，还为政府在农业保险政策的优化和农村经济的可持续发展方面提供了决策参考。未来研究可以进一步探讨农业保险对经济作物和其他高附加值作物种植的影响，从而为政策制定者提供更加科学的依据。

5.1 引言

粮食安全是"国之大者"，其不单是总量问题，也是结构问题，故习近平总书记强调"要实打实地调整结构"。1985 年，中国开始第一次农业结构调整，旨在适度调减种植业比重，积极发展养殖业、渔业等，促进农业内部生产多元化，这是在农产品供给不足的情况下进行的产业内部渐进式调整（张社梅和李冬梅，2017）。此后，农业农村部根据不同时期的种植业形势，提出了各时期和未来一段时间种植业结构调整的战略目标与基本思路，分别于 1999 年、2016 年和 2021 年编制了《种植业生产结构调整"十五"计划和 2015 年规划》《全国种植业结构调整规划（2016—2020 年）》和《"十四五"全国种植业发展规划》，对保障中国粮食等重要农产品供给安全、加快种植业全面转型升级、推进种植业高质量发展发挥了指向作用。在现有研究中，种植业结构变化的影响因素主要包括劳动力转移（钟甫宁等，2016），农业补贴政策（周扬等，2021），农地确权、土地流转（李江一和仇童伟，2021；高延雷等，2021），农业机械化水平（朱满德等，2021）等。

长期以来，影响农户种植行为的最主要因素是国家相关支持政策（张诗靓等，2021），其中一类是农业保险（江生忠等，2022）。2022 年中央一号文件强调"积极发展农业保险"，尤其是"实现三大粮食作物完全成本保险和种植收入保险主省产粮大县全覆盖"。中国政策性农业保险的试点推广是按照时间逐渐递进的。2007 年首先在吉林、内蒙古等 6 个省份试点，2012 年中央财政农业保险保费补贴险种的补贴区域扩大至全国，在由点到面的复制推广过程中，农业保险具有"低保障、广覆盖"的特点，主要是为农业经营主体在农业生产中的直接物化成本提供风险保障，其中种植业保险的保险涉及种子、化肥、农药、机耕、灌溉、地膜 6

项。鉴于农业保险产品和服务不适应农业生产经营形势的变化，农户特别是规模经营农户的风险保障需求不能得到有效满足（庹国柱，2018），典型表现为保额不能完全覆盖生产成本、保障不能有效化解市场风险等，2017 年 4 月 26 日召开的国务院常务会议决定，2017~2018 年在 13 个粮食主产省选择 200 个产粮大县，以水稻、小麦、玉米三大粮食作物为标的，在面向全体农户的基本险基础上，针对种田大户、家庭农场等适度规模经营主体试点保障金额覆盖"直接物化成本+地租"的农业大灾保险政策。作为一项过渡性的试点政策，农业大灾保险于 2019 年扩大至 500 个产粮大县，且自 2022 年起予以取消，由完全成本保险或种植收入保险替代。按照近年来中央一号文件有关农业保险"扩面、增品、提标"的要求，2018~2020 年中国在内蒙古、辽宁等 6 个省份，每个省份选择 4 个产粮大县，面向规模经营农户和小农户，开展水稻、小麦、玉米三大粮食作物的完全成本保险和收入保险，其中完全成本保险即保险金额覆盖物质与服务费用、人工成本和土地成本等农业生产总成本；收入保险即保险金额体现农产品价格和产量，覆盖农业生产产值。2021 年三大粮食作物完全成本保险和收入保险试点范围扩大至 13 个粮食主产省份的产粮大县，但纳入补贴范围的实施县数不超过省内产粮大县总数的 60%，2022 年实现实施地区产粮大县全覆盖。

因此，经过十多年渐进式改革发展，中国农业保险政策在保险标的、责任范围、财政补贴、保险费率等方面已逐步升级。2007~2021 年，农业保险保费收入从 51.8 亿元增长至 965.18 亿元，中央财政补贴金额从 21.3 亿元增长至 333.45 亿元，提供风险保障从 1126 亿元增长至 4.78 万亿元，农业保险在助力精准扶贫（段白鸽和何敏华，2021）、推进乡村振兴（冯文丽和苏晓鹏，2020）、保障粮食安全（江生忠和李文中，2021）方面发挥积极作用。伴随中国农业保险政策逐步升级和市场规模不断扩大，种植业结构也随之调整。根据统计数据，2005~2020 年，粮食作物种植面积扩大 1248.98 万公顷，占比由 67.07%增长到 69.72%；经济作物种植面积减少 49.04 万公顷，占比下降 2.65%。基于上述背景，具有渐进式改革特征的农业保险政策是否显著推动种植业结构调整？是否使农业生产更具"趋粮化"特征？其作用大小如何？该影响的内在机制是什么？对于上述问题，国内学者还鲜有深入的理论和实证研究。本章以 2007 年以来中国农业保险由逐步试点到政策升级为研究背景，从理论角度分析农业保险政策影响种植业结构调整的内在机制，同时利用中国 31 个省份的面板数据，采用渐进式双重差分模型实证检验农业保险政策影响种植业结构的具体作用及传导机制。同时，基于粮食主产区、主销区和产销平衡区①考察影响的区域异质性。之后，根据结果提出相关政策建议，旨在为深化农业供给侧结构性改革和激励农户种粮、地方抓粮提供可选择的政策工具。

5.2 理论分析与研究假说

国内外学者关于农业保险政策影响农户种植行为进而作用于种植结构调整的研究一致认为，财政补贴比例（Burns & Prager，2018）和保险保障水平（任天驰等，2021）是影响农户行为的两个关键因素。其中，国内学者对于农业保险对农户行为或产出水平影响的研究结论存在分歧，主要原因是传统农业保险政策具有"低补贴""低保障"特点，也就是说，国内多数学者都基于低保障水平的农业保险政策研究农户种植行为的变化（徐斌和孙蓉，2016；周坚等，2018；张卓和尹航，2019；张卓等，2019）。

多数学者发现，参与农业保险对促进农业产业整合（Azzeddine et al.，2021）、农业多样化、专业化种植存在正向影响（付小鹏和梁平，2017），

---

① 按照《国家粮食安全中长期规划纲要（2008—2020 年）》，中国分为 3 个生产功能区，分别为粮食主产区、粮食主销区和粮食产销平衡区。粮食主产区包括河北、内蒙古、辽宁、吉林、黑龙江、江苏、安徽、江西、山东、河南、湖北、湖南和四川 13 个省份；粮食主销区包括北京、浙江、福建、广东、海南、上海和天津 7 个省份；粮食产销平衡区包括山西、广西、重庆、贵州、云南、西藏、陕西、甘肃、青海、宁夏和新疆 11 个省份。

还会激励农户调整土地资源配置（张哲晰等，2018），典型表现是扩大被保作物种植面积（Ahearn et al.，2005；Key & Roberts，2007）。其中，作物价格是保费补贴影响土地利用的重要因素，当作物价格适中时，补贴更能影响农户调整土地利用；在不提供补贴的情况下，3%的草地不会被用于种植；若在作物生产的前五年取消保费补贴，将使草地转化率下降4.9%（Goodwin et al.，2004）。在参与保险影响农户作物种植结构方面（任天驰和杨汭华，2020），随着作物保险计划扩大，不同作物的种植面积响应各不相同，玉米种植面积大幅增加，大麦小幅增加，而小麦没有明显变化，大豆小幅增加但不显著（Hennessy et al.，2016）；每增加10%的补贴，会使种植面积增加0.43%，且增加保费补贴比提高粮食价格对种植面积的影响更大（Yu et al.，2018）。

根据"理性经济人"假设，个体行为选择取决于对行为实施前后收入和成本的比较。农户在有限的土地上选择种植何种作物，关键在于种植该作物的成本与收入。令 X、Y 分别表示农户的生产投入和产出，根据边际分析法，如果农户选择种植被保作物，在支付 ΔX 的新增成本后，其可获得新增收益 ΔY。若 $\Delta X < \Delta Y$，则表明种植被保作物能够实现利润最大化，农户的种植选择合乎理性；若 $\Delta X = \Delta Y$，则表明种植被保作物的利润为零，农户选择种植被保作物不存在正向激励；若 $\Delta X > \Delta Y$，则表明种植被保作物的利润为负，农户会拒绝种植该作物。现实中，农户选择种植何种作物的生产行为不仅需要满足利润最大化条件，还受选择种植该作物产生的风险制约，如作物价格变动风险、机会成本增加等（郭浩等，2021）。一般而言，风险偏好型农户趋向于选择种植利润较高且风险较大的经济作物，风险厌恶型农户趋向于选择种植利润较低但受农业保险保障更深的粮食作物。

假设农户在现有的土地资源下，根据自身禀赋及外部条件做出最优种植选择，对于不同的作物 $j(j = 1，2，\cdots，j)$，农户选择种植的面积为 A_j。农户面临随机的每单位面积收入为 R_j，每单位面积预期收入为 $\overline{R_j}$；令 $C_j(A_j)$ 为种植面积 A_j 的作物所产生的成本；假设每种作物的保险保障水

平为 θ_j，其代表农业保险保障的每单位面积作物预期收入的百分比，且要求农户每种作物的种植面积具有相同的保险保障水平，则农户种植被保作物的收入等于市场收入 R_j 和保险保障 $\theta_j \overline{R_j}$ 的最大值；令 $P_j(\theta_j)$ 表示农业保险费率，政府以 $S_j(\theta_j)$ 的比例补贴保险保费，则农户支付的保险费率为 $1-S_j(\theta_j)P_j(\theta_j)$。因此，农户种植作物的利润为：

$$\pi = \sum_{j=1}^{J} \max(R_j, \ \theta_j \overline{R_j}) A_j - [1-S(\theta_j)] P_j(\theta_j) \theta_j \overline{R_j} A_j - C_j(A_j) \qquad (5-1)$$

为使农户利润最大化，对式（5-1）求导：

$$\underset{(A_j)}{\mathrm{Max}} U = \int U_j \left\{ \sum_{j=1}^{J} \max(R_j, \ \theta_j \overline{R_j}) A_j - [1-S(\theta_j)] P_j(\theta_j) \theta_j \overline{R_j} A_j - C_j(A_j) \right\} \qquad (5-2)$$

令式（5-2）对 A_j 求一阶导数，则可得到农户的最优种植面积：

$$\frac{\partial U}{\partial A_j} = [1+\kappa_j(\theta_j)\theta_j] \overline{R_j} - \frac{\partial C_j}{\partial A_j} = 0 \qquad (5-3)$$

式（5-3）中，$\kappa_j(\theta_j) = S(\theta_j)P_j(\theta_j)$，表示一单位保险责任获得的保费补贴。上式表明，额外种植一单位面积作物的边际收益取决于一单位保险责任获得的保费补贴。

已有研究发现，高保障水平的农业保险会促进被保作物种植面积的扩大，提升农户专业化种植水平，促进种植结构专业化（任天驰等，2021）。在过往十多年的农业保险政策试点中，从最初遵循"低保障、广覆盖"原则到政策逐步升级，按照保障物化成本、完全成本、农业收入的先后次序，循序渐进地使种粮农户受到更高水平的农业保险保障。另外，中国粮食作物保险比经济作物保险发展早，平均保费补贴比例更高（李棠等，2022），且前者的保险费率低于后者。随着农户投保需求不断增长，种植粮食作物农户的参保广度和深度也进一步提升，其作物种植选择逐渐向粮食作物倾斜（刘蔚和孙蓉，2016）。由此，在农业保险渐进式的改革进程中，与经济作物相比，农业保险在扩大粮食作物种植面积方面起到更大的推动作用（张伟等，2019）。

因此，在粮食作物的保险保障水平及保费补贴比例高于经济作物的前提下，农业保险政策对农户种植行为的影响可能存在两条路径：一是直接的保障效应。当粮食作物的保险保障水平提高时，既有可能激励未种植粮食作物的农户选择种植，也有可能激励已种植粮食作物的农户调整种植面积比重。通过 $\kappa_j(\theta_j)$ 可以发现，提高粮食作物的保险保障水平会使农户获得的保费补贴增加。同时，提高保障水平可以降低种植粮食作物产生的收入风险（马九杰等，2021），进而激励农户选择种粮，影响其种植结构。二是间接的补贴效应。保持粮食作物的保险保障水平 θ_j 不变，补贴比例提高可增加每单位保险责任获得的保费补贴，这会提升农户种植粮食作物的预期收入，促使农户调增粮食作物种植面积，或扩大粮食作物种植比例，使其种植结构具有"趋粮化"特点。农业保险政策对农户种植结构的影响机制如图 5-1 所示。

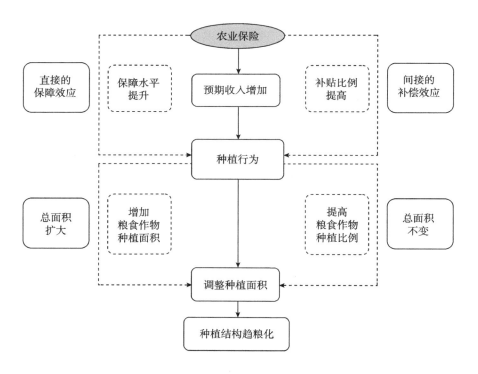

图 5-1　农业保险政策对农户种植结构的影响机制

基于上述分析，本章提出以下假说：

假说1：渐进式改革的农业保险政策可能会通过增加预期收入和提供风险保障的途径影响农户种植行为，具体表现为扩大粮食作物种植面积，促进种植结构"趋粮化"。

另外，因中国地域辽阔，不同地区的气候、环境、历史等特征各不相同，加之不同地区农户的种植观念有别，使各地农业保险发展水平与农户作物种植选择存在较大差异，农业保险对农户种植结构的影响也可能会有所差别，故有必要考察各农业生产功能区的农业保险政策对种植结构的影响。首先，粮食主产区的省份一般均是产粮大省，是国家粮食作物种植的核心区域，农户需要利用农业保险工具规避经营风险，且近年来的农业保险渐进式改革向粮食主产区的倾斜程度更大，典型表现是保费补贴比例更高（周坚等，2018），由此使农户会因参与农业保险而调整种植结构。其次，粮食主销区的省份一般位于中国经济较为发达的东部地区，人地矛盾突出，第二、第三产业更为发达，故渐进式改革的农业保险政策对该类地区粮食作物种植的影响可能是负向的。最后，粮食产销平衡区的省份大多位于中国农业生产条件较差的西部地区，不利于粮食作物种植，故渐进式改革的农业保险政策对该类地区粮食作物种植的影响可能并不显著。基于此，本章提出如下假说：

假说2：农业保险政策对种植结构的调整因区域不同存在异质性，其中，粮食主产区较粮食主销区和粮食产销平衡区的政策效应更为显著。

5.3　模型设定、变量选取与数据来源

5.3.1　模型设定

由于中国农业保险政策具有渐进式改革特点，其在各省份由点到面地

逐步复制推广并转型升级，故本章将农业保险政策的渐进式改革作为一项"准自然实验"，运用渐进式双重差分方法评估该政策对农户种植行为的影响（马九杰等，2021）。本章设立如下基准回归模型：

$$y_{it} = \alpha_0 + \alpha_1 Policy_{it} + \alpha_2 X_{it} + \lambda_i + \omega_t + \varepsilon_{it} \tag{5-4}$$

其中，i 表示省份（$i=1$，2，…，31），t 表示年份（$t=2005$，2006，…，2020）；y_{it} 表示省份 i 第 t 年的作物种植面积或作物种植面积比例；$Policy_{it}$ 表示 i 省第 t 年是否实施农业保险改革政策，若已实施则取值为 1，否则取值为 0；X_{it} 表示一系列控制变量；λ_i 和 ω_t 分别是省份和时间的虚拟变量，用于控制地区和年份的固定效应；ε_{it} 是随机扰动项。

5.3.2 变量选取及说明

5.3.2.1 被解释变量

被解释变量为农作物总种植面积、粮食作物种植面积及其占比（y_{it}）。同时，为进一步探究农业保险政策改革对不同粮食作物种植面积的影响，本章引入不同作物占农作物总种植面积的比例反映 i 省在 t 年作物种植结构的调整动态。

5.3.2.2 核心解释变量

农业保险政策渐进式改革虚拟变量（$Policy_{it}$），表示 i 省第 t 年是否实施农业保险政策改革，若实施改革则取值为 1，否则取值为 0。根据中国农业保险政策升级及改革实施的具体时间，可区分为三个阶段：第一阶段是 2007～2017 年的农业保险保费补贴政策；第二阶段是 2017～2018 年的农业大灾保险政策；第三阶段是 2019 年及以后的三大粮食作物完全成本保险和收入保险政策。因此，本章引入各阶段政策改革虚拟变量，根据阶段时点不同对变量做如下处理：第一阶段，2007 年以前取值为 0，2007～2017 年取值为 1；第二阶段，2017 年以前取值为 0，2017 和 2018 年取值为 1；第三阶段，2019 年以前取值为 0，2019 年及以后取值为 1。农业保险政策渐进式改革是分省份逐步推进的，具体如表 5-1 所示。

表 5-1　不同省份农业保险政策渐进式改革试点情况

年份	政策	试点省份
2007	农业保险保费 补贴政策	吉林、江苏、湖南、内蒙古、四川、新疆
2008		安徽、福建、海南、河北、河南、黑龙江、湖北、辽宁、山东、浙江
2009		江西
2010		甘肃、广东、宁夏、青海、山西、云南
2011		广西、贵州、陕西、西藏、重庆
2012		北京、上海、天津
2017	农业大灾保险政策	河北、河南、内蒙古、辽宁、吉林、黑龙江、江苏、安徽、江西、山东、湖北、湖南、四川
2018		
2019	三大粮食作物完全成本 保险和种植收入保险政策	内蒙古、辽宁、山东、河南、安徽、湖北
2020		
2021		河北、吉林、黑龙江、江苏、江西、湖南、四川

注：根据原银保监会数据整理。

5.3.2.3　控制变量

控制变量为作物价格、农业保险保费收入、农业保险赔款支出、财政支农水平、农业就业比例、农业生产条件、农业机械化水平。价格是影响农户选择种植某类作物的核心因素，本章选用三大粮食作物即稻谷、小麦和玉米的每 50 千克平均出售价格来衡量。若粮食作物价格不断上升，则会激发农户种粮积极性，促使种植结构"趋粮化"。农业保险保费收入，其可体现农户对农业保险的需求，数值越大，说明需求越旺盛，进而影响农户种植决策。农业保险赔款支出，其可在一定程度上反映农业保险保障水平，保障水平越高，越有可能促使农户改变种植行为，诱导其调整种植结构。财政支农水平，通过财政涉农支出占政府财政支出的比例表示，其是国家财政支持"三农"的重要手段。农业就业比例，采用第一产业就业人员数占全社会总就业人员数的比例表示，其可反映一个地区的农业劳动生产效率，是影响农户从事农业生产以及调整种植结构的重要变量。农业生产条件，用耕地灌溉面积表示，其是影响农户作物种植决策的关键因素。农业机械化水平，可用农业机械总动力表示，农业机械化水平提高有利于促进种植结构"趋粮化"（朱满德等，2021）。

5.3.3 数据来源和描述性统计

本章选取 2005～2020 年中国 31 个省份面板数据作为研究样本。其中，第一产业就业人员数、全社会总就业人员数、农业机械总动力、农林水事务支出、政府财政支出、有效灌溉面积、耕地面积等数据来自《中国统计年鉴》；三大粮食作物价格等数据来自《全国农产品成本收益资料汇编》；农作物总种植面积、粮食作物种植面积等数据来自《中国农村统计年鉴》和各地区统计年鉴；农业保险保费收入、赔款支出等数据来自《中国保险年鉴》；部分指标存在缺失值，采用移动平均法插值。各变量的定义及描述性统计如表 5-2 所示。

表 5-2　变量定义及描述性分析

变量分类	变量名	变量含义/计算方法	均值	最小值	最大值
被解释变量	农作物总种植面积	农作物总播种面积/万公顷	523.387	8.855	1491.013
	粮食作物种植面积	粮食作物播种面积/万公顷	359.224	4.652	1443.838
	稻谷	稻谷播种面积/万公顷	96.642	0.000	423.871
	小麦	小麦播种面积/万公顷	77.132	0.000	573.985
	玉米	玉米播种面积/万公顷	112.970	0.000	631.782
	豆类	豆类播种面积/万公顷	34.818	0.054	493.047
	薯类	薯类播种面积/万公顷	27.320	0.036	138.380
核心解释变量	农业保险政策渐进式改革（Policy）	是否参加农业保险政策渐进式改革，是=1，否=0	0.575	0.000	1.000
	政策改革阶段 1（did1）	是否参加农业保险保费补贴政策，是=1，否=0	0.494	0.000	1.000
	政策改革阶段 2（did2）	是否参加农业大灾保险政策，是=1，否=0	0.077	0.000	1.000
	政策改革阶段 3（did3）	是否参加三大粮食作物完全成本保险和收入保险政策，是=1，否=0	0.024	0.000	1.000

变量分类	变量名	变量含义/计算方法	均值	最小值	最大值
控制变量	稻谷价格	每 50 千克平均出售价格/元	121.831	68.870	172.970
	小麦价格	每 50 千克平均出售价格/元	102.712	58.810	164.700
	玉米价格	每 50 千克平均出售价格/元	90.858	45.470	131.630
	农业保险保费收入	农业保险保费收入/百万元	964.195	0.010	7869.570
	农业保险赔款支出	农业保险赔款支出/百万元	647.617	0.030	6803.180
	财政支农水平	（涉农支出/财政支出）/%	10.526	1.495	27.354
	农业就业比例	（第一产业就业人员数/全社会总就业人员数）/%	35.587	1.965	75.225
	农业生产条件	耕地灌溉面积/万公顷	211.449	10.920	3145.900
	农业机械化水平	农业机械总动力/万千瓦	3041.823	94.000	13353.000

5.4 实证结果

5.4.1 基准回归

如表 5-3 所示，模型（1）和模型（2）分别报告了农业保险政策影响农作物总种植面积和粮食作物种植面积的基准回归结果，Policy 的系数均在 1%的水平上正向显著。可以发现，与未试点省份相比，参与农业保险政策使农作物总种植面积和粮食作物种植面积分别增加 13.719 万公顷和 26.085 万公顷，说明参与农业保险政策会扩大农作物总种植面积和粮食作物种植面积，且在一定程度上引致种植结构"趋粮化"，假说 1 得到验证。

在控制变量中，由于农户种植行为具有一定惯性，当年种植面积变化或结构调整可能受上一期经济因素影响，故本章借鉴刘蔚和孙蓉（2016）的做法，将控制变量中三大粮食作物价格、农业保险保费收入和赔款支出

表5-3 农业保险政策对农作物总种植面积和粮食作物种植面积的影响

变量	模型（1）	模型（2）
	农作物总种植面积	粮食作物种植面积
农业保险政策渐进式改革	13.719***	26.085***
	(2.90)	(5.81)
稻谷价格	0.512*	-0.190
	(1.96)	(-0.77)
小麦价格	0.953***	0.069
	(2.74)	(0.21)
玉米价格	-0.561	-2.271***
	(-1.63)	-6.95
农业保险保费收入	0.008*	0.011**
	(1.75)	(2.45)
农业保险赔款支出	0.021***	0.020***
	(4.01)	(4.01)
财政支农水平	3.561***	2.500***
	(6.11)	(4.51)
农业就业比例	0.463	0.770*
	(1.05)	(1.84)
农业生产条件	-0.008	-0.007
	(-0.91)	(-0.80)
农业机械化水平	0.018***	0.012***
	(6.41)	(4.68)
常数项	354.961***	409.635***
	(8.25)	(10.03)
时间固定效应	Yes	Yes
省级固定效应	Yes	Yes
观测值	464	464
R^2	0.492	0.517

注：*、**、***分别表示在10%、5%、1%的水平上显著，括号内为t值。

等进行滞后一期处理。结果显示，水稻、小麦价格上涨促进农作物总种植面积扩大，而玉米价格降低并未影响粮食作物种植面积增加，可能的原因是农户作物种植具有惯性以及国内对玉米的需求较为旺盛。农业保险保费收入体现了上一年度农户的保险需求，农业保险赔款支出代表往期风险保障水平，农业保险政策实施以后，二者系数显著为正，这是由于农业保险政策经过十多年渐进式改革发展，政策逐步升级，保险保障水平进一步提高，现阶段具有高保障水平特征的政策有效调动了农户种粮积极性，促使农户扩大粮食作物种植面积。财政支农水平在一定程度上体现财政补贴强度，中国财政支农总体规模不断扩大，农户获得的补贴增加会促使其预期收入提高，故而扩大粮食作物种植面积。因此，渐进式改革的农业保险政策通过增加预期收入和提供风险保障的途径激励农户种粮。

表5-4报告了农业保险三阶段试点政策对农作物总种植面积和粮食作物种植面积及结构的影响。分政策阶段来看，与未试点省份相比，农业大灾保险政策和三大粮食作物完全成本保险和收入保险政策对粮食作物种植面积和粮食作物种植结构产生正向影响，结果显示，两个阶段试点政策分别使粮食作物种植面积增加27.585万公顷、37.240万公顷，粮食作物种植面积占比增加3.219%、3.470%。然而，2007~2016年农业保险保费补贴政策虽然对扩大农作物总种植面积和粮食作物种植面积具有正向影响，但该影响并不显著，且在该阶段出现种植结构"去粮化"现象，即参与试点政策使粮食作物种植面积占比降低0.836%。由此说明，在农业保险政策渐进式改革的三个阶段中，农业大灾保险政策、三大粮食作物完全成本保险和收入保险政策在扩大粮食作物种植面积方面均实现预期效果，其中，后者更具"趋粮化"作用，可能的原因在于三大粮食作物完全成本保险和收入保险试点政策是中国农业保险政策的2.0版本，具有提标、扩面特点。一是保险保障水平更高，两类政策的保障水平最高均可达到相应品种种植收入的80%，大大超过传统的直接物化成本保险最高40%的保障水平，极大地稳定了投保农户种粮收入预期。二是保险责任范围更广，完全成本保险的保险责任涵盖主要自然灾害、重大病虫害和意外事故等；种植收入保险的保险责任涵盖农产品价格、产量波动导致的收入

损失，保险责任范围设置相当广泛，基本解决农户种粮的后顾之忧。三是政策实施范围更大，契合新型农业经营主体的风险保障需求，将适度规模经营农户和小农户均纳入保障范围。

表 5-4　农业保险政策对农作物总种植面积和粮食作物
种植面积及结构的影响

变量	模型（1） 农作物总种植面积	模型（2） 粮食作物种植面积	模型（3） 粮食作物种植面积占比
阶段 1	7.163 （1.14）	4.535 （0.76）	−0.836 （−1.27）
阶段 2	5.521 （0.79）	27.585*** （4.17）	3.219*** （4.38）
阶段 3	10.108 （0.98）	37.240*** （3.84）	3.470*** （3.22）
控制变量	Yes	Yes	Yes
时间固定效应	Yes	Yes	Yes
省级固定效应	Yes	Yes	Yes
观测值	464	464	464
R^2	0.485	0.519	0.310

注：***表示在1%的水平上显著，括号内为 t 值。

为进一步探究农业保险政策对不同粮食作物面积及作物结构的影响，本章先引入 i 省的各类作物在 t 年的种植面积作为被解释变量进行回归，然后引入不同作物与农作物总种植面积之比作为粮食作物种植结构的代理变量进行回归，反映种植结构的调整动态。回归结果如表 5-5 和表 5-6 所示。由表 5-5 可知，参与农业保险政策显著扩大稻谷、小麦和玉米三大粮食作物的种植面积，增幅分别为 6.577 万公顷、4.294 万公顷和 13.672 万公顷，但明显缩减了薯类作物种植面积，对豆类作物种植面积存在正向不显著作用。其中，对扩大玉米种植面积的影响最大，可能是因玉米种植成本较其他主粮作物低，以及近年来国内肉类消费增加引致的对

"饲料之王"玉米的需求上升。

表5-5 农业保险政策对各类粮食作物种植面积的影响

变量	稻谷	小麦	玉米	豆类	薯类
农业保险政策渐进式改革	6.577*** (3.60)	4.294*** (2.63)	13.672*** (4.27)	1.903 (0.81)	−1.555** (−2.33)
控制变量	Yes	Yes	Yes	Yes	Yes
时间固定效应	Yes	Yes	Yes	Yes	Yes
省级固定效应	Yes	Yes	Yes	Yes	Yes
观测值	464	464	464	464	464
R^2	0.327	0.220	0.586	0.170	0.424

注：**、***分别表示在5%、1%的水平上显著，括号内为t值。

表5-6 农业保险政策对粮食作物种植结构的影响

变量	粮食作物占比	稻谷占比	小麦占比	玉米占比	豆类占比	薯类占比
农业保险政策渐进式改革	1.540*** (3.00)	0.484* (1.66)	−0.220 (−0.73)	0.944** (2.34)	0.167 (0.81)	0.008 (0.05)
控制变量	Yes	Yes	Yes	Yes	Yes	Yes
时间固定效应	Yes	Yes	Yes	Yes	Yes	Yes
省级固定效应	Yes	Yes	Yes	Yes	Yes	Yes
观测值	464	464	464	464	464	464
R^2	0.267	0.197	0.271	0.436	0.353	0.295

注：*、**、***分别表示在10%、5%、1%的水平上显著，括号内为t值。

由表5-6可知，参与农业保险政策使粮食作物种植面积占比增加1.540%，说明农业保险政策渐进式改革显著促进中国种植结构的"趋粮化"调整；分作物来看，农业保险显著提升稻谷、玉米的种植面积占比，增幅分别为0.484%和0.944%，降低小麦种植面积占比0.220%，增加豆类和薯类作物种植面积占比但均不显著。

5.4.2 异质性分析

农业保险政策渐进式改革对粮食主产区、主销区和产销平衡区种植结构影响的回归结果是否存在异质性？由表5-7可知，参与农业保险政策对不同功能区粮食作物种植面积均产生不同程度的正向作用，但政策实施仅促进粮食主产区省份的种植结构"趋粮化"，各功能区存在明显差异，由此假说2得到验证。原因可能是粮食主产区为中国产粮大省，农业保险政策重点向该功能区倾斜，且政策试点的三个阶段只有粮食主产区省份每个阶段均有参与，故渐进式改革的农业保险政策对粮食主产区的倾斜可在一定程度上促进种植结构"趋粮化"；粮食主销区一般是经济发展水平较高的发达省份，市场化程度高，农户在作物种植方面更偏好于林果、蔬菜等经济作物，且过往的耕地"非农化""非粮化"现象也最先发生在此类地区；粮食产销平衡区大多位于西部地区，山地较多，粮食作物种植条件受自然地理环境的限制较大，故农业保险政策实施对该功能区的影响未促进该地发生结构性转变。

表5-7　农业保险政策对不同功能区粮食作物种植面积及占比的影响

变量	粮食主产区		粮食主销区		粮食产销平衡区	
	面积	占比	面积	占比	面积	占比
农业保险政策渐进式改革	14.722	1.612**	2.885	-1.697	1.316	-0.696
	(1.31)	(2.23)	(0.98)	(-0.86)	(0.33)	(-0.74)
控制变量	Yes	Yes	Yes	Yes	Yes	Yes
时间固定效应	Yes	Yes	Yes	Yes	Yes	Yes
省级固定效应	Yes	Yes	Yes	Yes	Yes	Yes
观测值	194	194	105	105	165	165
R^2	0.677	0.504	0.811	0.459	0.691	0.640

注：＊＊表示在5%的水平上显著，括号内为t值。

5.4.3 关于实证结果稳健性的讨论

5.4.3.1 平行趋势检验和动态效果分析

采用双重差分方法的前提条件有二：一是满足稳定个体干预值假设；在中央统颁农业保险政策背景下，各省份根据本地区实际自主制定实施方案，即某个省份的试点政策对其他省份不存在影响。二是满足平行趋势假设，保证事件随机和分组随机，即在没有政策干预的情况下，处理组和对照组的结果趋势是一致的。本章参考 Beck 等（2010）方法，采用事件研究法检验平行趋势，选取粮食作物种植面积及其占比作为被解释变量分别进行回归，以全面反映农业保险政策渐进式改革影响种植结构的动态效果。

图 5-2 显示了农业保险政策影响粮食作物种植面积的动态效果，其中，横轴表示政策试点前后时间，由表 5-4 的实证结果可知，在农业保险政策渐进式改革的三个阶段中，农业大灾保险政策、三大粮食作物完全成本保险和收入保险政策在扩大粮食作物种植面积及占比方面均实现预期效果，故该检验的政策冲击时点视为第二阶段；纵轴在（a）、（b）图中分别表示粮食作物种植面积、粮食作物种植面积占比的估计系数；虚线表示 95% 置信区间。可知，在农业保险政策实施前，各阶段政策变量的估计系数均不显著，说明在政策实施前处理组和对照组间不存在系统性差异，满足平行趋势假设；在农业保险政策实施后，粮食作物种植面积、粮食作物种植面积占比的估计系数显著为正，说明农业保险政策渐进式改革对粮食作物种植面积及其占比存在正向影响。

5.4.3.2 安慰剂检验

为了排除农业保险政策调整种植面积的效应受某些遗漏变量干扰的可能性，本章根据每年确定的农业保险政策试点省份随机选择一些省份作为处理组，并构造出政策虚拟变量对基准回归模型进行估计，具体是以粮食作物种植面积为被解释变量，对上述过程重复 500 次进行安慰剂检验。图 5-3 为安慰剂检验的结果，可知，政策虚拟变量估计系数的均值非常接近于 0 且远小于粮食作物种植面积的基准回归系数 26.085。同时，估计系数的分布较为接近正态分布，说明农业保险政策渐进式改革对粮食作物种植面积的影响不由其他随机因素驱动，进一步证明前文估计结果具有稳健性。

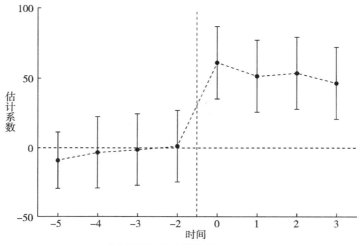

（a）因变量：粮食作物种植面积/万公顷

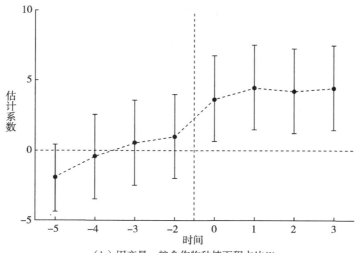

（b）因变量：粮食作物种植面积占比/%

图 5-2 农业保险政策影响粮食作物种植结构的动态效果

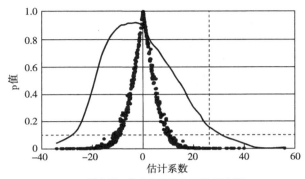

因变量：粮食作物种植面积/万公顷

图 5-3 安慰剂检验

5.4.3.3 子样本回归

虽然基准回归已尽可能控制影响作物种植面积及结构的因素，并通过平行趋势检验、安慰剂检验在一定程度上提高回归结果的可信度，但仍可能有一些模型未观测到的因素影响种植面积和种植结构，故本章继续通过子样本回归的方式再次进行稳健性检验。本章将农业保险渐进式改革发展三个阶段中均参与试点的六个省份及北京、上海、天津三个直辖市剔除，按照基准回归中的变量设置，对农作物总种植面积、粮食作物种植面积和粮食作物种植面积占比进行再次回归，结果如表 5-8 所示。可知，农业保险政策对农作物总种植面积、粮食作物种植面积影响的估计系数均正向显著，对粮食作物种植面积占比的影响虽不显著但为正向，原因可能是在子样本回归中剔除了内蒙古、辽宁、山东、河南、安徽、湖北六个粮食主产省份，且这六个省份均是三大粮食作物完全成本保险和收入保险政策的试点地区。同时，根据本章的基准回归，分阶段来看，第三阶段农业保险政策的"趋粮化"特征最为明显，故在剔除部分样本后，可能造成效应不显著的情况。

表 5-8 稳健性检验结果

变量	农作物总种植面积	粮食作物种植面积	粮食作物种植面积占比
农业保险政策 渐进式改革	15.617**	18.789***	0.650
	(2.53)	(3.12)	(1.36)

变量	农作物总种植面积	粮食作物种植面积	粮食作物种植面积占比
常数项	459.313***	411.566***	61.232***
	(8.02)	(7.36)	(13.84)
控制变量	Yes	Yes	Yes
时间固定效应	Yes	Yes	Yes
省级固定效应	Yes	Yes	Yes
观测值	329	329	329
R^2	0.541	0.485	0.482

注：***表示在1%的水平上显著，括号内为t值。

5.5　结论与启示

本章在构建"农业保险—种植行为—种植结构"理论框架的基础上，以中国自2007年实施的具有渐进式改革特征的农业保险政策为准自然实验，选取2005~2020年中国31个省份面板数据构建渐进式双重差分模型识别政策对农作物种植规模及结构的影响，并揭示政策效应可能存在的区域异质性。结论如下：首先，渐进式改革的农业保险政策通过保费补贴和提高保障水平，增加农户预期收入进而激励其种粮，对农作物总种植面积、粮食作物种植面积及种植结构具有显著的正向影响。其次，农业大灾保险政策、三大粮食作物完全成本保险和收入保险政策在扩大粮食作物种植面积、促进种植结构"趋粮化"方面均实现预期效果，且后者效果更好。再次，分作物来看，参与农业保险政策显著扩大了稻谷、小麦和玉米三大主粮作物的种植面积，缩减了薯类作物的种植面积，对豆类作物的正向影响不显著，且提高了稻谷、玉米的种植面积占比。最后，分区域来看，农业保险政策对不同功能区种植结构的影响存在异质性，对扩大三个生产功能区的粮食面积均具有积极作用，但仅在粮食主产区促进了种植结构"趋粮化"。

根据上述结论，本章提出以下政策建议：第一，继续提升农业保险保障水平，优化保费补贴机制，鼓励有条件地区加大财政补贴力度，保障农户种粮积极性。第二，因三大粮食作物完全成本保险和收入保险政策在促进种植结构"趋粮化"方面优势明显，故要继续扩大最新农业保险政策试点的覆盖面，逐步从主粮作物扩至非主粮作物，从产粮大省扩至非产粮大省，从产粮大县扩至非产粮大县。第三，因农业保险政策渐进式改革对促进粮食主产区种植结构"趋粮化"的效果更为显著，故应给予粮食主产区粮食作物种植更多保险政策支持。

参考文献

［1］段白鸽，何敏华.政策性农业保险的精准扶贫效果评估——来自中国准自然实验的证据［J］.保险研究，2021（11）：36-57.

［2］冯文丽，苏晓鹏.农业保险助推乡村振兴战略实施的制度约束与改革［J］.农业经济问题，2020（4）：82-88.

［3］付小鹏，梁平.政策性农业保险试点改变了农民多样化种植行为吗［J］.农业技术经济，2017（9）：66-79.

［4］高延雷，张正岩，王志刚.农地转入、农户风险偏好与种植结构调整——基于CHFS微观数据的实证分析［J］.农业技术经济，2021（8）：66-80.

［5］郭浩，江耀，王静爱，等.旱灾风险防范下农户种植策略与政府主导目标一致性——以内蒙古兴和县为例［J］.资源科学，2021，43（9）：1889-1902.

［6］江生忠，付爽，李文中.农业保险财政补贴政策能调整作物种植结

构吗？——来自中国准自然实验的证据［J］. 保险研究，2022（6）：51-66.

［7］江生忠，朱文冲.农业保险有助于保障国家粮食安全吗？［J］. 保险研究，2021（10）：3-17.

［8］李江一，仇童伟.农地确权与农业生产结构调整：来自中国家庭金融调查的证据［J］. 财贸研究，2021，32（9）：57-69.

［9］李棠，孙乐，陈盛伟.农业保险对农业技术采纳行为的影响研究——基于种植业家庭农场的调研数据［J］. 中国农业资源与区划，2022，43（7）：172-182.

［10］刘蔚，孙蓉.农险财政补贴影响农户行为及种植结构的传导机制——基于保费补贴前后全国面板数据比较分析［J］. 保险研究，2016（7）：11-24.

［11］马九杰，杨晨，崔恒瑜，等.农业保险的环境效应及影响机制——从中国化肥面源污染视角的考察［J］. 保险研究，2021（9）：46-61.

［12］任天驰，杨汭华.小农户衔接现代农业生产：农业保险的要素配置作用——来自第三次全国农业普查的微观证据［J］. 财经科学，2020（7）：41-53.

［13］任天驰，张洪振，杨汭华.农业保险保障水平如何影响农业生产效率：基于鄂、赣、川、滇四省调查数据［J］. 中国人口·资源与环境，2021，31（7）：161-170.

［14］任天驰，张洪振，杨晓慧，等.农业保险保障水平与农户生产投资：一个“倒U型”关系——基于鄂、赣、川、滇四省调查数据［J］. 中国农村观察，2021（5）：128-144.

［15］庹国柱.试论农业保险创新及其深化［J］. 农村金融研究，2018（6）：9-13.

［16］徐斌，孙蓉.粮食安全背景下农业保险对农户生产行为的影响效应——基于粮食主产区微观数据的实证研究［J］. 财经科学，

2016（6）：97-111.

［17］张社梅，李冬梅.农业供给侧结构性改革的内在逻辑及推进路径［J］.农业经济问题，2017，38（8）：59-65.

［18］张诗靓，文浩楠，杨艳涛.收储制度改革背景下农户玉米种植调整行为研究——基于优势产区与非优势产区 423 个农户调查数据对比［J］.中国农业资源与区划，2021，42（11）：180-187.

［19］张伟，易沛，徐静，等.政策性农业保险对粮食产出的激励效应［J］.保险研究，2019（1）：32-44.

［20］张哲晰，穆月英，侯玲玲.参加农业保险能优化要素配置吗？——农户投保行为内生化的生产效应分析［J］.中国农村经济，2018（10）：53-70.

［21］张卓，李秉坤，尹航.我国政策性农业保险对农业产出规模的挤出效应——基于干预—控制框架 DID 模型的分析［J］.商业研究，2019（8）：110-117.

［22］张卓，尹航.我国农业保险农户参保率的区域分化——来自于种植结构与替代性收入渠道视角的解释［J］.保险研究，2019（1）：15-31.

［23］钟甫宁，陆五一，徐志刚.农村劳动力外出务工不利于粮食生产吗？——对农户要素替代与种植结构调整行为及约束条件的解析［J］.中国农村经济，2016（7）：36-47.

［24］周坚，张伟，陈宇靖.粮食主产区农业保险补贴效应评价与政策优化——基于粮食安全的视角［J］.农村经济，2018（8）：69-75.

［25］周杨，邵喜武，吴佩蓉.大豆生产者补贴政策改革促进农户种植结构调整了吗？——基于全国 446 个县的准自然实验［J］.农林经济管理学报，2021，20（3）：305-315.

［26］朱满德，张梦瑶，刘超.农业机械化驱动了种植结构"趋粮化"吗［J］.世界农业，2021（2）：27-34+44.

［27］宗国富，周文杰.农业保险对农户生产行为影响研究［J］.保

险研究，2014（4）：23-30.

　　［28］Ahearn M. C.，Yee J.，Korb P. Effects of Differing Farm Policies on Farm Structure and Dynamics［J］. American Journal of Agricultural Economics，2005，87（5）：1182-1189.

　　［29］Azzeddine A.，Cory W.，Taylor K. Does Subsidized Crop Insurance Affect Farm Industry Structure：Lessons from the US［J］. Journal of Policy Modeling，2021，43（6）：1167-1180.

　　［30］Beck T.，Levine R.，Levkov A. Big Bad Banks：The Winners and Losers from Bank Deregulation in the United States［J］. The Journal of Finance，2010，65（5）：1637-1667.

　　［31］Burns C. B.，Prager D. L. Does Crop Insurance Influence Commercial Crop Farm Decisions to Expand：An Analysis Using Panel Data from The Census of Agriculture［J］. Journal of Agricultural and Resource Economics，2018，43（1）：61-77.

　　［32］Goodwin B. K.，Vandeveer M. L.，Deal J. L. An Empirical Analysis of Acreage Effects of Participation in the Federal Crop Insurance Program［J］. American Journal of Agricultural Economics，2004，86（4）：1058-1077.

　　［33］Hennessy D. A.，Feng H. L.，Miao R. Q. The Effect of Crop Insurance Subsidies and Sodsaver on Land Use Change［J］. Journal of Agricultural and Resource Economics，2016，41（2）：247-265.

　　［34］Key N.，Roberts M. J. Do Government Payments Influence Farm Size and Survival［J］. Journal of Agricultural and Resource Economics，2007，32（2）：330-348.

　　［35］Yu J. S.，Smith A.，Sumner D. A. Effects of Crop Insurance Premium Subsidies on Crop Acreage［J］. American Journal of Agricultural Economics，2018，100（1）：91-114.

6　参与农作物保险和农户种植
结构调整：以内蒙古为例[①]

农业保险作为中国"三农"政策的重要组成部分，对于保障国家粮食安全和优化区域农业生产布局具有重要作用。随着气候变化和市场风险的加剧，农业生产面临的不确定性日益增加，农户承担的风险也随之上升。为此，农业保险应运而生，其核心目的是通过为农户提供风险保障，稳定农业收入，进而保障粮食安全和农业生产的可持续发展。近年来，中国农业保险政策取得了显著进展，农业保险覆盖范围从最初的主要粮食作物，逐步扩展到经济作物和其他农产品。特别是在粮食主产区，农业保险的保障力度不断加大，这在一定程度上减轻了农户的生产风险。然而，伴随着农业保险的普及，农户的种植行为是否因粮食作物保险和经济作物保险的保障水平不同而出现"趋粮化"或"非粮化"的特征，成了学界关注的重点。即农业保险是否促使农户更加倾向于种植在保险覆盖范围内的粮食作物，抑或是通过保险保障提升农户经济作物的种植比例？这一问题对于理解农业保险在微观层面的影响机制具有重要的意义。尽管农业保险在保障农业收益和种植决策方面的重要性得到广泛认可，但现有研究多集中于宏观层面的分析，缺乏基于微观数据的实证研究。因此，探讨农业保

---

① 本章内容发表于 2024 年 *Agriculture* 第 1 期，原文名称 *The Impact of Agricultural Insurance on Planting Structure Adjustment—An Empirical Study from Inner Mongolia Autonomous Region*，*China*。

险对农户个体种植行为的影响，尤其是其如何引导农户调整种植结构，从而优化农业资源配置，是研究农业保险政策效果的重要方向之一。

国内外学者均比较关注农业保险参与如何影响农户种植结构。国外研究认为，农业保险通过降低生产风险激励农户调整种植结构，尤其是在农业保险体系较为成熟的欧美国家。早期研究主要探讨农作物产量保险和收入保险对种植结构的影响，近年来则聚焦于指数保险的作用。多数研究发现，农业保险促使农户减少低保障作物种植面积，扩大高保障作物的种植面积，推动生产专业化。国内研究则相对较少，主要集中在宏观省级层面的探讨。学者普遍认为，农业保险通过保费补贴和保障水平提升，影响农户的种植行为，有助于优化或固化种植结构。研究发现，农业保险提高了稻谷、玉米等粮食作物的种植面积，但其效果因地区差异和政策设计而不同。同时，农业保险的实施增强了农户的专业化种植倾向，但也存在滞后性和区域异质性。因此，深入研究农业保险对农户的粮食作物和经济作物种植决策的具体影响，以及不同类型农户在这一过程中表现出的异质性，对于进一步理解农业保险的微观机制具有重要价值。本章通过实证分析，试图弥补现有研究的不足，探讨参与农业保险对农户种植结构调整的实际影响，并揭示其在不同农户群体中的差异性作用。

本章以北方粮食主产区内蒙古为例，基于 629 户农户的田野调查数据，采用倾向得分匹配法（PSM），分析参与农业保险对农户种植结构调整的影响。研究结果表明，农户参与农业保险显著影响其种植结构，促使农户选择更加多样化的种植结构，降低了农业生产专业化的程度，参与保险的农户比未参与保险的农户种植专业化水平低约 4.6%~6.5%，这可能是因为现有的保险产品未能完全满足农户的风险保障需求，促使他们采用多样化的方式进行农业风险管理。同时，参与保险对不同类型农户的影响存在异质性，低收入和中等收入农户的专业化程度因参与保险而显著下降，而大规模农户在调整种植结构方面表现得更加明显。另外，参与保险促使农户增加三大粮食作物的种植面积，尽管这一影响相对较小，仅增加了约 0.14%~0.2%，但也促使种植结构呈现"趋粮化"的特征。

本章的研究不仅从微观层面揭示了农业保险政策对农户种植结构调整的具体影响机制，还为进一步优化农业保险政策提供了实证依据。政府在制定农业保险政策时，应结合农户的风险保障需求，优化保险产品设计，增强保险的针对性和差异性，确保不同类型的农户均能够获得有效的风险保障，尤其是加强对大规模农户和种粮农户的精准扶持，通过提高保险保障水平，确保农地农用、粮地粮用，进一步激发农户的种粮积极性。首先，建议提升农业保险的保障水平，扩大保险覆盖面和增加险种，以更好地促进农户优化农作物种植结构，推动农业生产的专业化和高质量发展。其次，应逐步扩大完全成本保险和种植收入保险的试点范围，从主粮作物扩展至非主粮作物，从产粮大省扩展至非产粮大省，以提高农户的参保积极性。最后，通过广泛的宣传和专项教育，增强农户尤其是规模农户和种粮大户对高保障保险产品的认知，促使其积极参保，推动农业生产向专业化方向发展。本章的结论基于特定的政策和地区，样本量较少且数据类型具有一定的局限性。未来的研究应考虑扩大样本范围，采用面板数据并优化模型方法，以更全面地论证农业保险与农户种植行为之间的动态因果关系，进一步为政策调整提供科学依据。

6.1　引言

农作物种植结构事关国家粮食安全和重要农产品有效供给，近年来的中央一号文件均对其高度关注，2021 年强调要"深入推进农业结构调整"。21 世纪以来，中国农作物种植结构发生显著变化，农作物粮经比在 2000~2003 年逐渐降低，由 69.39：30.61 调整为 65.22：34.78；自 2004 年开始增加直至 2016 年，由 66.17：33.83 调整为 71.42：28.58；自 2017 年开始又逐步降低，由 70.94：29.06 调整为 2020 年的 69.72：30.28。伴随中国农作物种植结构不断调整的是自 2004 年启动的新一轮政策性农业保险试点，尤其是 2007 年以来农业保险的跨越式发展。2007 ~ 2020 年，中国农业保险保费收入从 51.8 亿元增加到 814.93 亿元，增长近 15 倍；服务农户数量从 4981 万户次增长到 1.9 亿户次；提供的风险保障从 1126 亿元增长到 4.13 万亿元；保险赔款从 32.8 亿元增长到 616.59 亿元（刘婧，2021）；中央财政保费补贴品种由 2007 年的 5 个扩大至 16 个大宗农产品及 60 余个地方优势特色农产品，基本覆盖关系国计民生和粮食安全的主要大宗农产品。在保障水平方面，种植业保险保障水平由 2008 年的 3.84% 提升至 2018 年的 12%，年均复合增长率为 10.92%（张峭等，2020）。如图 6-1 所示，粮食作物播种面积占比也基本呈现递增趋势，由 2008 年的 69.13% 上升至 2016 年的 71.42%。从主要农产品的保障水平来看，农业保险"扩面、提标"成效初显，2018 年粮食作物保险保障水平为 29.42%，其中，小麦 36.7%，玉米 25.94%，水稻 27.64%，大豆 20.35%，棉花 47.06%，油料作物 14.59%，糖料作物 19.98%。因此，

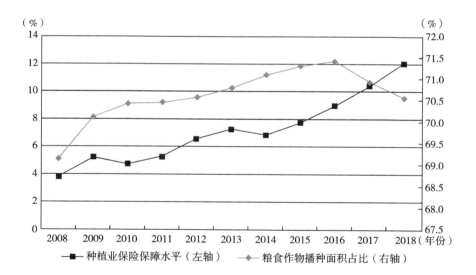

图 6-1 2008~2018 年中国种植业保险保障水平和粮食作物播种面积

资料来源：种植业保险保障水平来自张峭等著《中国农业保险保障分析与评价》；粮食作物播种面积来自《2021 年中国统计年鉴》。

从宏观上看，在过往十多年农业保险是中国农作物种植收益的"安全锁"。那么，从微观上讲，农业保险是否促使农户调整种植结构？进一步而言，农户的农作物种植行为是否因粮食作物保险和经济作物保险保障水平的有别而出现"趋粮化"或"非粮化"特征呢？

目前，国内外学者在讨论农户种植结构调整时，主要强调各类要素市场、资源禀赋、政策环境等系列因素变化的影响，还未能从风险保障的视角基于农户调查数据研究农业保险对农作物种植结构的作用，而这正是本章研究的切入点。本章将理论分析与实证检验相结合，一方面从理论层面分析农业保险参与影响农户农作物种植结构调整的微观机制；另一方面基于对内蒙古629户农户的田野调查，从实证层面衡量农业保险参与对农户农作物种植结构调整及种粮行为的实际作用，并考虑不同家庭收入类型、不同耕地经营规模和不同种粮农户类型下参与保险对农户种植结构影响的异质性，故本章具有区域针对性，研究结论可用于识别北方地区尤其是粮食主产区农业保险参与对农户种植结构调整的作用，以期为通过农业保险政策优化助力深入推进农业供给侧结构性改革、引导农业生产区域性合理布局和保障国家粮食安全提供决策参考。

6.2　文献综述

对于农户农作物种植结构调整影响因素的探讨，国内学者的研究主要集中在农地流转、劳动力流动、要素价格或农产品价格变动、资源禀赋（如人力资本、机械化程度）、政策变化（如农业支持保护补贴、玉米收储制度改革、粮食最低收购价、农地产权、农业水价政策）等方面，而对农业保险参与如何影响农户种植结构调整的研究则略显不足。自20世纪末21世纪初以来，有关农业保险对农户农作物种植结构的影响已成为国外尤其是欧美等发达国家农业保险理论界、实务界的研究热点之一。早期主要是论证农作物产量保险或者收入保险对农户种植结构的影响；近年来伴随全球各地农业气象指数保险的逐步试点，部分学者采用随机干预试验的方法对指数保险和农户种植结构之间的因果关系进行了研究。

国外学者一致认为，因保险会降低种植农作物的风险进而会激励农户改变种植结构，具体而言，农业保险会促使农户减少具有较低保险保障水平的农作物的种植面积而增加具有较高保险保障水平的农作物的种植面积，从而导致农户的农业生产结构乃至家庭收入结构发生变化。Turvey（1992）发现，政府在对农作物保险进行保费补贴前，农户玉米和大豆的种植面积比例分别为6%和60%，进行财政补贴后则分别为60%和40%，故农作物保险补贴会激励农户的高风险种植行为。YoungSeo 等（2001）以美国七个区域、八类主要农作物为例研究保险如何影响农户农业生产，发现保险参与会使农户作物种植面积增加0.4%，大约96万英亩，其中，小麦和玉米约占新增面积的75%。Barnett 等（2002）以美国密西西比河地区的棉花生产为例，指出农作物保险产生的预期净收益每增加1%，则会使农户增加0.036%的棉花种植面积。Goodwin 等（2004）研究发现，农作物保险会显著影响农户的作物种植面积分配，但作用较小，且会因作物和地区的不同而改变。例如，若保险保费降低30%，则会使得美国北部平原地区的大麦的种植面积增加1%，中西部地区的玉米增加0.28%~0.49%。Seo 等（2005）发现，联邦农业风险管理政策使农户在农业生产中的棉花种植面积增加94%~144%，高粱种植面积减少50%。O'Donoghue 等（2009）研究发现，联邦农作物保险会显著影响农户的多样化经营，会促使农户生产更为专业化，尽管作用较小（Varadan & Kumar, 2012）。Mobarak 和 Rosenzweig（2012）以印度为例，发现指数保险参与会使农户更有可能种植高风险、高产量波动型水稻作物。Cole 等（2013）发现，参与降雨指数保险会使受教育程度较高的农户种植经济作物的可能性增加15%。Karlan 等（2014）发现，加纳农户参与降雨指数保险会使其扩大农作物种植面积，如玉米种植面积增加9%。Capitanio 等（2014）以意大利普利亚区的小麦、番茄生产为例，发现农业保险会促使农户在农业生产中减少小麦种植面积和扩大番茄种植面积，但随着农户风险规避程度的增加，其会减少高风险作物即番茄的种植面积。Elabed 和 Carter（2015）通过对马里的棉农合作社做随机田野实验，指出保险参与会使农户的棉花种植面积增加 15%。Claassen 等（2017）认为，农作物收入保险使农户用于持续性耕种玉米和大豆的农田面积分别增加 4.07% 和 3.29%，使用于持续性耕种小麦的农田面积减少 14.4%。Deryugina 和 Konar（2017）发现，农户参与保险会使耗水量较大的棉花作物的种植面积扩大，参保耕地每增加 1% 会使棉花参保面积扩大 9.56 万英亩（0.624%）。Yu 等（2018）认为，农作物保险保费补贴之所以会影响农作物种植面积，主要有两个原因：一是直接的收益效应，在给定的保障水平下农户的预期收益会随其获得的补贴而增加，故会促使其扩大可参保作物的种植面积；二是间接的保障效应，更高的保费补贴会诱导农户寻求更高的保障水平，这会降低农户每英亩土地的总体风险水平，从而激励农户选择参与农作物保险。实证结果发现，保费补贴增加 10%，会使一个县一种农作物的种植面积增加约 0.43%。Hill 等（2019）以孟加拉国为例进行随机控制试验，发现在 Aman 水稻种植季节（雨季，每年 6 月至 11 月中旬），农户参与指数保险会使其水稻耕种面积增加约 20%。

国内学者对农业保险如何影响农户农作物种植结构的研究相对较少，但也一致认为，参与保险会激励农户调整种植结构。在理论分析方面，宗国富和周文杰（2014）指出，农业保险通过同一生产行为内部和不同生产行为之间的收入替代水平和保险补偿程度影响农户生产行为，当前的农业保险收入补偿水平满足大多数农户的收入风险分散预期，从而对农户的主要农作物的生产行为产生固化作用。张伟等（2019）基于理论分析指出，可针对粮食作物和经济作物提供不同的农业保险保费补贴标准，以此引导农户调整农作物种植结构。在实证研究方面，张跃华等（2006）对上海市水稻保险进行调查发现，受低保障程度的影响，参与保险后仅有 2.3% 的农户增加粮食种植面积。Cai（2016）通过自然实验研究中国江西省烟叶种植保险对农户生产的影响，结果发现，保险参与会使农户扩大可参保作物的生产规模，烟叶生产大约增加 16%。徐斌和孙蓉（2016）认为，中国现行农业保险在鼓励农户扩大耕种面积以增加农业收入方面具有一定作用，且耕地面积变化较显著，但由于保障程度欠缺导致参与保险对提升农户的种粮意愿作用不大。刘蔚和孙蓉（2016）发现，农业保险可在一定程度上固化农户生产行为和种植结构，并引发农户从低保险项目向高保险项目转移，尤其是大豆和玉米的调整趋势比较显著。付小鹏和梁平（2017）指出，农业保险会显著增强农户专业化种植倾向，弱化多样化种植行为，且这种效应明显具有滞后性和地区异质性特征。方蕊等（2019）发现，"保险+期货"试点可以有效提高农户种粮积极性。任天驰和杨汭华（2020）基于全国第三次农业普查 10270 户微观数据发现，在参与保险后，经营面积在 10 亩以下的农户多选择"调面积"，10～50 亩的农户则选择"调结构"；分作物来看，农户对经济作物表现出"冒进"的生产决策，对粮食作物则相对"保守"；农业保险参与会使小农户种植结构趋向"非粮化"，促使经济作物种植专业化。

基于以上不完全的文献回顾，国内外学者均比较关注农业保险参与如何影响农户种植结构，普遍认为，农业保险会促使农户调整农作物种植结构，尤其是扩大可参保作物的种植面积或者耕种更多具有高补贴率的农作物，即农户农业生产趋向专业化。国外学者的研究方法多是将理论分析和实证检验结合，且研究对象多选择美国，因为其已有 80 多年的农业保险发展历史，具有丰富的微观农场或地块以及县域层面的时序或面板数据，可允许学界和业界进行深入细致的研究；国内学者的研究虽有理论分析和实证检验，但多采用宏观省级时序或面板数据，鲜有基于微观农户的论析。

本章致力于在上述方面进行补充：一是在理论上分析农业保险参与对农户种植行为的影响机制，为农业保险政策影响农户生产行为提供一种解释；二是将农业保险对农户种植行为的影响区分为多样化或专业化，并进一步分析是"趋粮化"还是"非粮化"；三是通过田野调查数据进行实证分析，并充分考虑模型可能存在的内生性问题，以保证研究结论的可信度。因此，本章的研究成果可进一步拓展当前国内理论界和实务界对农业保险微观作用的分析，将农业保险政策和农业结构调整尤其是农户种粮行为相融合。就应用价值而言，在中国农业供给侧结构性改革深入推进和全面提升保障国家粮食安全的能力越发重要的大背景下，在整个中国农业保险正在向高质量发展转型时，本章既可以为进一步优化农业保险制度提供有说服力的理论和实证依据，也可为政府出台强化农业保险助力农业现代化发展的政策提供决策支撑。

6.3　理论分析

农户作为理性经济人，其种植决策是基于多目标的，同时考虑利润最大化、风险最小化和家庭劳动力投入最小化，其中，利润目标的权重相对最大，劳动力目标权重次之，风险目标权重最小（刘莹和黄季焜，2011）。在实践中，农户的种植决策是在土地、劳动、资金三类要素的约束下基于利润最大化目标做出的关于种植品种、种植面积和种植方式等方面的一系列选择（许庆等，2020）。

在农业内部，不同部门的投入产出体系不同，农业保险的重点作用环节与作用效果也会有所差异（张哲晰等，2018）。一般而言，农户参与农业保险是为减少收入波动，免除因灾损失以稳定生产生活（贺娟，2020），或是为放心地增加农业投入以扩大再生产等。农业生产的区域性特征十分明显，不同地理区域的自然条件差异会导致农作物类别、优势农业资源分布及农业生产风险的异质性，进而影响不同地区农业保险的险种选择和其市场状况（高凯等，2020）。农业生产条件如基础设施条件的不同会影响农户种植结构（董晓霞和黄季焜，2006），由此影响农户保险选择。同时，参与保险会影响农户生产行为，这与其所处环境的受灾概率有关（高晨雪等，2013）。吴清华等（2015）发现，在国家层面，灌溉设施、等外公路对中国粮食种植有促进作用；在省际层面，灌溉设施能够提高中西部地区的粮食作物种植比例，但对东部地区粮食作物种植有负向影响；等级公路对中西部地区的粮食作物种植有负向作用，等外公路促进了中部地区的粮食作物种植。长期以来，由于农户种植粮食作物的比较效益低下和土地流转成本的攀升，导致耕地"非粮化"比较普遍。同时，中国农业保险存在种植品种"投保不足"与"投保过剩"的错配情况，参与保险会使农户种植结构向被保品种倾斜（宗国富和周文杰，2014）；在经济作物"投保过剩"的情况下，农业保险可能会诱发"非粮化"的种植趋势，进而影响农户种植结构与专业化水平。张卓和尹航（2019）指出，中国东部、中部、西部地区的参保率具有异质性特征的原因之一是农作物种植结构。参与保险会使农户种植品种向有保费补贴、高保障水平的被保险作物品种倾斜。罗向明等（2011）认为，较高的财政补贴可以降低农业保险的进入门槛，使大多数农户都能享受保险保障；较高的保险保障水平和补贴比例会诱使农户将原先因风险过大而弃耕的土地（即劣等地）重新耕作，进而使农业有效播种面积增加。张祖荣（2012）发现，农业保险会使农户为获取保费补贴带来的预期收入而将一些抛荒多年的农地重新开垦种植农作物。任天驰等（2021）基于湖北、江西、四川、云南4个省份1290户农户的调查数据发现，农业保险保障水平对农业生产效率存在倒"U"形影响，保障水平的提高可在短期内提高农户种植结构的专业化水平，进而促进其生产投资。另外，农业保险这一政策工具对农户未来收益分布的影响会因农户的不同而显现出差异性（姜岩和李扬，2012），对调整农作物种植结构可能具有一定作用。

根据文献回顾和以上分析可知，参与保险会改变农户农业生产面临的风险状况，这与农户所处地理区域、农业生产条件、农作物属性、保险保障水平、保险保费补贴、未来预期收益等一系列因素紧密相关，进而激励其调整种植决策，但农户农业生产是更具专业化水平，还是更具多样化特点则尚不清晰。进一步而言，参与保险如何影响农户种粮行为？事实上，既有可能使农户农业生产"趋粮化"，也有可能使农户农业生产"非粮

化"。以上问题均需要下文进行严谨的实证检验。农业保险对农户农作物
种植结构调整的具体作用机制如图6-2所示。

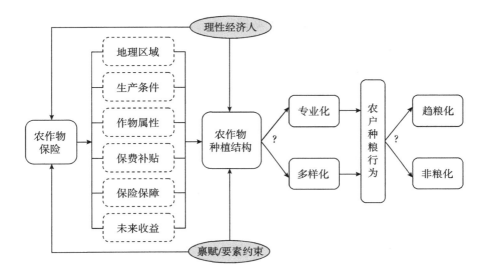

图6-2 农业保险对农户农作物种植结构调整的具体作用机制

6.4 数据来源、模型设定和变量选择

6.4.1 数据来源

内蒙古自治区是中国13个主要粮食产区之一，也是5个粮食规模外
调省区之一。2022年，粮食年产量达到780.1亿斤，居全国第六位。
2016~2021年，内蒙古农业保险保费收入从30亿元增加到50.9亿元，年
增长率11.15%；农业保险风险覆盖率从838.8亿元增加到3425亿元，年
增长率32.50%。

本章使用的数据来源于课题组 2018 年对内蒙古农户进行的入户问卷调查，其中包含 12 个市、54 个县、136 个镇和 175 个村，数据收集遵循多阶段抽样程序。在第一阶段，在 12 个城市中随机抽取了 54 个县；第二阶段，在每个县随机抽取 2~3 个城镇；第三阶段，在每个城镇至少随机选择 2~3 个村庄；第四阶段，我们随机抽取了每个选定村庄的几个农民。调查内容涉及受访农户个人及家庭资源禀赋、农业生产、收入、农业保险参与等，共调查 633 户农户，剔除无效、数据缺失等样本后，最终获得有效问卷 629 份。

6.4.2 基准模型

为检验农户参与农作物保险对其农业种植结构的影响，本章设定如下模型进行考察：

$$Index_i = \alpha_0 + \alpha_1 Insu_i + \alpha_2 X_i + \varepsilon_i \tag{6-1}$$

其中，$Index_i$ 表示第 i 个农户的农作物种植多样化程度，$Insu_i$ 表示第 i 个农户的农作物保险参与状况，X_i 为控制变量，ε_i 为随机扰动项。

6.4.3 农户农作物种植多样化的测度

关于农户农作物种植多样化，当前学术界尚无一个较好的指标来反映，被广泛采用的是设置虚拟变量，但虚拟变量的设置只能定性说明农户有没有存在多样化种植，而其具体程度如何则无法详细说明。鉴于此，本章采用四种指标刻画农户农作物种植的多样化程度，包括最大化指数（MI）、赫芬达尔指数（HI）、辛普森指数（SI）、全局总熵指数（TE），各指标含义具体如下：

6.4.3.1 最大化指数

MI 具体为受访农户种植面积最大的一类农作物占其所有农作物总种植面积的比例；$MI \in [0, 1]$，MI 值越大，则说明农户农作物种植的专业化程度越高。

6.4.3.2 赫芬达尔指数

$HI = \sum (\alpha_j/A)^2$，其中，α_j 表示受访农户第 j 农作物的种植面积，A 表示受访农户所有农作物的总种植面积；$HI \in [0, 1]$，$HI = 0$ 说明农户农作物种植的多样化程度最高，$HI = 1$ 说明农户只种植一类农作物，种植专业化程度最高。

6.4.3.3 辛普森指数

$SI = 1 - \sum (\alpha_j/A)^2$；$SI \in [0, 1]$，$SI = 0$ 说明农户只种植一类农作物，$SI = 1$ 说明农户农作物种植的多样化程度最高。

6.4.3.4 全局总熵指数

$TE = \sum \left(S_j \times \dfrac{\ln(1/S_j)}{\ln(n)} \times 100 \right)$，其中，$S_j = \alpha_j/A$，$n$ 表示受访农户种植农作物的种类数目；TE 越大则意味着多样化程度越高，相对的专业化程度就越低。

如果农户在参与农业保险后的 MI 和 HI 均大于参与保险前，SI 和 TE 均小于参与保险前；或者参保农户的 MI 和 HI 均大于未参保农户，SI 和 TE 均小于未参保农户，那么则可简单佐证保险参与对农户调整农作物种植结构具有影响。

6.4.4 估计方法

一般而言，农户是否调整农作物种植结构不仅与其个人资源禀赋特征相关，还与调整种植结构可带来的预期收益相关，故农户调整农作物种植结构可能是一种"自我选择"的结果，如果直接进行回归可能产生自选择性偏差。为了得到参与农业保险农户和未参与农业保险农户真实的农作物种植结构差异，一个可行的方法是寻找"反事实"结果，但观测性截面数据只能显示一类状态，即参保或者未参保，找不到严格的"反事实"结果，只能在一定的假设条件下构造近似的"反事实"结果。Rosenbaum 和 Rubin（1983）提出的倾向得分匹配方法（Propensity Score Matching，

PSM）可实现在大样本截面数据条件下构造"反事实"结果的目标，并在学术界得到广泛应用。鉴于此，本章采用倾向得分匹配方法解决自选择性偏误问题。PSM 在量化农业保险政策对农户农作物种植结构的影响时，由于存在参保农户参保前的数据缺失问题，一个替代办法就是建立一个参保农户的处理组，其参与农业保险之前的主要特征尽可能与未参保农户的控制组相似，然后将处理组的农户与控制组的农户进行逐一匹配，使配对后的两个样本组的配对农户只在是否参与农业保险方面存在不同，其他方面均保持相同或者相似，故而可以用控制组最大程度地模拟处理组中农户的"反事实"情形，之后再对参保农户在农业保险政策实施前后的农作物种植结构进行比较，即可获得农业保险政策与农户农作物种植结构之间的因果关系。PSM 的具体步骤如下：

第一步，估计倾向得分值。倾向得分值是指在给定样本特征 X_i 的情况下，某一农户参与农业保险的条件概率 $p(X_i)$，即 $p(X_i) = Pr(D_i = 1 \mid X_i) = E(D_i \mid X_i)$，也就是说，此步骤是构建农户参与农业保险的 Logit 或 Probit 选择模型。其中，X_i 表示一系列可能影响农户参与农业保险的农户特征变量（即匹配变量）构成的向量。D_i 表示可观测到的受访农户的参保行为；若 $D_i = 1$，则说明农户参与农业保险，若 $D_i = 0$，则说明农户未参与农业保险。

第二步，估计平均处理效应 ATT。基于倾向得分值，采用不同匹配权重算法（如最近邻匹配、局部线性回归匹配、半径匹配、马氏匹配、核匹配等）估计匹配模型中农户参与农业保险的平均处理效应 ATT，即农户参与农业保险和其未参与农业保险两种情况下的农作物种植多样化指数之间的差异，具体是：

$$ATT \equiv E[I_{1i} - I_{0i} \mid D_i = 1] = E\{E[I_{1i} \mid D_i = 1, \ p(X_i)] - E[I_{0i} \mid D_i = 0, \ p(X_i)] \mid D_i = 1\} \tag{6-2}$$

其中，I_{1i} 和 I_{0i} 分别表示同一受访农户在其参与农业保险和其不参与农业保险两种情况下的农作物种植多样化指数。在 PSM 估计中，分别对农户农作物种植多样化指数（以赫芬达尔指数为主）采用最近邻匹配、局部线性回归匹配、半径匹配、马氏匹配与核匹配五类匹配权重算法估计 *ATT*，如若估计结果中赫芬达尔指数的 *ATT* 显著为正数，则说明保险参与对农户调整农作物种植结构具有显著性影响，由此表明保险参与可使农户农业生产的专业化倾向增强、多样化行为弱化。

6.4.5 变量选择

6.4.5.1 农户农作物种植多样化

农户农作物种植多样化程度是本章的被解释变量，具体包括四类指数，分别是最大化指数（*MI*）、赫芬达尔指数（*HI*）、辛普森指数（*SI*）、全局总熵指数（*TE*），但在实证估计中选择赫芬达尔指数。

6.4.5.2 农业保险参与

农户是否参与农作物保险是本章的核心解释变量，如果农户参与农作物保险，则取值为 1，否则为 0。比较参保户和未参保户的农作物种植多样化指数，结果如表 6-1 所示。可知，在 629 户受访农户中，参保户 416 户，参与率为 66.14%，未参保户 213 户；参保户的 *MI* 和 *HI* 分别是 0.78 和 0.72，均低于未参保户，说明参保户的农作物种植专业化程度低于未参保户；参保户的 *SI* 和 *TE* 分别是 0.28 和 49.38，均高于未参保户，说明参保户的农作物种植多样化程度高于未参保户。因此，由问卷调查可知，农户参与农作物保险并未使其农业生产更趋于专业化。

表 6-1　参保户和未参保户的农作物种植多样化程度比较

是否参与保险	观测值	*MI*	*HI*	*SI*	*TE*
参保户	416	0.78	0.72	0.28	49.38
未参保户	213	0.82	0.78	0.22	37.25

资料来源：农户问卷调查，下同。

6.4.5.3 控制变量

如前文所述，农户的种植决策是在土地、劳动、资金三类要素的约束下，基于利润最大化目标做出的关于种植品种、种植面积和种植方式等方面的一系列选择。因此，本章参考既有文献引入包括受访农户个人层面特征、家庭层面特征、农业生产资源禀赋和地区属性等因素以降低估计偏误。个人特征包括农户年龄、农户受教育年限等人口统计学特征。表6-2显示，农户平均年龄为51岁，且参保户比未参保户的年龄小；农户平均受教育年限约为7年，说明大多数农户的受教育程度仅为小学或初中，且参保户要比未参保户高0.35年。家庭特征包括农户家中有无干部以及16~60岁家庭劳动力占比，其中，4%的农户家庭有干部，且参保户要比未参保户家庭干部更多；家庭劳动力占比均值为72%，且未参保户明显低于参保户。农业生产资源禀赋包括农地面积、农地质量、农业收入占比、家庭借贷情况、家庭饲养牲畜种类、农业生产受灾数量等。受访农户的耕地面积均值为51.29亩，约55%为水浇地，参保农户的农地面积比未参保农户多12亩，且水浇地比例高5个百分点；农业收入占比均值为63%，说明农业收入是受访农户家庭收入的主要来源，且参保农户的农业收入占比高于未参保农户6个百分点；约80%的农户存在借贷行为，其中，参保户为79%，未参保户为82%；参与保险农户的家庭饲养牲畜种类、农业生产受灾数量均高于未参保农户。另外，本章将受访农户按照内蒙古行政区域划分为东部地区、中部地区、西部地区三类①，比较不同地区农作物保险参保户和未参保户的农作物种植结构，结果如图6-3所示。可知，农户农作物种植的专业化程度是东部地区>中部地区>西部地区，且未参保户的专业化程度高于参保户。

表6-2　各变量的度量和描述性统计

变量	度量方法	全部农户		参保户		未参保户	
		均值	标准差	均值	标准差	均值	标准差
最大化指数（MI）	实际计算数据	0.79	0.22	0.78	0.22	0.82	0.23

---

① 内蒙古东部地区包括呼伦贝尔市、兴安盟、通辽市、赤峰市，中部地区包括呼和浩特市、乌兰察布市、锡林郭勒盟、鄂尔多斯市、包头市，西部地区包括巴彦淖尔市、乌海市、阿拉善盟。

续表

变量	度量方法	全部农户		参保户		未参保户	
		均值	标准差	均值	标准差	均值	标准差
赫芬达尔指数（HI）	实际计算数据	0.74	0.26	0.72	0.26	0.78	0.27
辛普森指数（SI）	实际计算数据	0.26	0.26	0.28	0.26	0.22	0.27
全局总熵指数（TE）	实际计算数据	45.27	43.08	49.38	42.49	37.25	43.19
农户年龄	单位：岁	50.94	10.62	50.63	10.64	51.53	10.58
农户受教育年限	单位：年	6.61	2.81	6.73	2.78	6.38	2.86
家有干部	是=1；否=0	0.04	0.21	0.05	0.22	0.03	0.18
家庭劳动力比例	16~60岁劳动力占比	0.72	0.25	0.73	0.25	0.70	0.26
农地面积	单位：亩	51.29	101.96	55.54	115.84	43.28	66.51
农地质量	水浇地面积/耕地总面积	0.55	0.44	0.57	0.44	0.52	0.44
农业收入占比	实际计算数据	0.63	0.28	0.65	0.28	0.59	0.28
家庭借贷状况	是=1；否=0	0.80	0.40	0.79	0.41	0.82	0.39
家庭饲养牲畜种类	实际计算数据	1.52	1.19	1.59	1.18	1.38	1.20
农业生产受灾数量	实际调查数据	2.97	1.81	3.06	1.81	2.79	1.82
东部地区	是=1；否=0	0.43	0.50	0.37	0.48	0.55	0.50
中部地区	是=1；否=0	0.34	0.48	0.37	0.48	0.30	0.46
西部地区	是=1；否=0	0.22	0.42	0.26	0.44	0.15	0.36
观测值	—	629		416		213	

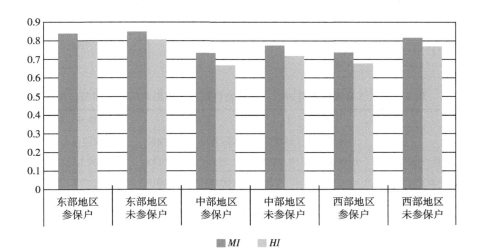

图6-3 不同地区参保户和未参保户的农作物种植多样化程度比较

6.4.6 机制检验

如前文所述，参与农作物保险既有可能使农户农业生产"趋粮化"，也有可能使农户农业生产"非粮化"。本章构建如下模型识别参与保险对农户种粮行为的影响：

$$\ln(1+grainarea_i)=\beta_0+\beta_1 Insu_i+\beta_2 X_i+\delta_i \qquad (6-3)$$

其中，$grainarea_i$ 表示第 i 个农户的三大粮食作物播种面积，其他变量的定义和模型（6-1）相同。

6.5 估计结果和分析

6.5.1 基准回归结果

表6-3是农作物保险参与对农户种植结构影响的基准回归结果。可知，参与农作物保险显著降低农户农业生产的专业化水平。具体而言，在其他因素不变的条件下，参与保险会使农户农业生产的赫芬达尔指数减少4.6个~6个百分点。

表6-3 农作物保险参与对农户农作物种植多样化影响的基准回归结果

变量	模型（1）		模型（2）		模型（3）	
	边际效应	标准误	边际效应	标准误	边际效应	标准误
农作物保险参与	-0.0606***	0.0220	-0.0594**	0.0218	-0.0459**	0.0211
农户年龄			-0.0037***	0.0010	-0.0041***	0.0010
农户受教育年限			-0.0014	0.0039	-0.0035	0.0038
家有干部			-0.0633	0.0500	-0.0290	0.0479
家庭劳动力比例			-0.0831*	0.0415	-0.0740*	0.0399
农地面积					-0.0194*	0.0119

续表

变量	模型（1）		模型（2）		模型（3）	
	边际效应	标准误	边际效应	标准误	边际效应	标准误
农地质量					0.1077 ***	0.0226
农业收入占比					-0.0734 *	0.0412
家庭借贷状况					-0.0464 *	0.0251
家庭饲养牲畜种类					-0.0373 ***	0.0087
农业生产受灾数量					-0.0070	0.0056
地区虚拟变量	否		否		是	
观测值	629		629		629	

注：*、**、***分别表示在10%、5%、1%的水平上显著。

6.5.2 PSM 估计结果

根据前文分析，理论上农户参与农作物保险和其农业生产行为之间存在互促关系，农户农业生产行为影响其保险品种、参保面积、保障水平等选择，而参与保险也会影响农户农作物种植面积选择、种植结构调整等生产行为，故二者之间的反向因果关系可能导致基准模型估计存在内生性问题。另外，影响农户种植行为的因素较多，其中部分因素可能同时会影响农户参与农作物保险，如果这些因素没有被纳入模型，导致解释变量与扰动项相关，同样会产生内生性问题。鉴于此，用 OLS 对基准模型进行估计将无法得到一致估计量，故本章采用 PSM 方法对内生性问题进行处理，以期获得一致的参数估计。表 6-4 是农作物保险参与对农户农作物种植结构影响的 PSM 回归结果，在此采用了五类匹配策略。可知，在消除参与保险户和未参与保险户之间的系统性差异后，参与保险在 5% 的水平上显著降低农户农业生产的专业化程度，即保险参与促进农户农作物种植结构调整。进一步从处理组的平均处理效应来看，保险参与对农户种植结构的调整效应集中在 0.040~0.064 的水平上，换而言之，在其他因素相同的条件下，就农作物种植专业化水平，参与保险户比未参与保险户低 4 个~6.4 个百分点。由此说明，保险参与并未促使农户农业生产更具专业化，农户参与保险和其多样化种植农作物之间存在互补效应，可能的原因是现行的保险产品并不足以完全满足农户的风险保障需求，促使其选择多元化方式进行农业风险管理。

表6-4 农作物保险参与对农户农作物种植结构影响的 PSM 回归结果

匹配方法	农作物种植多样化程度（*HI*）			标准误	共同支撑样本量	
	处理组	控制组	*ATT*		处理组	控制组
最近邻匹配（1:1）	0.7197	0.7508	−0.0311	0.0299	416	213
最近邻匹配（1:2）	0.7197	0.7642	−0.0444 *	0.0270	416	213
最近邻匹配（1:3）	0.7197	0.7631	−0.0433 *	0.0260	416	213
局部线性回归匹配	0.7197	0.7622	−0.0425 *	0.0235	416	213
半径匹配	0.7209	0.7605	−0.0395 **	0.0244	406	208
马氏匹配	0.7197	0.7840	−0.0643 **	0.0289	416	213
核匹配	0.7197	0.7679	−0.0482 **	0.0231	416	213

注：*、**分别表示在10%、5%的水平上显著；最小近邻匹配采取有放回方式；在局部线性回归匹配与核匹配中，核函数为 normal；在半径匹配中，半径选取0.01。

关于匹配模型的匹配效果，图6-4呈现了处理组与控制组的倾向得分值分布。可知，在匹配前，处理组与控制组的倾向得分值的分布存在明显差异，如果直接对两组农户的农作物种植结构进行比较，得到的统计推

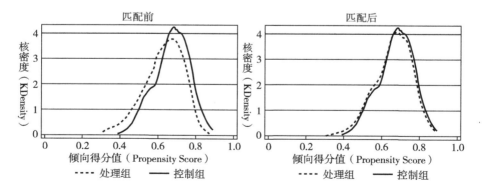

图6-4 核匹配下处理组和控制组在匹配前后的倾向得分值分布

断结果可能有偏；在匹配后，两组样本倾向得分值的分布已非常接近，说明匹配效果较好。

6.5.3 异质性分析

前文检验了农作物保险参与对农户种植结构调整的作用，接下来分别按照家庭收入结构、农地面积、种粮农户类型进行异质性分析。选择家庭收入结构作为划分标准，是因不同收入结构的家庭对农地这一生产要素的依赖性会有所差异，故农作物种植结构决策可能存在异质性。选择农地面积作为另一划分标准，是由于农地面积不同的农户，其农业生产的规模化程度也不同，故其农作物种植结构决策可能具有差异性。选择种粮农户类型是因不同类型农户在粮食生产方面存在差别，再加上不同品种农作物的保险保障水平也有区别，故农户的农作物种植结构决策可能明显有别。

6.5.3.1 分收入结构

根据农户家庭农业收入占比将样本区分为低、中、高三个类别，其中，低类别表示"农业收入占比≤1/3"，中类别表示"1/3<农业收入占比≤2/3"，高类别表示"2/3<农业收入占比≤1"，在此将家庭农业收入占比控制变量剔除，通过PSM方法进行估计，结果如表6-5所示。可知，农业收入占比处于低水平和中水平的农户参与农作物保险在5%的水平上会显著降低其生产专业化程度，保险参与对农户种植结构的调整效应集中在0.06~0.1的水平上，即在其他因素相同的条件下，参与保险户比未参与保险户的农作物种植专业化水平低6个~10个百分点，说明农户家庭的农业收入占比越低，其农业生产的多样化程度越高。

表 6-5 不同收入结构下农作物保险参与对农户种植
多样化影响的 PSM 回归结果

匹配方法	低（占比≤1/3）		中（1/3<占比≤2/3）		高（2/3<占比≤1）	
	ATT	标准误	*ATT*	标准误	*ATT*	标准误
最近邻匹配（1∶1）	−0.0944**	0.0543	−0.0803*	0.0644	−0.0409	0.0463

续表

匹配方法	低（占比≤1/3）		中（1/3<占比≤2/3）		高（2/3<占比≤1）	
	ATT	标准误	ATT	标准误	ATT	标准误
最近邻匹配（1∶2）	-0.0869**	0.0521	-0.1003**	0.0568	-0.0125	0.0406
最近邻匹配（1∶3）	-0.0836**	0.0512	-0.1005**	0.0519	-0.0042	0.0392
局部线性回归匹配	-0.0851**	0.0484	-0.0582*	0.0457	-0.0353	0.0348
半径匹配	-0.0591	0.0547	-0.0828*	0.0607	-0.0259	0.0376
马氏匹配	-0.0258	0.0596	-0.0827*	0.0535	-0.0725**	0.0423
核匹配	-0.0807**	0.0475	-0.0680*	0.0449	-0.0295	0.0339

注：*、**、***分别表示在10%、5%、1%的水平上显著。

6.5.3.2 分农地面积

根据农户农地面积将样本区分为小规模、中规模和大规模三个类别，其中，小规模表示"0亩≤农地面积≤15亩"，中规模表示"15亩<农地面积≤50亩"，大规模表示"农地面积>50亩"，在此将家庭农地面积控制变量剔除，通过PSM方法估计，结果如表6-6所示。可知，对不同农地规模的农户而言，参与农作物保险在5%或10%的水平上会显著降低其生产专业化程度，但保险参与对农户种植结构的调整作用会因农地规模不同而存在差别，小规模农户参与保险会使其农业生产的专业化程度减少0.05~0.08，中规模农户减少0.04~0.07，大规模农户减少0.07~0.12，说明参与农作物保险对大规模农户调整种植结构的效应更为明显。可能的原因是，大规模农户会因保险提供风险保障而进入农地流转市场，尤其是通过转入农地以扩大经营面积，即存在规模效应（钱龙等，2018）。根据实地调查，在158户大规模农户中有60.76%（96户）存在农地转入行为，且转入面积平均为110亩。同时，在大规模农户中，有农地转入农户的HI为0.69，无农地转入农户的HI为0.73，即农地流转可能降低大规模农户的生产专业化水平，使其经营更具多样化特点，这也说明大规模农户在农业生产中为合理转移经营风险，通常会统筹考虑种植低附加值农作物和高附加值农作物。

表 6-6 不同农地面积下农作物保险参与对农户种植

多样化影响的 PSM 回归结果

匹配方法	小规模 （0 亩 ≤ 农地面积<15 亩）		中规模 （15 亩 ≤ 农地面积<50 亩）		大规模 （农地面积 ≥ 50 亩）	
	ATT	标准误	*ATT*	标准误	*ATT*	标准误
最近邻匹配（1∶1）	−0.0651*	0.0587	−0.0180	0.0464	−0.0453	0.0712
最近邻匹配（1∶2）	−0.0561*	0.0509	−0.0241	0.0412	−0.0808*	0.0700
最近邻匹配（1∶3）	−0.0378	0.0484	−0.0251	0.0385	−0.0950*	0.0642
局部线性回归匹配	−0.0498*	0.0448	−0.0390*	0.0353	−0.0740*	0.0549
半径匹配	−0.0819*	0.0533	−0.0349	0.0361	−0.0858*	0.0613
马氏匹配	−0.0066	0.0517	−0.0718**	0.0424	−0.1164**	0.0572
核匹配	−0.0373	0.0440	−0.0437*	0.0351	−0.0908*	0.0543

注：*、**分别表示在10%、5%的水平上显著。

6.5.3.3 分种粮农户类型

一般而言，粮食有广义和狭义之分，广义上的粮食包括稻谷、小麦、玉米、大豆、薯类、高粱和其他杂粮，狭义上的粮食常指谷物尤其是稻谷、小麦和玉米。党的十八大以来，以习近平同志为核心的党中央把粮食安全作为治国理政的头等大事，提出了"确保谷物基本自给、口粮绝对安全"的新粮食安全观，其中，确保谷物自给主要是指确保水稻、小麦、玉米三大谷物自给。根据财政部《关于扩大三大粮食作物完全成本保险和种植收入保险实施范围的通知》（财金〔2021〕49号），保险标的为关系国计民生和粮食安全的稻谷、小麦、玉米三大粮食作物。因此，本章将稻谷、小麦、玉米三大粮食作物的播种面积作为衡量农户种粮情况的指标，其中，将只种植粮食作物、未种植经济作物的农户定义为纯粮食种植户，有223户；将同时种植粮食作物和经济作物但前者播种面积大于等于后者的农户定义为粮食为主种植户，有156户；将同时种植粮食作物和经济作物但前者播种面积小于后者的农户定义为粮食为辅种植户，有250户。PSM回归结果如表6-7所示。可知，对纯粮食种植户而言，参与农作物保险在1%或5%的水平上会显著降低其生产专业化程度，保险参与对农户种植结构的调整效应集中在0.03~0.05的水平上，即在其他因素相同的条件下，参与保险户比未参与保险户的农作物种植专业化水平低3个~5个百分点，说明农户家庭的粮食种植面积越大，其农业生产的多样化程度越高，可能的原因是不同类型粮食作物保险的保障水平和保费补贴存在差异，加之预期收益有别，促使农户调整其种粮品种选择和种植面积决策。另外，对粮食为主种植户和粮食为辅种植户而言，参与农作物保险虽会降低其生产专业化程度，但影响并不显著。

表6-7 不同种粮农户类型下农作物保险参与对其种植多样化影响的 PSM 回归结果

匹配方法	纯粮食种植户		粮食为主种植户		粮食为辅种植户	
	ATT	标准误	*ATT*	标准误	*ATT*	标准误
最近邻匹配（1∶1）	−0.0411**	0.0185	−0.0458*	0.0408	−0.0268	0.0622
最近邻匹配（1∶2）	−0.0374**	0.0165	−0.0357	0.0369	−0.0155	0.0558
最近邻匹配（1∶3）	−0.0320**	0.0169	−0.0430	0.0359	−0.0124	0.0546
局部线性回归匹配	−0.0411***	0.0176	−0.0307	0.0339	−0.0146	0.0440
半径匹配	−0.0371***	0.0175	−0.0555*	0.0377	−0.0113	0.0601
马氏匹配	−0.0452**	0.0177	−0.0028	0.0360	−0.0260	0.0476
核匹配	−0.0386***	0.0166	−0.0240	0.0329	−0.0134	0.0461

注：*、**、***分别表示在10%、5%、1%的水平上显著。

6.5.4 机制检验

为揭示参与农作物保险如何影响农户种粮行为，本章针对全部种植户和各类种粮农户分别采用 PSM 方法进行估计，结果如表6-8所示。可知，参与农作物保险在5%或10%的水平上会显著激励农户扩大三大粮食作物播种面积，尽管作用较小，这说明保险参与会使农户农业生产具有"趋粮化"特点。具体而言，在其他因素相同的条件下，参与保险户比未参与保险户的三大粮食作物的播种面积增加 0.14% ~ 0.2%。另外，参与保险对农户种粮行为的影响具有异质性特点，尤其是对粮食为辅种植户的作用最为明显，激励效应为 0.2% ~ 0.4%。本章认为，可能的解释有二：一是纯粮食种植户和粮食为主种植户可能考虑到资产专用性等因素而调整成本与调整风险，不会轻易调整其农作物种植结构；二是内蒙古不同品种农作物的保险保障水平存在差异，且多数粮食作物的保险保障水平要高于经济作物，这在一定程度上吸引粮食为辅种植户增加粮食作物种植面积。

表6-8　农作物保险参与对农户粮食作物种植影响的 PSM 回归结果

匹配方法	全部种植户		纯粮食种植户		粮食为主种植户		粮食为辅种植户	
	ATT	标准误	ATT	标准误	ATT	标准误	ATT	标准误
最近邻匹配（1∶1）	0.0872	0.1555	-0.0779 *	0.1831	0.3853 **	0.2156	0.3837 ***	0.2170
最近邻匹配（1∶2）	0.1997 *	0.1431	0.0007	0.1604	0.2057 *	0.1836	0.3365 **	0.1978
最近邻匹配（1∶3）	0.1769 *	0.1376	0.0637	0.1493	0.1823 *	0.1781	0.3436 **	0.1978
局部线性回归匹配	0.1403 *	0.1247	0.0557	0.1382	0.1212	0.1711	0.1868 *	0.1854
半径匹配	0.1498 *	0.1291	-0.0150 *	0.1542	0.1586	0.1835	0.3184 **	0.1967
马氏匹配	0.1469	0.1531	0.0088	0.1536	0.1983	0.2138	0.3182 **	0.2117
核匹配	0.1559 *	0.1241	0.0775	0.1353	0.1082	0.1693	0.2432 *	0.1810

注：*、**、***分别表示在10%、5%、1%的水平上显著。

6.6　结论和启示

作为强农富农保农政策的重要金融工具，21世纪以来中国农业保险的发展取得巨大成就，在"十四五"乃至更长时期农业保险高质量发展的应有之义是保障国家粮食安全。本章主要考察农作物保险政策对农户种植结构的影响，从理论上分析参与农作物保险为何以及如何影响农户种植结构及种粮行为，并以北方粮食主产区内蒙古为例，通过629户农户的田野调查数据进行实证检验，主要的研究发现包括：第一，农户参与保险会显著影响其农作物种植结构，特别是降低农业生产的专业化水平。这一结论在采用倾向得分匹配方法处理内生性问题后依然成立。在其他因素相同的条件下，就农作物种植专业化水平来说，参与保险户比未参与保险户低4.6%~6.5%；农户参与保险和其多样化种植之间存在互补效应。第二，不同类型农户参与农作物保险对其农业生产结构的作用存在差异。家庭农业收入占比处于低水平和中水平的农户参与保险会显著降低其生产专业化程度；参与保险对大规模农户调整种植结构的效应更为明显；对纯粮食种植户而言，参与保险会使其农作物种植专业化水平减少3个~5个百分点。第三，参与农作物保险会激励农户扩大三大粮食作物播种面积，但作用较小，在其他因素相同的条件下，参与保险户比未参与保险户的三大粮食作物播种面积增加0.14%~0.2%，说明保险参与会使农户农业生产具有"趋粮化"特点。

根据上述具有区域针对性的研究结论，主要考虑和内蒙古具有同质性的北方粮食主产区，聚焦新时代深化农业供给侧结构性改革和保障国家粮食安全，本章提出以下政策启示：第一，由于物化成本保险保障水平较低，未能促进农业生产专业化种植，因此通过农业保险高质量发展引导农户调整农作物种植结构。持续扩大农业保险覆盖面、增加险种、提高保障，以此激励农户调整农业生产结构。第二，农业保险产品更具针对性和差异性。由于参与农作物保险对农户种植结构调整和种粮行为的作用会因农户类型不同而存在异质性，故农业保险要更多地体现对不同农业经营主体、同一经营主体不同保险标的的适配性，加强对大规模农户、种粮农户的精准扶持，通过保险对其合理收益进行保障来确保农地农用、粮地粮用，以此调动地方抓粮和农户种粮的积极性。第三，扩大粮食作物完全成本保险和种植收入保险两类高保障水平险种的试点范围，逐步从主粮作物扩至非主粮作物，从产粮大省扩至非产粮大省，从产粮大县扩至非产粮大县，提升农户参保积极性。第四，要强化"规模农户""种粮大户"对完全成本保险、收入保险的认知水平。长期以来，中国实施了"低保障、低赔付、广覆盖"的农业保险制度，广大农户对"高保障、高赔付"的完全成本保险、收入保险认知度较低，这在很大程度上影响了其参保后的生产行为变化。因此，未来要通过广泛宣传与专项教育等方式，让农户全面地了解完全成本保险和收入保险，厘清"低保障、低赔付"的物化成本保险与"高保障、高赔付"的完全成本和收入保险的本质差异。让更多农户，尤其是"规模农户""种粮大户"积极参保，主动融入农业专业化生产。

本章的主要结论是基于特定的农业保险政策（物化成本保险）和特定的地区（内蒙古自治区）产生的，因此，本章存在一定的局限性。首先，虽然内蒙古是中国主要的粮食主产区，但它只是 13 个粮食主产区之一。其次，样本量为 629 户，相对较少，且采用横截面数据而非面板数据，可能对农业保险政策和农户生产行为之间关系的动态性分析不够全面。最后，本章选用倾向得分匹配方法估计保险参与和农户农作物种植行为之间的因果关系，仅可以缓解因可观测变量引起的内生性问题，并不能处理由不可观测变量带来的内生性，故应谨慎将本章的研究结果应用于研究区域以外的地区。本章认为，如果内蒙古的物化成本保险对农户的粮食种植行为存在积极影响，那么现行试点的高保险保障水平的农业保险政策可能会加深这种影响。因此，进一步的研究方向可能是使用面板数据、扩大样本区域、优化模型方法、替换为具有高保障水平特征的农业保险产品，更好地揭示中国农业保险与农户行为之间的动态因果关系。

参考文献

[1] 董晓霞，黄季焜，Scott Rozelle，等. 地理区位、交通基础设施与种植业结构调整研究 [J]. 管理世界，2006（9）：59-63+79.

［2］方蕊，安毅，刘文超."保险+期货"试点可以提高农户种粮积极性吗？——基于农户参与意愿中介效应与政府补贴满意度调节效应的分析［J］.中国农村经济，2019（6）：113-126.

［3］付小鹏，梁平.政策性农业保险试点改变了农民多样化种植行为吗？［J］.农业技术经济，2017（9）：66-79.

［4］高晨雪，汪明，叶涛，等.种植行为及保险决策在不同收入结构农户间的差异分析［J］.农业技术经济，2013（10）：46-55.

［5］高凯，丁少群，王信.我国农业保险发展的省际差异性及其形成机制研究［J］.保险研究，2020（4）：53-68.

［6］贺娟.我国农业保险参保现状及应对措施——基于行为经济学视角［J］.保险研究，2020（11）：19-31.

［7］姜岩，李扬.政府补贴、风险管理与农业保险参保行为——基于江苏省农户调查数据的实证分析［J］.农业技术经济，2012（10）：65-72.

［8］刘婧.我国农业保险高质量发展现状、问题及对策建议［J］.中国保险，2021（8）：50-53.

［9］刘蔚，孙蓉.农险财政补贴影响农户行为及种植结构的传导机制——基于保费补贴前后全国面板数据比较分析［J］.保险研究，2016（7）：11-24.

［10］刘莹，黄季焜.农户多目标种植决策模型与目标权重的估计［J］.经济研究，2010（1）：148-157+160.

［11］罗向明，张伟，丁继锋.收入调节、粮食安全与欠发达地区农业保险补贴安排［J］.农业经济问题，2011（1）：18-23.

［12］钱龙，袁航，刘景景，洪名勇.农地流转影响粮食种植结构分析［J］.农业技术经济，2018（8）：63-74.

［13］任天驰，杨汭华.小农户衔接现代农业生产：农业保险的要素配置作用——来自第三次全国农业普查的微观证据［J］.财经科学，2020（7）：41-53.

［14］任天驰，张洪振，杨汭华.农业保险保障水平如何影响农业生产效率：基于鄂、赣、川、滇四省调查数据［J］.中国人口·资源与环境，2021（7）：161-170.

［15］任天驰，张洪振，杨晓慧，杨汭华.农业保险保障水平与农户生产投资：一个"倒U型"关系——基于鄂、赣、川、滇四省调查数据［J］.中国农村观察，2021（5）：128-144.

［16］吴清华，李谷成，周晓时，等.基础设施、农业区位与种植业结构调整——基于1995—2013年省际面板数据的实证［J］.农业技术经济，2015（3）：25-32.

［17］徐斌，孙蓉.粮食安全背景下农业保险对农户生产行为的影响效应——基于粮食主产区微观数据的实证研究［J］.财经科学，2016（6）：97-111.

［18］许庆，陆钰凤，张恒春.农业支持保护补贴促进规模农户种粮了吗？——基于全国农村固定观察点调查数据的分析［J］.中国农村经济，2020（4）：15-33.

［19］张峭，王克，松建国.中国农业保险保障分析与评价［M］.北京：中国金融出版社，2020.

［20］张伟，易沛，徐静，黄颖.政策性农业保险对粮食产出的激励效应［J］.保险研究，2019（1）：32-44.

［21］张跃华，史清华，顾海英.农业保险对农民、国家的福利影响及实证研究——来自上海农业保险的证据［J］.制度经济学研究，2006（2）：1-23.

［22］张哲晰，穆月英，侯玲玲.参加农业保险能优化要素配置吗？——农户投保行为内生化的生产效应分析［J］.中国农村经济，2018（10）：53-70.

［23］张卓，尹航.我国农业保险农户参保率的区域分化——来自于种植结构与替代性收入渠道视角的解释［J］.保险研究，2019（1）：15-31.

［24］张祖荣. 农业保险功用解构：由农户与政府边界［J］. 改革，2012（5）：132-137.

［25］宗国富，周文杰. 农业保险对农户生产行为影响研究［J］. 保险研究，2014（4）：23-30.

［26］Barnett B. , Coble K. , Knight T. , et al. Impact of the Cotton Crop Insurance Program on Cotton Planted Acreage［R］. Technical Report, Report Prepared for the Board of Directors, Federal Crop Insurance Corporation, Risk Management Agency, U. S, 2002.

［27］Cai J. The Impact of Insurance Provision on Households' Production and Financial Decisions［J］. American Economic Journal: Economic Policy, 2016, 8（2）：44-88.

［28］Capitanio F. , Adinolfi F. , Santeramo F. G. Environmental Implications of Crop Insurance Subsidies in Southern Italy［J］. International Journal of Environmental Studies, 2014, 72（1）：179-190.

［29］Claassen R. , Langpap C. , Wu J. J. Impacts of Federal Crop Insurance on Land Use and Environmental Quality［J］. American Journal of Agricultural Economics, 2017, 99（3）：592-613.

［30］Cole S. , Gine X. , Vickery J. How Does Risk Management Influence Production Decisions? Evidence from a Field Experiment［R］. Working Paper, 2013.

［31］Deryugina T. , Konar M. Impacts of Crop Insurance on Water Withdrawals for Irrigation［J］. Advances in Water Resources, 2017, 110：437-444.

［32］Elabed G. , Carter M. R. Ex-ante Impacts of Agricultural Insurance: Evidence from a Field Experiment in Mali［J］. Working Paper, 2015.

［33］Goodwin B. K. , Vandeveer M. L. , Deal J. L. An Empirical Analysis of Acreage Effects of Participation in the Federal Crop Insurance Program［J］. American Journal of Agricultural Economics, 2004, 86（4）：

1058-1077.

［34］Hill R. V. , Kumar N. , Magnan N. , et al. Ex Ante and Ex Post Effects of Hybrid Index Insurance in Bangladesh ［J］. Journal of Development Economics, 2019, 136: 1-17.

［35］Karlan D. , Osei R. , Osei-Akoto I. , et al. Agricultural Decisions after Relaxing Credit and Risk Constraints ［J］. The Quarterly Journal of Economics, 2014, 129 (2): 597-652.

［36］Mobarak A. M. , Rosenzweig M. R. Selling Formal Insurance to the Informally Insured ［J］. Working Paper, 2012.

［37］O' Donoghue E. J. , Roberts M. J. , Key N. Did the Federal Crop Insurance Reform Act Alter Farm Enterprise Diversification? ［J］. Journal of Agricultural Economics, 2009, 60 (1): 80-104.

［38］Rosenbaum P. R. , Rubin D. B. The Central Role of the Propensity Score in Observational Studies for Causal Effects ［J］. Biometrika, 1983, 70 (1): 41-55.

［39］Seo S. , Mitchell P. D. , Leatham D. J. Effects of Federal Risk Management Programs on Optimal Acreage Allocation and Nitrogen Use in a Texas Cotton-Sorghum System ［J］. Journal of Agricultural and Applied Economics, 2005, 37 (3): 685-699.

［40］Turvey C. G. An Economic Analysis of Alternative Farm Revenue Insurance Policies ［J］. Canadian Journal of Agricultural Economics/Revue Canadienne D Agroeconomie, 1992, 40 (3): 403-426.

［41］Varadan R. J. , Kumar P. Impact of Crop Insurance on Rice Farming in Tamil Nadu ［J］. Agricultural Economics Research Review, 2012, 25 (2): 291-298.

［42］Young C. E. , Vandeveer M. L. , Schnepf R. D. Production and Price Impacts of U. S. Crop Insurance Programs ［J］. American Journal of Agricultural Economics, 2001, 83 (5): 1196-1203.

［43］Yu J. S. , Smith A. , Sumner D. A. Effects of Crop Insurance Premium Subsidies on Crop Acreage ［J］. American Journal of Agricultural Economics, 2018, 100 （1）: 91–114.

7 气候变化、保险参与和
农户农业化学要素投入[①]

　　全球气候变化已成为威胁农业生产和粮食安全的重要因素，尤其在农业生产高度依赖自然资源的中国，极端天气事件的频繁发生给农户的生产决策带来了不确定性。《"十四五"全国种植业发展规划》（农农发〔2021〕11号）明确提出，当前受全球气候变化影响，极端天气增加，灾害对农业特别是粮食生产影响力重。面对这一挑战，推动农业绿色发展、实施化肥农药减量增效行动成为保障粮食安全和实现农业生产绿色转型的必然选择。农业保险作为一种重要的农业支持政策，旨在为农户提供生产过程中因自然灾害或市场波动造成的收入损失保障，减轻农户的生产风险。然而，农业保险在为农户提供风险保障时是否可以影响其在农业生产中的化学要素投入行为；能否通过转移气候变化风险，正向激励农户减少化学要素投入，进而促进农业生产的绿色转型，是当前值得深入研究的课题。这一探索对于推动农业生产绿色转型、促进农业可持续发展具有重要意义。

　　在气候变化、农业保险参与和农户化学要素投入领域，国内外学者的研究已有丰富积累，但仍存在一些不足。首先，关于气候变化对农业生产

　　① 本章是笔者指导的硕士研究生学位论文的一部分，原文名称《气候变化、保险参与和农户化学要素投入：基于全国农村固定观察点数据的实证》。

要素投入的影响，已有研究揭示了气候变化不仅影响农业产出，还影响化肥、农药等生产要素的利用效率。部分研究表明，气候变化可能通过延长农作物生长期、增加病虫害发生率等途径，使农户增加化学要素投入。然而，不同地区和农作物对此的反应不尽相同，气候变化对化肥使用的影响呈现出显著的区域异质性。这一领域的研究为理解气候变化如何作用于农户的生产投入决策提供了实证依据，但尚需进一步细化分析不同气候条件和生产环境下的具体效应。其次，在气候变化与农业保险的关系研究中，已有文献指出农业保险在应对气候风险中的重要性。农业保险可以为农户提供重要的经济保障，减少气候风险对农业经济的负面影响。部分研究还发现，农户的气候风险认知影响其购买保险的行为，在农业保险的框架内，气候风险越大，农户购买农业保险的积极性可能越高，气候风险会诱发农户的损失厌恶感，从而转化为农业保险的购买需求及行为。关于农业保险对农户化学要素投入行为的具体影响，已有研究的结论并不一致。一些研究发现，农业保险通过稳定收入，减少了农户对短期收益的追求，促使其减少化肥和农药的施用，从而推动了绿色农业生产；另一些研究则指出，农业保险可能因为提供了收入保障，反而激励农户增加化学要素投入，这可能导致环境负担加重。研究结论的差异可能与不同地区、农作物类型以及保险产品设计等因素有关，这揭示了农户的异质性对保险政策实施效果的重要性。总体来看，关于气候变化、农业保险参与和农户化学要素投入行为之间关系的研究相对较少，特别是基于中国的大规模微观数据的实证研究更为匮乏。因此，进一步探讨气候变化背景下农业保险对农户化学要素投入的影响机制，尤其是农业保险在推动绿色生产中的潜在作用，具有重要的现实意义。

本章基于中国农村固定观察点数据，采用联立方程模型分析气候变化、农业保险参与和农户化学要素投入之间的关系。研究的核心问题是：在全球气候变化背景下，农业保险参与是否能够显著影响农户的化学要素投入行为，进而推动农业生产的绿色转型？本章试图通过实证分析，回答以下三个具体问题：①气候变化对农户的化学要素投入行为有何影响？是否加剧了农户对化肥、农药的依赖？②农业保险参与是否能够减少农户的化学要素投入，进而推动农业绿色生产？③农业保险在"气候变化-农户化学要素投入"关系中是否发挥了调节作用，缓解了气候变化对农户化学要素投入的负面影响？在研究方法上，本章首先利用中国农村固定观察点的微观数据，分析气候变化、农业保险与农户化学要素投入的相关性；其次采用联立方程模型对三者之间的因果关系进行实证检验，以克服传统单方程模型可能存在的内生性问题。本章通过异质性分析，考察了不同粮食生产功能区农户的农业保险参与对化学要素投入的差异性影响。本章的研究结果表明：第一，气候变暖显著增加了农户对化学要素的投入，气候变化导致农户面临更大的农业生产风险，进而促使其增加化肥和农药投入，以确保农作物产量不受极端气候的影响。同时，气候变暖显著提高了农户参与农业保险的积极性，表明农业保险在应对气候变化中的重要作用。第二，家庭收入高且具有高风险偏好的大规模全职农户会显著增加化学要素施用量。第三，农业保险对农户化肥施用水平的影响效果因不同的粮食生产功能区而存在异质性，其中，政策实施在粮食主产区、主销区和产销平衡区均实现了不同程度的化肥施用减量，但仅对粮食产销平衡区化肥投入减量的影响效果显著。此外，本章还发现，农业保险在"气候变化—农户化学要素投入"关系中发挥了显著的调节作用。通过提供风险保障，农业保险减轻了气候变化带来的不确定性，促使农户在面临极端气候时能够减少化学要素的施用，转而采用更加环境友好的生产方式。这一发现表明，农业保险不仅是一种重要的农业风险管理工具，还是推动农业绿色生产的关键政策工具。

本章的研究结果为政策制定者提供了新的决策依据。为进一步推动农业绿色转型，首先，政策制定者应加强农业保险与绿色生产的结合，通过提高农业保险的保障水平和覆盖范围，引导农户减少化学要素投入。同时，应加强对农户的教育宣传和培训，提高其对科学施肥的认识和重视程度，提升其参与农业保险的积极性。其次，农业保险政策设计要因地制宜、因人制宜，充分考虑各地区的区域特性，采取相应措施，将化肥、农药减量核心区域聚焦于粮食主产区，以有效减少化学要素的投入。最后，未来的农业保险政策应更加注重与气候变化的联动作用，通过创新"气象+农业保险"产品和扩大保险覆盖范围，进一步推动农业绿色生产，实现农业可持续发展和保障粮食安全的双重目标。

7.1　引言

7.1.1　选题背景

党的二十大报告指出，"大自然是人类赖以生存发展的基本条件。尊重自然、顺应自然、保护自然，是全面建设社会主义现代化国家的内在要求"。因此，推动农业高质量发展，促进农业由"量"到"质"深刻变革，是全面落实党的二十大绿色发展精神，实现乡村全面振兴的必然选择，也是农业自身发展问题倒逼下的客观要求。农户作为农业绿色生产的决策者与执行者，其生产行为是推动农业绿色发展的关键，而在现代农业生产中，化学要素已经成为一项必不可少的投入，其中，化肥、农药的投入在提升土地肥力、减轻病虫害、提高农业生产率等方面具有难以替代的作用。《到2025年化肥减量化行动方案》和《到2025年化学农药减量化行动方案》提到，中国农作物亩均化肥用量与世界先进水平仍有一定差距，不同地区、不同作物、不同经营主体施肥不均衡的问题仍然突出。投入化学要素是农业生产者理性决策的结果，故如何引导与调动农业生产者从事绿色生产，是推动农业绿色发展的核心要义。国内外学者关于农户绿色生产的研究相对比较成熟，但早期的研究文献主要集中于对农户绿色生产技术采纳意愿、行为及其影响因素等的泛泛研究。随着研究推进，学者们开始针对单一影响因素进行深入研究，并由此扩展至驱动农户进行绿色生产的路径。学者们多角度、多层次研究了农户绿色生产带动机制，研究成果颇为丰富，但大多数研究仍停留于"意愿"阶段，并未基于"提升采纳意愿，进而采取何种绿色生产行为"的逻辑进行论证。

现如今全球气候变化、环境污染已经成为人类面临的严峻挑战之一，全世界的关注焦点落在了"绿色化"发展上，农业绿色生产也成为继工业绿色生产后又一个关注的重点。因此，气候变化可能会引起农户化学要素投入行为的变化。例如，肥效对环境温度变化十分敏感，尤其是氮肥，温度每增高 $1℃$，能被农作物直接吸收利用的速效氮释放量将增加约 4%，释放期将缩短 3.6 天，若要维持原有肥效，农户每次的施肥量就需要增加 4% 左右（林而达和杨修，2003）。加之随着农作物生长季延长，各种病虫害发生的概率上升，加剧了病虫害的流行和杂草蔓延。综上所述，气候变暖可能将影响农户化肥、农药等其他化学品的施用量。由此可见，考察气候变化对化肥投入量的影响具有十分重要的意义，不仅可以更好地评估气候变化对农业生产以及生态环境产生的影响，也有助于更好地制定相关政策。

全球气候变暖与旱灾、洪灾等自然灾害的发生概率和严重程度存在显著正相关关系（Bellprat et al.，2019）。2024 年中央一号文件强调，加强气象灾害短期预警和中长期趋势研判，健全农业防灾减灾救灾长效机制。在应对全球气候变化带来的日益频繁和强烈的极端天气事件方面，农业保险发挥着至关重要的作用，该政策的日趋完善为农业生产者提供了一种高效的风险管理工具，有助于分散和转移他们在面临自然灾害时可能承受的经济损失，保障粮食安全，稳定农户收入。为实现农业生产方式绿色转型的目标和要求，具体调整策略可能有二：一是减量，二是替代。减量即在保障产量和收益的前提下，通过优化生产方式，合理降低化学要素的施用量；替代则是指采用有机肥料、生物农药、可降解地膜等替代品来替代或逐步淘汰传统的农用化学品。然而，由于采用农业绿色生产行为具有正外部性、投资大、收益期长等特点，大部分农户采纳意愿较低，且采纳意愿与采纳行为之间还可能存在一定程度的"脱节"或背离，故逐步提高意愿，进而减少化学要素投入的路径，虽是一条改善生态环境、促进农业可持续发展的根本道路，但需经历一个持续、漫长的过程。已有研究表明，中国农业保险政策客观上有利于促进农业绿色发展和减轻环境污染（庹国柱，2022），其保障水平的提高对化肥、农药投入均存在显著负向影响（任天驰等，2021）。基于此，本章尝试对以下问题进行解答：

问题一：现阶段全球气候变化对农户化学要素投入行为有何影响？具体作用方向是什么？作用大小如何？

问题二：农业保险在为农户提供风险保障时是否可以影响农户在农业生产中的化学要素投入行为？

问题三：农业保险是否可以转移气候变化风险并发挥正向激励作用，如引导农户减少化学要素投入，转向环境友好型生产方式，以减轻生态环境压力？

7.1.2 研究意义

在理论方面，通过构建"气候变化—农户化学要素投入"和"保险参与—农户化学要素投入"双向因果关系，以及"气候变化引起农户保险参与"单向因果关系的理论机制，探寻气候变化、农业保险与农户化学要素施用量之间的关系，进而将气候变化纳入考虑，分析农业保险政策参与对农户化学要素投入的间接影响与引导方向，对合理制定农业保险政策，维护中国粮食安全和实现农业现代化至关重要。

在现实方面，本章通过对气候变化、农业保险参与和农户化学要素投入行为的研究，分析保险参与对气候变化与化学要素施用情况的具体效应，研究成果可为管理气候风险、激励农户参与农业保险、促进现代农业可持续发展和保障粮食供给安全提供有益启示，并为"气象+农业保险"项目开展提供决策依据。

7.1.3 文献综述

7.1.3.1 关于气候变化对要素投入影响的研究

目前，学术界有关气候变化如何影响农业生产的产出方面的研究成果颇为丰富（高江波等，2022；尹朝静和高雪，2022；易福金等，2021；冯晓龙等，2017），但只有极少数的研究涉及气候变化对农业生产中的资本投入特别是各类成本要素投入行为方面的影响。

白秀广和张波（2022）发现，气候变化不仅影响农业产出，还对化肥、农药等生产要素的投入数量和效率产生影响，他们基于1992~2016年中国苹果主产省苹果投入产出和气候数据实证分析了气候变化对苹果化肥利用效率的影响，研究发现，苹果生长期气温及其变化对主产区苹果生产的化肥利用效率具有显著影响，但不同苹果生长期的气温及其变化对化肥利用效率的影响不同。陈苏和黄怡素（2023）采用随机前沿分析方法，测算2004~2018年南方稻作区早稻和晚稻的化肥利用效率，并分析气候变化对双季稻化肥利用效率的影响，发现气候变化因子中高温度日对双季稻化肥利用效率有显著的负向影响。另外，短期内气候变化会负向影响当年的化肥利用效率，但长期内气候变化使农户更能合理调整施肥行为，促使化肥利用效率提高。机制检验发现，气候变化通过减少双季稻单产和增加化肥投入从而降低化肥利用效率。Kranthi和Stone（2020）指出，转基因抗虫棉技术推广对化肥施用量高度依赖，其推广会促进棉农增加化肥投入。Tabashnik和Carrière（2019）研究发现，长期来看，转基因抗虫棉已表现出明显的抗性，农户为应对害虫可能需要持续增加农药用量。另外，由于广谱农药施用量的大幅度减少，非靶标害虫逐渐成为主要害虫，这增加了农药施用的负担（Lu et al.，2010）。Karlan等（2014）将加纳的农民随机分成三个实验组，分别接受现金补贴、购买降雨指数保险，或两者的结合，结果发现，农民为有效规避降雨风险会选择购买降雨指数保险，进而增加对农业风险要素的投资和有风险的生产选择。曹大宇和朱红根（2017）利用中国26个省份2001~2012年的面板数据，实证分析气温和降水量变化对中国种植业生产中化肥使用强度的影响，结果表明，年平均气温上升有助于降低化肥的使用强度，而年降水量的增加则会提升化肥的使用强度，气候变化对不同气候区化肥投入的影响存在异质性。陈俊聪等（2016）发现，在西北地区，化肥施用量与降水量的关系显著为正；在东北地区，化肥施用量与温度的关系显著为正并促进了粮食单产的增加，这说明不同地区的气候变化会促进化肥投入增加来保证粮食单产。这与丁宇刚和孙祁祥（2022）的研究结论有所不同，后者通过机制分析表明，气候风险并未通过影响农业投入环节对农业经济发展产生负面影响，而是直接作用于农业经济产出，造成上述结论差异的原因可能是样本、被解释变量等构成不同。

7.1.3.2　关于气候变化与农业保险关系的研究

保险机构为包括气候变化在内的各类风险事件的损失提供风险保障（Stephen et al.，2021）。Mills（2005，2012）提出，气候变化是保险业面对的最大风险，若无法有效控制该风险，将会抑制保险发展。Douglas（2022）根据环境工作组（Environmental Working Group，EWG）的数据分析发现，过去 25 年来，因干旱和洪水导致支付给美国农民的农作物损失保险赔付增加了三倍多。

已有关于气候变化与保险关系的研究主要聚焦于两个方面：一是对受气候变化影响较大的农业经济进行分析，探讨农业保险为气候风险提供的保障。丁宇刚和孙祁祥（2022）研究了气候风险对中国农业经济发展的影响及其机制，认为气候风险较高地区的农业经济产出增速要显著比其他地区低；气候风险对同一地理区域内人均收入水平较低的地区有更显著的影响；气候风险对农业保险保障水平较高地区或农业现代化水平较高地区的农业经济发展的影响较弱，这说明农业保险的发展和农业现代化水平的提高可降低气候风险对经济的负面影响，也说明利用农业保险应对气候风险保障农业经济发展具有有效性。二是从理论上来看，在农业保险的框架内，气候风险越大，农户参与农业保险的积极性可能越高。Melser 等（2024）考察了澳大利亚气候风险与家庭投保之间的关系，结果显示，飓风灾害的系数显著为正，即飓风风险每增加一个标准差，购买农业保险的概率增加约 1.2 个百分点。郑沃林等（2020）通过"农户自评气候风险发生次数与县级层面农户提供的气候风险平均发生次数的差值"刻画农户气候风险认知变量，基于"气候风险认知—政策工具—市场扭曲"框架，揭示农业保险市场扭曲的实质，即农户气候风险认知偏差的内生性扭曲和政策工具干预的外生性扭曲。实证结果显示，农户普遍存在风险认知偏差，即使面临严峻的气候风险，参加农业保险也不是必然的，而农业救济的存在抑制了保险补贴对农户购买农业保险行为的正向作用，限制了农业保险市场规模的扩大，这印证了救济政策与补贴政策存在冲突是造成农业保险市场扭曲的原因。因此，培育农业保险市场，既需要校正农户气候风险认知的偏差，也要适时调整农业补贴政策，使政策工具和保险市场相互促进。郑沃林等（2021）采用辽宁、江苏、广东、河南、江西、山西、宁夏、四川、贵州9个省份地级市的气候数据及农户微观数据进行实证分析，研究表明，气候风险会诱发农户的损失厌恶感，从而转化为农业保险的购买需求，但该需求因农户行为能力的差异而存在异质性，具体表现为：生产型农户相较生活型农户更容易受气候风险的影响，从而产生购买农业保险的需求。胡新艳和郑沃林（2021）利用地级市气候数据和农户微观数据展开实证分析，发现气候变化对农户农业保险购买行为存在显著促进作用。

Janzen 和 Carte（2019）通过实证检验农业保险在应对极端气候事件方面的作用，他们利用肯尼亚农村一项随机对照试验的数据进行分析，结果显示，平均而言，参与保险减少了干旱引起的出售资产或减少消费的行为。Kaleab 等（2020）基于埃塞俄比亚参与天气指数作物保险（WICI）的小农调查数据，实证检验了 WICI 对农户风险感知的影响，模型结果显示，与未参与 WICI 的农户相比，参与 WICI 会显著降低农户的风险规避程度。

针对农业保险在应对气候风险方面的具体实践，Gunnsteinsson（2020）认为，由于菲律宾水稻作物保险存在信息不对称问题，导致农户在参与台风、洪水保险以及农作物病虫害保险中存在严重的道德风险和逆向选择，他提出基于历史数据构建洪水风险、作物病害风险地图，不为风险地块承保或收取高额保费等建议以改善道德风险和逆向选择问题。王信和姜晶晶（2021）指出，中国保险覆盖率低、保险公司投资组合的气候风险敏感性低、气候相关风险保障缺口大，可能造成气候风险的冲击较大，并提出应逐步建立政策性巨灾保险和商业保险相结合的多层次气候巨灾风险管理体系。刘亚洲等（2022）发现，在应对农业风险时现行政策性农业保险与气象指数保险之间存在互补关系，现行政策性农业保险适合对个体风险进行管理，发挥风险管理功能；气象指数保险适合对系统性风险进行管理，发挥收入支持功能。

7.1.3.3 关于农业保险影响农户要素投入行为的研究

长期以来，学者关注的有土地、资本、劳动力、技术要素等方面，本章重点对农业保险如何影响农户化学要素投入进行梳理与总结。学者对于参与农业保险和农户要素投入之间的关系一直存在争议，有关农业保险对农户在农业生产中的要素投入产生何种影响已成为国内外农业保险理论界的研究热点之一。农业保险参与可以影响农户生产要素配置行为尤其是农用化学要素施用行为，且因农户的要素投入行为受农业生产条件、农户决策行为、农户风险态度、要素风险属性、保险产品设计等因素的综合影响而存在异质性特点。

参与农业保险可影响农户化学要素投入（Horowitz 和 Lichtenberg，1993），但由于不同国家之间的农业保险政策和保费补贴制度存在差异，学术界在投入方向上并未形成一致结果。Loehman 和 Nelson（1992）提出，化肥、农药具有不同的风险性质，并且它们各自的风险属性主要取决于特定的自然环境，如气候、降雨量、病虫发生率等（钟甫宁等，2007）。有研究对不同要素的风险类型进行了界定，认为化肥属于"增加风险型"要素，而农药是一种"减少风险型"要素，故参与保险可能对化肥和农药的施用产生不同的作用。钟甫宁等（2007）以新疆玛纳斯河流域棉农为例，运用联立方程组对现行农业保险制度与农户农用化学要素施用行为之间的关系进行实证分析，结果显示，农户购买农业保险后更倾向于减少农药施用而投入更多的农膜与化肥。马改艳和赖永波（2021）基于对福建省稻农的调查数据发现，农户参保后其单位面积化肥投入量增加了 6.21%，而单位面积农药投入量降低了 1.82%，且因农户耕地规模大小存在异质性。

一些学者认为，农业保险可以促进农药、化肥等化学要素投入的增加。Babcock 和 Hennessy（1996）针对艾奥瓦州的农户运用蒙特卡罗模拟进行了分析，发现如果保障水平低于（或等于）70%时，农业保险计划会引致氮肥施用的少量减少；而如果保障水平为 90%时，高风险规避型的农户会减少化肥施用约 10%。Hill 和 Viceisza（2012）在埃塞俄比亚农村进行了一项田间试验，结果表明，农民购买农业保险对化肥投入有正向影响。Capitanio 等（2014）指出，农业保险会促使农户在农业生产中增加氮肥施用，增幅为 0.1 吨/公顷，但随着农户风险规避程度的增加，其会减少氮肥施用，因为氮肥属于风险增加型要素。Berhane 等（2015）基于埃塞俄比亚研究认为，降雨指数保险会鼓励农户增加农业生产投资，其中，肥料施用会提高约 13%。Enjolras 和 Aubert（2020）结合倾向得分匹配、双重差分模型比较参保和非参保农户在农作物种植中农药使用的变化，研究发现，虽然所有农作物的农药施用量都有所降低，但大田作物和优质葡萄作为参与保险最多和农药施用量最大的两种主要作物，参与保险对其农药减量并未产生影响。Niklas 等（2020）以法国和瑞士为例，分析了农作物保险与农药使用的关系，结果显示，在欧洲农业中，农作物保险与农药使用之间呈正相关关系，若不参与农作物保险，农药费用将降低 6%（法国）和 11%（瑞士）。Sibiko 和 Qaim（2020）基于对肯尼亚玉米种植户的调查发现，农户参与天气指数保险会使其在农业生产中的肥料投入增加约 50%。Kaleab 等（2020）发现，农户为了规避气候风险选择购买天气指数作物保险，参保后对增加化肥的施用具有正向作用。He 等（2020）基于对菲律宾玉米种植户的调查发现，农作物生产成本保险促进了农户对化学投入的使用。任天驰等（2021）发现，在农业投资方面，中国现阶段农业保险保障水平主要通过增加短期投资（化肥、农药等）来提高农业生产效率。Li 等（2021）基于对中国陕西省 1051 户农户的调查发现，被保果树种植在使用化肥和农药上的花费更多，即生产成本保险在农业生产中加大化学品投入费用的积极边际激励大于消极的道德风险效应。Niu 等（2022）基于中国 2000~2020 年 31 个省份的面板数据，采用双重差分模型评价政策性农业保险对农业肥料非点源污染的影响，研究结果显示，政策性农业保险可能通过过度使用化肥渠道来触发道德风险机制，从而加剧了农业肥料的非点源污染。同时，该影响直到 2012 年政策性农业保险完全覆盖后才不显著。佘宗昀等（2022）基于 2008~2019 年中国 30 个省份的种植业数据发现，农户在参与农业保险后会在一定程度上增加化学要素投入，而且环境效应是农户生产决策的次要条件。Aubert 和 Enjolras（2022）基于 2007~2015 年法国农场的面板数据，通过联立方程模型研究了欧洲补贴对农药支出的影响效应，结果显示，虽然补贴总额未显著影响农药支出，但在传统农业政策下保费补贴有助于增加农药支出，而在以绿色生产为核心的农业政策下会使农药支出减少。

另有学者认为，农业保险作为分散风险、稳定收入的有效手段，能够在一定程度上提高农户的风险承受能力进而抑制农药和化肥的投入。张哲晰等（2018）以黄淮海与环渤海设施蔬菜优势产区蔬菜专业村 2017 年蔬菜种植户为例，发现农户投保会通过成本挤占、道德风险与调整资源配置三条途径降低亩均化肥投入，体现了农业保险间接发挥了优化要素配置的功能。张驰等（2019）利用 2015 年黑龙江、河南、浙江、四川 4 个省份粮农的调研数据，实证分析农户参保行为对农药施用的影响，结果显示，参保地块的农药施用次数显著低于未参保地块，参保地块农药施用次数减少 0.25~0.75 次。李琴英等（2020）基于 2018 年河南省 858 户种植户调研数据，实证分析不同政策认知情景下参保行为对农户化学要素投入倾向的影响，结果表明，在政策认知度较高情景下，与未参保农户相比，参保农户在种植业经营中会倾向于投入较少的化肥和农药。Feng 等（2021）利用中国 8 个省份主粮作物的生产数据，使用 Tobit 模型检验了农作物保险如何影响农药使用强度，结果发现，参与农作物保险的农户每亩农药费用平均比未参保农户少 19.8%，参与保险显著降低了农药的使用强度。对于小规模种植、年龄较大和风险厌恶型的农户（Gong et al., 2016）而言，参与保险可以减少更多的农药投入费用。马九杰等（2021）认为，农业保险发展能够通过推动农业经营规模的扩大和农作物种植结构"趋粮化"来降低农用化学品的施用量（诸培新等，2017；罗斯炫等，2020）。胡乃娟等（2021）以江苏省3市589个采用稻虾共作模式的农户为样本，基于农户行为选择理论和结构方程模型进行研究发现，在稻虾共作模式中，大部分农户倾向于减少化肥、农药和饲料的投入；农户在稻虾共作模式中对过量农资投入污染环境的认知、农业保险、农业补贴等对农户农资投入减量化行为均存在显著正向影响。Biram等（2022）利用1965~2019年美国45个州的面板数据研究发现，参与保险会对六种主要农作物的农药使用产生异质性影响，对玉米、大豆、高粱是负作用，对小麦、棉花、水稻是正作用。Li等（2022）基于中国南方12个主要水稻生产省份3410个稻农的调查数据发现，参与农作物保险的农户与未参与农作物保险的农户相比，农药的施用量显著减少33.3%，农作物保险对农药使用的负向影响对参加过水稻种植培训、种植经验丰富、家庭中存在更多从事农业生产的人数、受教育年限长的农户来说更大。Mao等（2023）以新疆棉农为例，研究农作物保险与农户减少传统化肥、农药使用之间的协同作用，结果显示，参与保险对农户使用化肥、农药产生显著负面作用；与小规模农户相比，参与保险对大规模农户减少农用化学品使用的影响更强；当保险金额较高或相对免赔额较低时，农户更有可能减少传统化肥、农药的使用。秦国庆等（2023）基于全国2001~2019年的多期面板数据发现，政策性农业保险具有显著的化肥、农药、农膜减量效应，且该减量效应并未以牺牲行业产值和农户收入为代价。段湘冬等（2023）基于河南省小麦完全成本保险试点区的微观调查数据，从农户生产规模分化视角构建联立方程模型实证检验参保后各类农业生产主体的施药行为变化，结果发现，从全样本农户来看，参与小麦完全成本保险显著减少了农药施用次数，但该效应存在结构性差异，"普通农户"减量明显，而"规模农户"未发生显著变化。

7.1.3.4 文献述评

目前，尽管有关气候变化、农业保险对化学要素施用影响的理论或实证研究已积累很多，但仍有不足之处。当前，学术界研究的重点在于气候变化如何影响农业生产的产出方面，只有极少数的研究涉及气候变化对农业生产的要素投入方面的影响，而在农业生产中，化学要素投入往往起着举足轻重的作用，因此，仅研究气候变化对农业产出的影响，忽视其对化学要素投入的作用，将难以全面把握气候变化对农业发展及生态环境的影响。已有研究更多关注农业保险在应对气候变化方面的作用，或是由化学要素施用引致气候风险加剧，而较少考虑气候变化对农户生产行为的影响，特别是与气候恶化紧密相关的化学要素投入行为。一方面，在不考虑环境破坏的情况下增加化学要素的投入与参与农业保险均有助于减少由于气候风险造成的产量损失；另一方面，天气条件恶化与农户增加化学要素投入可能会增加农业生产风险，进而提高农户参与农业保险的积极性，在这种情况下，农业保险成为管理气候风险与生产风险的有效工具，二者的关系应是互补的。

综上所述，已有实证研究多基于宏观省级、地市级数据进行分析，很少有基于全国范围大样本的实证研究。因此，本章利用中国农村固定观察点数据，该项调查体系覆盖 23000 个农户、360 个行政村，样本分布在全国除港澳台以外的 31 个省份，基于此项数据能使研究结果更具有代表性。综合相关文献分析可以发现，随着全球气候变暖以及极端天气事件频发对农业生产的负面影响不断加剧，气候变化对农业生产尤其是对农用化学要素施用的影响受到越来越多的关注，农业保险作为管理农业生产气候风险、经营风险的重要金融工具，可为农户提供风险保障。另外，已有研究表明，参与农业保险与化学要素施用行为、气候变化与化学要素投入行为间均存在反向因果关系，故本章在研究方法上构建联立方程模型，以期解决内生性问题，使估计结果更加有效。因此，本章基于中国农村固定观察点数据，以农户参保行为及气候变化为研究对象，论析气候变化、农业保险与农户的化学要素投入行为之间的因果关系，探讨气候变化影响农户化学要素投入的间接作用机制，以此检验农业保险在气候变化与化学要素投入行为之间是否发挥了符合生态可持续预期目标的正向调节作用，研究结果可为中国推进农业保险绿色发展提供理论支撑。

7.1.4 研究内容和研究方法

7.1.4.1 研究内容

本章的主要研究内容有四个部分,具体如下:

第一部分,引言。本部分主要阐述选题背景、研究意义、文献综述、研究内容和研究方法,介绍本章节宏观、微观层面的数据来源,并凝练可能存在的创新点和不足。

第二部分,中国气候变化、农业保险和农户农业化学要素投入现状。本部分主要对中国气候变化和农业保险市场概况进行描述性分析,其中,气候变化涵盖气温变化、降水变化、气象灾害及农业生产受灾情况;农业保险市场概况涵盖政策变迁、保费收入、财政补贴、保险赔付、保险保障水平以及经营主体等;化学要素投入既有基于宏观时序数据分析的 2000~2022 年中国农业化学要素的施用情况,也有基于中国农村固定观察点的微观数据阐述的农户化肥、农药、地膜等要素的投入情况。

第三部分,气候变化、保险参与和要素投入:基于中国农村固定观察点数据的实证。本部分一是运用经济学理论和已有文献对农户化学要素施用决策进行理论分析,研究在气候变化背景下农户参与农业保险如何影响其化学要素投入,并提出研究假说;二是在检验气候变化、农业保险和农户化学要素投入行为相关性的基础上,采用联立方程模型对气候变化、农业保险和农户化学要素投入行为之间的因果关系进行实证,具体包括模型设定、变量选取、数据来源及回归结果分析,其中将农户化学要素施用行为区分为化肥、农药两类,采用三阶段估计方法对模型进行估计。①探讨气候变化、保险参与对农户化学要素投入的直接效应。②分析农业保险在"气候变化—农户化学要素投入"关系中的间接效应。③对模型可能存在的内生性问题、稳健性及异质性进行检验;针对稳健性,通过替换内生变量的方法对基准回归结果进行检验;针对异质性,以生产功能区为依据对样本进行分组,再进行回归。

第四部分,主要结论和对策建议。总结本章节的研究结论,并针对性提出符合实际的对策建议，进而对未来研究进行展望。

7.1.4.2 研究方法

（1）比较分析法。本章运用比较分析的研究方法，包括横向比较和纵向比较，对中国及样本区域的气候变化、农业保险与农户化肥、农药投入现状进行描述，包括气温、降水、气象灾害及农作物生产受灾情况；分阶段讨论农业保险政策改革及试点情况，保费收入，财政补贴，风险保障水平，保险赔付，经营机构数量及准入原则，化肥、农药和地膜的投入现状等，为后续实证研究奠定现实基础。

（2）规范分析法。规范分析方法主要关注农业保险政策的合理性、试点效果、政策内容等，全方位考察该政策的构成要素，故中国气候变化、农业保险及化学要素投入现状构成规范分析的对象。从宏观视角分析中国气候变化、农业保险及化学要素投入；以微观视角对样本整体情况进行阐述，厘清存在的问题。运用规范分析方法，在现行农业保险政策试点的规范要求及气候变化趋势中寻求化学要素减施增效的解决方案，在保险政策框架体系内最大限度地发挥政策的绿色功能。

（3）实证分析法。气候变化、农户参保决策与化学要素投入行为可能相互影响、互为因果，单方程模型以单向因果关系为前提，会忽略气候变化、农户参保决策与化学要素投入之间的相互影响。因此，本章通过构建联立方程模型识别气候变化、农业保险和化学要素投入之间的内在关系。为确保方程组的联立性，使用 Hausman 进行检验。通过三阶段最小二乘法（3SLS）对联立方程模型的参数进行估计，通过联立方程模型的各个方程中的估计系数，分解出农业保险在"气候变化—农户化学要素投入"路径中的间接效应。

7.1.5 数据来源

本章所涉及数据的来源有两个层面：分别是宏观层面和微观层面，其中，宏观层面的数据主要包括以下两个部分：

第一，中国气象局数据。2022 年《中国气候公报》、2023 年中国年平均气温距平分布图及年降水量分布图。

第二，统计年鉴数据。国家统计局编著的2000～2023年《中国统计年鉴》中有关2000～2022年全国成灾面积与受灾面积数据，其中包括具体的水灾、旱灾、风雹灾、冷冻灾的成灾与受灾面积统计数据；国家统计局农村社会经济调查司编著的2000～2023年《中国农村统计年鉴》中有关中国农用化肥及各类化肥施用水平、农药施用水平、农用塑料薄膜施用量的统计数据；中国保险年鉴社编著的2007～2023年《中国保险年鉴》中有关农业保险保费收入、央地政府财政补贴金额、保险赔款支出、保险保障水平等的统计数据；等等。

微观层面的数据主要来源于2009～2015年中国农村固定观察点数据库的农户、个人、村庄层面有关化肥、农药及地膜的施用量，以及务农收入、农作物亩产、是否接入互联网、是否主要从事农业生产、耕地规模、风险态度、机械作用费用等数据；1985～2015年美国国家海洋及大气管理局（NOAA）网站的农户样本所在省份的气温等气象数据。

7.1.6　创新点与不足

与已有文献相比，本章可能存在的创新点有以下两个方面：

第一，在选题视角和研究内容上，目前聚焦于化学要素投入行为的研究多是以单一因素影响为主，针对农业保险调节气候变化对化学要素投入行为影响的研究较少。本章根据微观农户情况，从气候变化和农业保险两个视角出发，并进一步对气候变化变量的设置剔除区域影响，研究了当前全球气候变暖对农户化学要素投入的总效应，进而分解出农业保险在其中的间接影响，以此开展后续的研究，以期更符合当下中国气候变化、农户化学要素投入的实际境况，得出更具价值的研究结论。

第二，在样本选择上，目前既有的实证研究主要侧重于宏观层面的省级和地市级数据，而针对微观农户层面的研究则大多依赖个别省份的调研资料。针对全国范围内的大规模样本的实证研究相对较少。鉴于此，本章采用全国农村固定观察点的数据，该数据体系覆盖了全国除港、澳、台外的 31 个省份，从而确保样本更具广泛代表性，研究结果更加可信。

分析气候变化条件下农户参与农业保险对其化学要素投入行为的影响，有助于明确政策效应、完善中国农业保险制度，但本章还可能存在以下不足：

第一，从农户视角切入，主要研究气候变化、农业保险对农户化学要素投入行为的影响，未考虑到可能存在的对其他方面的影响。

第二，由于本章存在数据可获得性问题，实证部分所用面板数据可能存在时间较为陈旧、跨度较短等不足。同时，中国农业保险自 2007 年实施以来，已经历了由"低保障、广覆盖"到政策逐步升级的过程，按照保障物化成本、完全成本、农业收入的先后次序，循序渐进地使农户受到更高水平的保障。已有研究表明，以农业大灾保险政策、三大粮食作物完全成本保险和收入保险政策为代表的具有高保障水平的农业保险政策的政策效应更为显著，而本章的研究基于 2009~2015 年的数据，可能存在政策效应滞后于中国农业保险政策现实的情况。

第三，由于本章样本量较大，加之需要与气候观测点数据进行匹配，数据处理工作量较大、难度较高，在实证模型及方法上本章借鉴已有研究对内生性问题进行处理，但利用计量方法可能并不能完全消除内生性问题，从而会造成结果的偏误。

7.2 中国气候变化、农业保险和农户农业化学要素投入现状

7.2.1 中国气候变化状况

气候是人类赖以生存的自然环境，也是经济社会可持续发展的重要基础资源。受自然和人类活动的共同影响，地球正在经历以变暖为主要特征

的气候变化。在全球气候变暖背景下，2022年中国气候形势复杂，气候异常凸显，极端事件多发，气象灾害频发。本节分别从中国气温变化、降水变化、气象灾害及农业生产受灾情况方面介绍中国气候变化状况。

7.2.1.1 气温变化

2000~2022年，中国年平均气温整体呈现波动上升趋势。从2000年的9.71℃起，气温在2007年达到阶段性高点10.48℃，随后经历了2008~2010年的小幅波动，而自2011年起，气温表现出更加稳定的上升态势，2021年和2022年分别达到10.53℃和10.51℃，接近历史高位（见图7-1）。从空间分布的角度来看，2023年全国年平均气温距平分布呈现显著的区域差异性。内蒙古中西部、东部沿海、甘肃西北部、新疆东北部、华中中部及四川等地区的气温距平值普遍偏高1℃~2℃，这些区域集中表现出气温上升趋势，而华南部分地区则相对接近历史平均水平或略有偏低。总体来看，中国近二十年来年平均气温的变化呈现整体上升与区域差异并存的特征，这一趋势可能反映了全球气候变化对区域气候系统的显著影响。

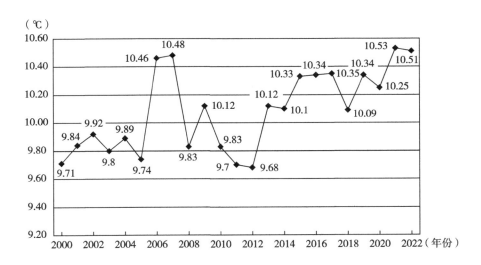

图7-1　2000~2022年中国年平均气温变化趋势

资料来源：中国气象局。

7.2.1.2 降水变化

2000~2022 年，中国年平均降水量总体保持平稳趋势，波动幅度较小。2022 年全国年平均降水量为 606.1 毫米，相较于 2021 年同比减少 9.82%（见图 7-2）。从空间分布的角度来看，中国降水量的分布表现出显著的地域差异，表现为东南沿海地区降水量较高，西北内陆地区降水量逐渐递减；在东南沿海地区，降水量显著偏高，年降水量普遍超过 1600 毫米，部分地区甚至超过 2000 毫米，向西北内陆延伸，降水量逐渐减少；在东北、山西、陕西大部、甘肃以及青海东南部等区域，年降水量介于 400~600 毫米，表现为气候相对干燥，而在内陆地区，如内蒙古、宁夏、甘肃大部、青海、新疆西北部和西藏部分地区，年降水量进一步下降至 200~400 毫米，干旱程度较为突出。

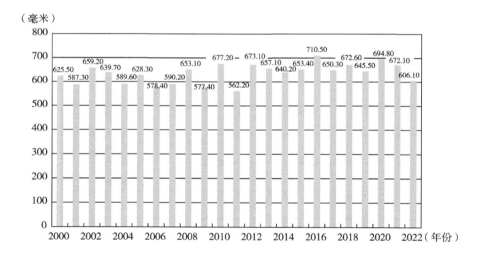

图 7-2 2000~2022 年中国年平均降水变化趋势

资料来源：中国气象局。

总体而言，中国降水的空间分布呈现"东南多、西北少"的显著特点，此类降水分布特征对农业生产、生态系统平衡以及社会经济发展均产生了深远影响，需在相关领域予以重点关注。

7.2.1.3 气象灾害及农业生产受灾情况

近年来，中国气象灾害频发，对农业生产产生了深远影响。极端天气事件，如暴雨、洪涝、干旱、寒潮以及低温雨雪冰冻等，对农作物的生长周期、产量以及农业生态系统造成了严峻挑战。其中，暴雨和洪涝灾害易导致农田被淹，农作物的受灾和成灾面积增加，严重时甚至导致绝收；干旱则抑制农作物生长，显著降低产量，并对农民收入造成损失；寒潮及低温雨雪冰冻天气则对农作物生长周期产生不利影响，进一步影响产量和品质。如图 7-3 所示，2000～2022 年，中国农作物受灾面积、成灾面积以及受灾率和成灾率①整体呈现波动下降的趋势。农作物受灾面积由 2000 年的 54690 千公顷减少至 2022 年的 12072 千公顷，降幅达 77.9%，年均下降约 1%；成灾面积由 33638 千公顷下降至 4373 千公顷，仅为 2000 年

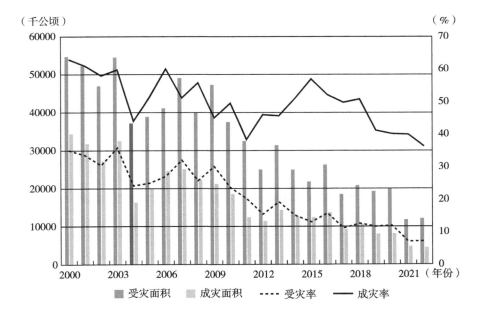

图 7-3　2000～2022 年中国农作物受灾情况

资料来源：2001～2023 年《中国统计年鉴》。

---

① 受灾率＝受灾面积/农作物播种面积；成灾率＝成灾面积/农作物播种面积。

的 13%；同期，受灾率由 34.99%下降至 7.1%，成灾率从 62.85%降至 36.22%。这一变化趋势表明，尽管农业气象灾害仍然频发，但其对农业生产的总体影响已得到显著缓解。

就具体灾害类型而言，如表 7-1 所示，旱灾和水灾是对农业影响最为显著的两类气象灾害。2022 年，旱灾导致 6090 千公顷的受灾面积和 2037 千公顷的成灾面积，而水灾分别导致 3414 千公顷和 1459 千公顷的受灾和成灾面积。与 2000 年相比，旱灾导致的受灾面积和成灾面积分别下降了 84.98%和 92.39%，水灾的受灾面积和成灾面积年复合增长率①分别为-2.12%和-1.54%。相比之下，风雹灾和冷冻灾对农业的影响相对较小。风雹灾的受灾面积和成灾面积由 2000 年的 2307 千公顷和 1162 千公顷减少至 2022 年的 1528 千公顷和 475 千公顷，分别下降了 33.8%和 59.1%；冷冻灾导致的受灾面积和成灾面积年复合增长率分别为-1.42%和-2.18%。总体而言，中国农业生产受到气象灾害影响的程度在过去二十多年间显著下降，尤其是旱灾和水灾的受灾、成灾面积得到了有效控制。这一成果得益于气象监测能力的提升、防灾减灾措施的改进以及农业生产适应能力的增强。然而，旱灾和水灾仍然是中国农业生产面临的主要挑战，未来需要持续加强灾害风险管理与适应能力建设，以进一步保障农业生产的稳定性和粮食安全。

表 7-1 2000~2022 年中国不同灾害类型下农作物的受灾情况

单位：千公顷

年份	旱灾		水灾		风雹灾		冷冻灾	
	受灾	成灾	受灾	成灾	受灾	成灾	受灾	成灾
2000	40540	26780	7320	4320	2307	1162	2795	1032
2001	38470	23700	6040	3610	3627	2056	2978	1777
2002	22120	13170	12290	7390	7477	3832	4212	2293
2003	24850	14470	19210	12290	4791	2928	4483	2110

① 年复合增长率=（末期/基期）^（1/年数）-1。

续表

年份	旱灾		水灾		风雹灾		冷冻灾	
	受灾	成灾	受灾	成灾	受灾	成灾	受灾	成灾
2004	17250	8480	7310	3750	5797	2191	3711	1665
2005	16030	8480	10930	6050	2977	1635	4428	1838
2006	20740	13410	8000	4570	4387	2144	4913	2836
2007	29390	16170	10460	5100	2986	1415	4072	1509
2008	12140	6800	6480	3660	4180	2123	14696	8719
2009	29260	13200	7610	3160	5493	2944	3673	1446
2010	13260	8990	17520	7020	2180	916	4121	1444
2011	16300	6600	6860	2840	3309	1348	4447	1291
2012	9340	3510	7730	4140	2781	1368	1618	795
2013	14100	5850	8760	4860	3387	1682	2320	885
2014	12270	5680	4720	2700	3225	2193	2133	933
2015	10610	5860	5620	3330	2918	1825	900	474
2016	9870	6130	8530	4340	2908	1424	2885	1179
2017	9870	4440	5410	3020	2268	1238	525	312
2018	7712	2621	3950	2551	2407	1548	3413	1870
2019	7838	3332	6680	2612	2228	976	586	202
2020	5081	2507	7190	3036	2765	1238	1052	372
2021	3426	1407	4760	2065	2712	956	379	148
2022	6090	2037	3414	1459	1528	475	871	495

资料来源：2001～2023 年《中国统计年鉴》。

7.2.2 中国农业保险市场概况

中国的政策性农业保险工作自 2004 年起进行试点工作，2007 年扩大试点范围，并进入财政补贴阶段，本节将从六个方面总结中国农业保险政策变迁和其市场发展成效。

7.2.2.1 政策变迁

（1）中央一号文件关于农业保险的政策指导意见。自 2007 年起，得益于中央一号文件的政策引导，中国农业保险市场规模逐步扩大。为了实现更高质量的发展，并满足政策所设定的目标，每年的中央一号文件均会对农业保险政策提出明确要求，根本目的在于建立一个更加坚实的农业支持保护体系，以减少天气等外部因素对农业生产的影响。这样可以提升农业整体的抗风险能力，促进农业保险的不断提升和优化，从而加快实现农业高质量发展。2007~2024 年中央一号文件对农业保险提出的具体要求如图 7-4 所示。

（2）中国政策性农业保险渐进性试点推广过程。中国政策性农业保险的试点推广是按照时间逐渐递进的，主要分为三个阶段：第一阶段为2007~2016 年低保险保障水平的农业保险保费补贴政策阶段，第二阶段为2017 年高保险保障水平的农业大灾保险政策阶段，第三阶段为 2018 年至今高保险保障水平的三大粮食作物完全成本保险和种植收入保险政策阶段，具体如图 7-5 所示。

第一，农业保险保费补贴政策阶段（2007~2016 年）。2007 年财政部印发了《中央财政农业保险保费补贴试点管理办法》，首先在吉林、内蒙古等 6 个省份试点农业保险保费补贴政策，2012 年中央财政农业保险保费补贴险种的补贴区域扩大至全国。在由点到面的复制推广过程中，农业保险具有"低保障、广覆盖"的特点，主要是为农业经营主体在农业生产中的直接物化成本提供风险保障，其中，种植业保险的保险金额包括种子、化肥、农药、机耕、灌溉、地膜 6 项。鉴于农业保险产品和服务不适应农业生产经营形势的变化，农户特别是规模经营农户的风险保障需求不能得到有效满足（庹国柱，2018），典型表现为保额不能完全覆盖生产成本、保障不能有效化解市场风险等，农业保险保费补贴政策开始向农业大灾保险政策过渡。

第二，农业大灾保险政策阶段（2017 年）。2017 年召开的国务院常务会议决定，2017~2018 年在 13 个粮食主产省选择 200 个产粮大县，以水稻、小麦、玉米三大粮食作物为标的，在面向全体农户的基本险基础上，针对种田大户、家庭农场等适度规模经营主体试点保障金额覆盖"直接物化成本+地租"的农业大灾保险政策。在财政部和农业部办公厅于

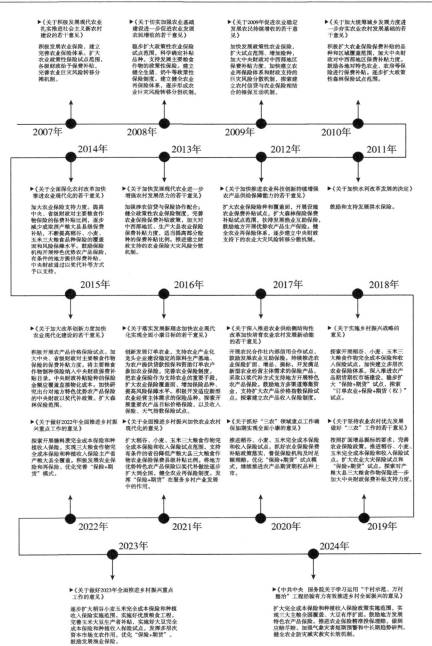

图7-4 2007~2024年中央一号文件对农业保险的部署

资料来源：根据2007~2024年中央一号文件内容整理。

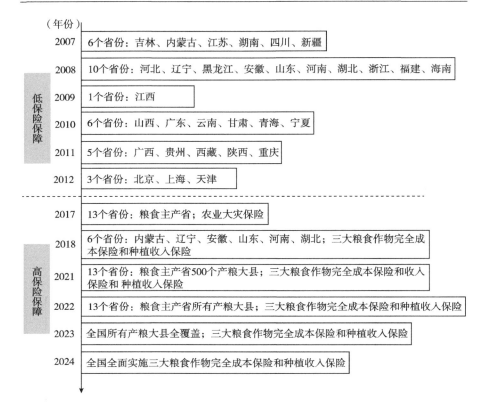

图7-5 中国农业保险由低保障到高保障的渐进性试点推广过程

资料来源：根据财政部《中央财政农业保险保费补贴试点管理办法》等文件相关内容整理。

2017年分别印发《关于在粮食主产省开展农业大灾保险试点的通知》和《农业部办公厅关于做好粮食主产省农业大灾保险试点工作有关事宜的通知》后，13个粮食主产省的农业大灾保险试点方案也陆续出台。据农共体统计，在200个县中，与传统农险产品相比较，90个县的保额增加50%～100%，62个县的保额增加100%～150%，28个县的保额增加150%～200%，20个县的保额增加200%以上。作为一项过渡性的试点政策，农业大灾保险于2019年扩大至500个产粮大县，且自2022年起予以取消，由完全成本保险或种植收入保险替代。

第三，三大粮食作物完全成本保险和种植收入保险政策阶段（2018

年至今）。按照 2016 年以来中央一号文件有关农业保险"扩面、增品、提标"的要求，为进一步提升农业保险保障水平，推动农业保险转型升级，探索完善市场化的农业生产风险分散机制，财政部于 2018 年印发了《关于开展三大粮食作物完全成本保险和收入保险试点工作的通知》，2018~2020 年在内蒙古、辽宁等 6 个省份，每个省份选择 4 个产粮大县，面向规模经营农户和小农户，开展创新和完善农业保险政策试点，推动农业保险保障水平覆盖全部农业生产成本，或开展种植收入保险。试点保险标的为水稻、小麦、玉米三大主粮作物，其中，完全成本保险的保险金额覆盖物质与服务费用、人工成本和土地成本等农业生产总成本，种植收入保险的保险金额体现农产品价格和产量，覆盖农业生产产值。从总体情况来看，试点险种每亩保额对完全成本的覆盖率平均为 92.38%，保障水平较直接物化成本保险平均提高 0.85 倍，较大灾保险也有明显提升。2019~2020 年，6 个省份试点险种投保面积合计 2703.88 万亩，占试点地区粮食作物种植面积 3760.92 万亩的 71.89%，其中，来自种粮大户、家庭农场、合作社等规模经营主体的投保面积 599.04 万亩，占总投保面积的 22.15%；投保农户合计 195.36 万户，出险农户获得赔款 12.68 亿元，简单赔付率为 80.31%，在受损程度相同的情况下，6 个省份完全成本保险亩均赔款高于直接物化成本保险 95.5%，高于农业大灾保险 22.83%，农户获得更高额的灾后损失补偿，农户受益度（理赔金额与自交保费之比）平均达到 12.16 倍（张宝海等，2021）。为贯彻落实 2021 年中央一号文件"扩大稻谷、小麦、玉米三大粮食作物完全成本保险和种植收入保险试点范围，支持有条件的省份降低产粮大县三大粮食作物农业保险保费县级补贴比例"的要求，2021 年 6 月 24 日，财政部、农业农村部、银保监会联合印发了《关于扩大三大粮食作物完全成本保险和种植收入保险实施范围的通知》，实施地区为 13 个粮食主产省份的产粮大县，其中，2021 年纳入补贴范围的实施县数不超过省内产粮大县总数的 60%，2022 年实现实施地区产粮大县全覆盖；2023 年实现将三大粮食作物完全成本保险和种植收入保险实施范围扩大至全国所有产粮大县，2024 年将三大粮食作物完全成本保险和种植收入保险的实施范围从产粮大县扩大至全国，进一步确保种粮农民收入稳定，同时提高农户在预防和减轻自然灾害影响方面的能力。原则上，完全成本保险或种植收入保险的保障水平不高于相应品种种植收入的80%。

7.2.2.2 保费收入

如图7-6所示，随着农业保险体系的进一步完善和农民保险意识的提高，2007年至今，中国农业保险保费收入呈现阶段性增长的态势。2007年，财政部开始实施农业保险保费补贴政策，截至2012年，物化成本保险保费补贴区域扩大至全国范围，保险保费收入规模由2007年的53.33亿元增长至2012年的240.6亿元；2013~2018年，财政部不断完善农业保险保费补贴政策，并于2017年在中国13个粮食主产省开展农业大灾保险政策试点工作，全国农业保险保费规模由2013年的306.59亿元增长至2018年的572.65亿元；2019年至今，随着农业保险制度体系不断健全，补贴政策持续优化，市场环境逐步规范有序，农业保险开始进入高

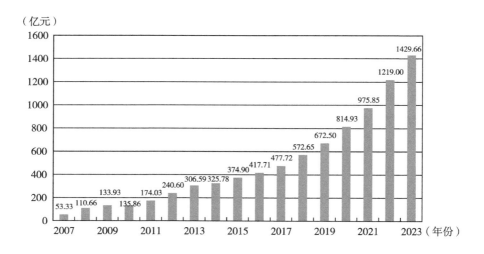

图7-6 2007~2023年中国农业保险保费收入

资料来源：2008~2024年《中国保险年鉴》。

质量发展阶段。2023年，中国农业保险保费总收入达到1429.66亿元，同比2022年的1219亿元增长了17.28%。这一数据的增长不仅反映了中国农业保险市场的巨大潜力和活力，也体现了农民对于现行具有高保障水平特征的农业保险政策的需求和参与度的不断提升。

7.2.2.3　财政补贴

中国农业保险财政补贴政策在促进农业保险发展、保障农业生产安全方面发挥了重要作用。2021年财政部印发了《中央财政农业保险保费补贴管理办法》（以下简称《管理办法》），对中央补贴险种的具体补贴范围、补贴比例进行了规定。《管理办法》中强调农业保险补贴是中央给地方配套，故中央补贴比例不再是固定比例，而是根据省级政府补贴比例进行调整。首先，中央鼓励地方政府对农业保险加大投入，在地方政府补贴比例达到25%的前提下，中央财政对种植业的补贴比例在东部地区是35%，中西部地区是45%，其中，种植业保险品种包括稻谷、小麦、玉米三大主要粮食作物，以及棉花、马铃薯、油料作物、糖料作物、天然橡胶、制种等。其次，中央财政对养殖业保险保费的补贴比例在东部地区是40%，中西部地区是50%。其中，养殖业保险品种包括能繁母猪、育肥猪、奶牛等。再次，中央财政对森林保险中的公益林给予50%的保费补贴、对商品林给予30%的保费补贴。最后，中央财政对涉藏特定品种给予40%保险保费补贴，包括青稞、牦牛、藏系羊等（见表7-2）。若省级财政补贴比例低于25%，中央财政将会相应下调补贴比例。《管理办法》中对中央补贴险种范围和中央补贴比例进行了规定，保险金额主要根据农业生产成本、地方财力状况、农户支付能力等因素确定，并动态调整。保险品种、保险金额、保险费率、财政补贴标准均由省级财政部门确定。因此，具体的补贴明细需要根据各省的政策最终确定。

中国农业保险财政补贴政策呈现多层次、广覆盖的特点，旨在提高农民参保积极性，降低其参保的经济负担，提高农业保险的覆盖率和保障度。如图7-7所示，农业保险财政补贴由2007年的40.6亿元增长至2023年的966亿元，年复合增长率为20.49%，其中，中央财政补贴金额由2007年的

21.3 亿元上升至 2023 年的 478 亿元，增长 22.4 倍；地方财政补贴金额由 2007 年的 19.3 亿元增加至 2023 年的 488 亿元，增长 25.3 倍。

表 7-2　央地补贴险种的具体补贴范围及补贴比例

类别	保险品种	保费分担比例（%）								
		东部地区			中部地区			西部地区		
		中央	省级	农户	中央	省级	农户	中央	省级	农户
种植业	水稻、玉米、小麦、棉花、马铃薯、油料作物、糖料作物、天然橡胶、三大粮食作物制种	35	25	40	45	25	30	45	25	30
养殖业	能繁母猪、育肥猪、奶牛	40	25	35	50	25	25	50	25	25
森林	公益林	50	25	25	50	25	25	50	25	25
	商品林	30	25	45	30	25	45	30	25	45
涉藏品种	青稞、牦牛、藏系羊	40	25	35	40	25	35	40	25	35

资料来源：《中央财政农业保险保费补贴管理办法》。

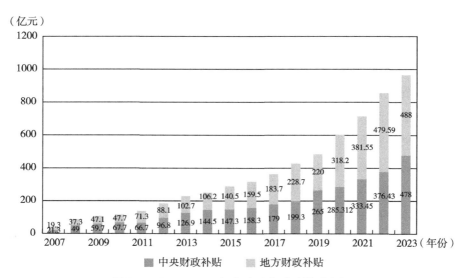

图 7-7　2007~2023 年央地政府财政补贴金额

资料来源：2008~2024 年《中国保险年鉴》，2023 年数据来自财政部。

7.2.2.4 风险保障

农业保险保障水平①是衡量农业保险整体发展状态和政策成效的关键指标，其直观反映了农业保险为农业生产经营者或农业产业所提供的风险保障程度。如图7-8所示，2007年以来，中国农业保险保障程度呈现阶段性增长趋势，保险保障水平不断提高，由2007年的2.31%增长到2022年的30.97%，提高了28个百分点，年复合增长率为17.60%；农业保险保障水平的持续增加，不仅增强了农户抵御自然灾害等风险的能力，也为农村经济的稳定发展和农民收入的持续增长提供了有力支撑。

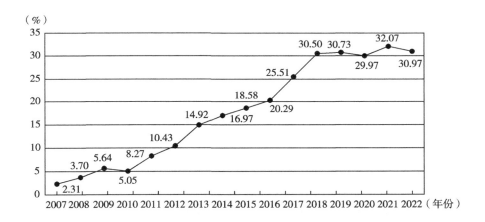

图7-8　2007~2022年中国农业保险的保障水平

资料来源：2008~2023年《中国统计年鉴》。

7.2.2.5 保险赔付

中国农业保险赔款支出具有线性增长的特点，如图7-9所示，2023年农业保险赔款支出为1106.88亿元，较2007年的27.3亿元提高了40倍；农业保险的简单赔付率平均达到了63.17%，由2007年的51.19%上升至2023年的79.74%。农业保险赔款支出的稳步增长，为遭受自然灾害

---

① 注：保障水平=保险金额/农林牧渔业总产值。

等风险损失的农户提供了及时有效的经济补偿,充分体现了农业保险在应对农业风险、保障农民收益方面的重要作用。

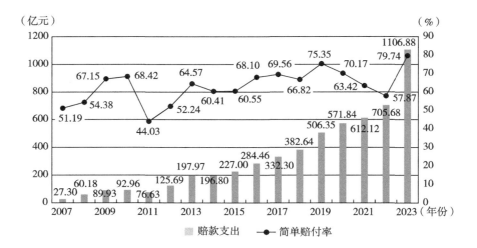

图7-9   2007~2023年农业保险赔款支出及简单赔付率

资料来源:2008~2023年《中国保险年鉴》,2023年数据来自国家金融监督管理总局。

7.2.2.6   经营主体

自2007年实施中央财政支持的农业保险政策以来,中国农业保险发展迅速,已成为现代农业风险管理体系以及现代农村金融服务体系中不可或缺的组成部分。由于市场前景广阔,许多保险机构纷纷进入农业保险领域,市场竞争日益加剧。然而,这种激烈的无序竞争导致农业保险的经营成本不断攀升,承保利润显著下滑。为应对这一局面,2020年《中国银保监会办公厅关于进一步明确农业保险业务经营条件的通知》(以下简称《通知》)发布,对农业保险业务的经营标准、考评机制以及市场退出机制等进行了全面优化和完善。《通知》的主要内容有:一是明确农业保险业务经营条件。根据《农业保险条例》(以下简称《条例》)规定,从总公司和省级分公司两个层面分别制定农业保险业务经营条件;凡符合经营条件的保险机构均可在本地开展农业保险业务,无需向监管机构提出经营资格申请。二是提高农业保险业务经营标准。2016 年修订后的《条例》在取消农业保险市场准入审批的同时，仍然保留了保险机构经营农业保险业务应当具备的相应条件，并规定要符合国务院保险监督管理机构规定的其他条件。《通知》从依法合规、风险管控能力、农业保险服务能力、信息化水平等方面进一步提高农业保险经营标准。三是建立完善退出机制。为同步做好改革的协同配套工作，《通知》根据《农业保险条例》规定，明确规定建立农业保险经营的退出机制。此外，《通知》还建立了农业保险经营综合考评机制，对保险机构农业保险经营管理情况进行动态评估。

如表 7-3 所示，2007 年至今，中国农业保险的经营机构数量总体呈现增加趋势，2018 年和 2019 年达到 39 家的峰值，但自 2020 年起，经营机构数量开始由增转减，并呈现市场主体数量基本稳定的特点。2021 年和 2022 年，全国经营农业保险的机构数量均缩减至 37 家，逐步形成以总体规范有序、竞争适度且基本稳定为特征的农业保险市场格局。

表 7-3　2007~2022 年中国农业保险经营机构数量

年份	数量（家）	年份	数量（家）	年份	数量（家）
2007	15	2013	26	2019	39
2008	16	2014	29	2020	35
2009	21	2015	33	2021	37
2010	21	2016	33	2022	37
2011	22	2017	35	—	—
2012	22	2018	39	—	—

资料来源：2008~2023 年《中国保险年鉴》。

7.2.3　中国农业化学要素投入现状：基于宏观时序数据的分析

7.2.3.1　化肥

目前，中国已成为全球最大的化肥使用国，约占全球化肥施用量的35%。2000~2022 年，中国农用化肥的施用水平经历了显著变化，如图

7-10 所示，具体可划分为三个阶段。

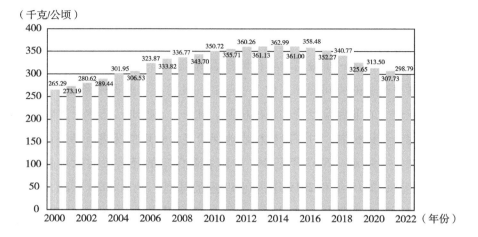

图 7-10　2000~2022 年中国农用化肥施用量

资料来源：2001~2023 年《中国农村统计年鉴》。

　　第一阶段为化肥施用量稳步增长期。随着农业生产的快速发展，尤其是为满足农作物生长日益增长的需求，化肥施用量逐年增加。在这一阶段，氮肥的施用量占主导地位。然而，过量施用化肥带来了诸多生态环境问题，如土地沙化、酸化和板结等，对自然环境造成了显著影响。第二阶段为转型与调整期。自 2014 年起，随着公众对化肥过度使用及其负面影响认识的逐步深入，农业发展开始向可持续方向转型。在这一阶段，绿色农业理念得到广泛推广，绿色环保肥料如有机肥、生物肥和微生物肥等逐步应用于农业生产中。同时，政府加强了对化肥施用的管理与引导，推动肥料的合理利用，减少了资源浪费和环境污染。第三阶段为化肥施用量持续下降期。近年来，中国农用化肥施用量呈现持续下降的趋势。2022 年，全国农用化肥施用量降至 298 千克/公顷，已连续 8 年下降。如表 7-4 所示，2022 年氮肥、磷肥、钾肥和复合肥的施用量分别为 105.83 千克/公顷、36.03 千克/公顷、31.55 千克/公顷和 151.55 千克/公顷，分别是

2000 年的 0.77 倍、0.82 倍、1.31 倍和 2.58 倍，分别是 2015 年施用量的 70%、67%、77% 和 109%；复合肥施用量仍保持增长趋势，反映出化肥施用结构的优化和调整，呈现由单一化肥向复合化肥转变的特点①。另外，除化肥施用政策调整，农业保险推广也为化肥施用量控制提供了有力支持。随着农业保险赔款支出逐步增加及保障水平提高，农户在面临自然灾害等风险时能够获得更加充分的经济补偿，从而减少对化肥等生产要素的过度依赖，推动了农业绿色化转型。

表 7-4　2000~2022 年中国各类农用化肥施用量

年份	氮肥（千克/公顷）	磷肥（千克/公顷）	钾肥（千克/公顷）	复合肥（千克/公顷）
2000	138.30	44.18	24.09	58.72
2001	138.46	45.15	25.56	62.94
2002	138.02	45.57	27.02	66.56
2003	137.55	45.67	28.02	71.01
2004	142.16	47.09	29.90	77.03
2005	142.63	47.59	31.31	83.38
2006	144.75	49.23	32.61	88.67
2007	146.97	49.46	34.14	96.16
2008	147.34	49.91	34.88	102.92
2009	149.06	51.04	36.10	108.68
2010	150.59	51.54	37.52	115.07
2011	152.36	52.41	38.72	121.25
2012	153.54	53.01	39.52	127.32
2013	153.18	53.14	40.14	131.64
2014	153.09	54.08	41.07	135.37
2015	151.09	53.94	41.09	139.20
2016	147.82	53.10	40.75	141.21
2017	142.15	51.03	39.65	142.05

---

① 高晶晶，史清华. 中国化学农资应用历程及减控策略研究 [M]. 北京：中国农业出版社，2022.

续表

年份	氮肥（千克/公顷）	磷肥（千克/公顷）	钾肥（千克/公顷）	复合肥（千克/公顷）
2018	132.15	46.63	37.77	145.16
2019	123.49	43.61	35.90	142.72
2020	117.33	41.83	34.67	142.10
2021	111.66	40.12	33.57	146.77
2022	105.83	36.03	31.55	151.55

资料来源：2001～2023年《中国农村统计年鉴》。

总体来看，2000～2022年，中国农用化肥施用水平经历了"先上升后下降"的变化趋势。农业绿色发展理念的深入推广和政策措施的有效实施，使中国在减少化肥施用总量、优化施用结构和促进农业可持续发展方面取得了显著进展。展望未来，中国将继续推动化肥施用量的进一步减少，尤其是绿色化肥的推广，从而努力实现农业生产的绿色、高效和可持续发展。这一发展模式不仅对中国农业具有重要意义，也为全球农业可持续发展提供了宝贵经验。

7.2.3.2　农药

如图7-11所示，2000～2022年，中国农药施用量的变化趋势与化肥相似，均经历了由增加到减少的转变过程。21世纪初期，随着农业生产规模的不断扩大和种植技术的提升，农药的施用量呈现逐年增加的趋势，由2000年的8.19千克/公顷增加至2013年的11.57千克/公顷，这一阶段，农业生产对农药的依赖性较强，主要用于防治病虫害，以保障农作物的正常生长和稳定的产量水平。然而，过度依赖农药带来了农药残留、环境污染等一系列严重问题，逐渐引发社会各界的广泛关注。

自2013年起，随着广大居民农产品安全意识和环境保护意识的提高，以及国家对农药使用管理的加强，中国开始探索农药减量增效的绿色发展道路。同时，国家出台一系列政策措施鼓励农民采用生物防治、物理防治等绿色防控技术以减少农药施用量，这些措施推动了中国农药施用水平的稳步下降，标志着农业生产逐渐向绿色、可持续发展模式转型。中国的农

（千克/公顷）

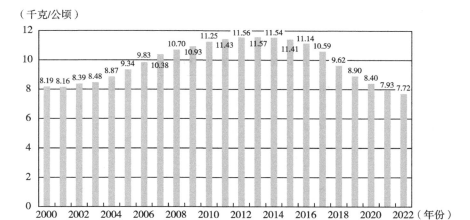

图 7-11 2000~2022 年中国农药施用量

资料来源：2001~2023 年《中国农村统计年鉴》。

药施用量由 2013 年的最高值即 11.57 千克/公顷逐步减少至 2022 年的 7.72 千克/公顷。另外，农业保险的发展也对农药施用水平的变化产生积极影响。随着农业保险保障水平的提升和覆盖范围的扩大，农民在面临病虫害等风险时能够获得更加充分的经济补偿和风险管理支持，这有效降低了农民对农药的过度依赖，进一步促进了农药施用量的下降。

总体而言，中国农药施用水平的变化反映了农业生产方式的转型，从依赖化学防控向更加注重绿色防控和可持续发展的方向迈进，这一转变不仅有助于提升农产品质量，减少环境污染，也为农业的长期健康发展奠定了基础。

7.2.3.3 地膜

如表 7-5 所示，2000~2022 年，中国农用塑料薄膜的使用量呈现先稳步上升后逐渐下降的趋势。初期，随着农业生产规模的扩大和现代化技术的推广，农用塑料薄膜的使用量逐年增加。这一时期，农膜被广泛应用于保护作物、提高土地利用率以及保障作物产量。然而，过度依赖农膜在提升产量的同时，也带来了环境污染和资源浪费等问题，特别是农膜的回收利用率低、废弃物处理难度大，造成了日益严重的环境压力。

表 7-5　2000~2022 年中国农用塑料薄膜使用量

年份	农用塑料薄膜使用量（万吨）	年份	农用塑料薄膜使用量（万吨）
2000	133.54	2012	238.30
2001	144.93	2013	249.32
2002	153.08	2014	258.02
2003	159.17	2015	260.36
2004	168.00	2016	260.26
2005	176.23	2017	252.84
2006	184.55	2018	246.68
2007	193.75	2019	240.77
2008	200.69	2020	238.86
2009	207.97	2021	235.79
2010	217.30	2022	232.17
2011	229.45	—	—

资料来源：2001~2023 年《中国农村统计年鉴》。

　　与化肥和农药施用量的下降趋势相比，农用塑料薄膜的使用量下降的拐点出现得较晚。直到 2016 年，农用塑料薄膜的使用量才开始显现出稳步下降的趋势。这一变化与国家对农业可持续发展理念的日益重视密切相关，尤其是政策层面开始推动绿色农业和环保措施的落实。例如，政府对农膜的回收利用和替代材料的研究投入逐步增加，农民逐渐认识到通过减少农膜的使用、提高膜的循环利用率可以有效减少农业生产中的环境负担。

　　总体来看，农用塑料薄膜使用量的下降反映了中国农业从传统的依赖农膜保障产量的模式，逐步转向更加绿色、高效、可持续的农业发展路径。这一变化标志着农业生产方式的转型，同时也为实现环境友好的农业发展目标提供了支持。

7.2.4 农户农业化学要素投入情况：基于微观农户数据的分析

前一小节基于宏观数据对农户农业化学要素投入情况进行了分析，本小节基于全国农村固定观察点 2009~2015 年的微观农户数据，对其化学要素投入情况进行论析。

7.2.4.1 化肥

如图 7-12 所示，2009~2015 年，农户每亩土地的化肥施用量总体呈上升趋势。2009 年每亩土地的化肥施用量为 63.47 千克，2015 年增加至 73.33 千克，增加约 10 千克，增长 15.53%；2012 年和 2015 年每亩土地的化肥施用量较高，分别为 71.51 千克和 73.33 千克；2013 年每亩土地的化肥施用量相较于 2012 年有所下降，为 66.98 千克，但仍然高于 2011 年及之前的水平。农户每亩土地化肥施用量的波动趋势可能与当年气候变化、农业生产需求变化及政策调控等因素有关，但总体上仍显示出化肥施用量的逐年增长。

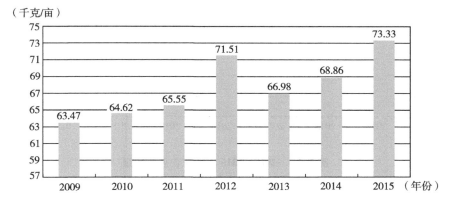

图 7-12　2009~2015 年农户化肥施用量

资料来源：笔者整理。

7.2.4.2 农药

如图 7-13 所示，在样本期内，农药施用水平虽存在一定波动，但整体变化趋势较为平稳。2009～2011年，农药施用量呈现逐年上升态势，2009年每亩土地的农药施用量为0.48千克，到2011增至0.74千克，这一上升趋势表明，农户在这一时期对农药的依赖逐渐增加，尤其是在农作物病虫害防治方面，农药成为保障农业生产的重要手段。2014年农户的农药施用量略有上升，达到0.72千克/亩，但在2015年下降至0.65千克/亩，这一变化表明，尽管在部分年份农户的农药施用量出现短期波动，但整体趋势趋于平稳，并且存在逐步降低的迹象，此现象可能受多种因素综合影响，包括政策引导、农民环保意识提升、对农药使用效益的重新评估，以及新型农业技术推广等，特别是随着绿色农业和可持续发展理念的普及，农民逐渐认识到合理施用农药不仅有助于控制成本，也能减少环境污染和农产品的农药残留，从而推动了农药施用量的减少。

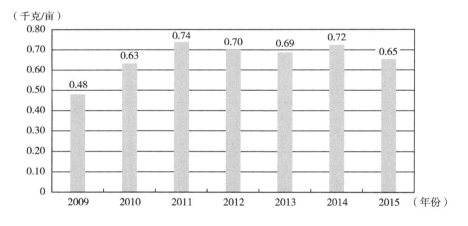

图7-13 2009～2015年农户农药施用量

资料来源：笔者整理。

总体而言，农药施用量的变化反映了中国农业生产方式的逐步转型，从过去对农药的过度依赖转向更加科学、理性和环保的使用模式，这一转变既表明农民在生产过程中逐步采取了更为综合的病虫害防控措施，也体现了国家政策和技术进步对农药使用管理的有效推动。

7.2.4.3　地膜

如图 7-14 所示，在样本期内，农户的地膜使用量呈现波动性变化，虽然在年际之间变化幅度不大，但 2015 年每亩土地的地膜使用量为 6.38 千克，比 2009 年的 3.13 千克增加 3.25 千克，增长 1 倍左右。地膜使用量的波动不仅反映了农业生产方式的灵活性和对环境变化的适应性，同时也揭示了政策调控和市场需求对农业投入品使用的影响。

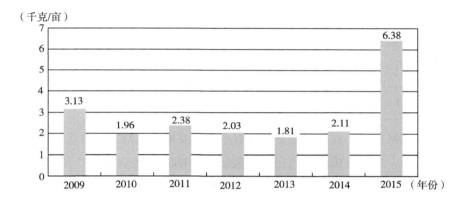

（千克/亩）

图 7-14　2009~2015 年农户地膜使用量

资料来源：笔者整理。

7.3　气候变化、保险参与和要素投入：基于农村固定观察点数据的实证

本节的主要目标有两个：一是基于前文的文献梳理，运用经济学理论对农户化学要素施用决策进行分析，探讨在气候变化背景下，农户保险参与如何影响其农业化学要素投入，并提出相应的研究假说；二是在此基础上，检验气候变化、农业保险参与及农户化学要素投入行为三者之间的相

关性，并运用联合方程模型对气候变化、保险参与和农户化学要素投入之间的关系进行实证分析。

在实证分析过程中，对模型设定、数据来源以及变量选取进行详细描述，为确保结果的可靠性和精准性，本节采用三阶段最小二乘法对模型进行估计，并对模型的内生性进行检验。有关实证结果的分析可分为两个部分：第一部分是分析气候变化和农业保险参与对农户化学要素投入的直接效应；第二部分着重分解农业保险在"气候变化—农户化学要素投入"关系中的间接效应。为确保研究结果的稳健性，本节进一步对基准回归结果进行一系列稳健性检验和异质性分析，以验证模型的可靠性和结果的普遍适用性。

7.3.1 理论分析及研究假说

在气候变化、农业保险参与和农户化学要素投入行为三者之间的相关性分析中，可以直接观察到化学要素投入影响农户的农业生产风险状况，进而对其保险参与决策产生重要影响。具体来说，农户在面对气候变化所带来的不确定性时，往往依赖化学要素投入以应对农作物病虫害及其他风险，从而确保产量稳定。这种投入行为不仅改变了农户面临的生产风险，而且可能促使其考虑参与农业保险，以进一步减少生产风险。因此，化学要素施用量与农户保险参与决策之间存在密切的互动关系（马改艳和赖永波，2021）。同时，在农户参与农业保险后，由于保险可提供风险保障效应，农户的化学要素投入行为可能发生变化。具体而言，保险的保障作用可以降低农户在面对自然灾害或其他农业风险时的经济损失，从而减轻其对化学要素的过度依赖。例如，在有了保险保障后，农户可能更愿意采取更加环保、可持续的生产方式，减少化学要素投入量，同时依靠保险机制规避潜在的减产风险。这种变化表明，农业保险不仅影响农户的生产决策，也在一定程度上促进了其生产方式的转型。

此外，气候变化作为一个长期的环境风险因素，已经给农业生产带来了显著的不确定性。气候变化可能引起农作物生长条件的变化，导致肥效降低、病虫害加剧等问题，从而直接影响农户的生产效益（毛喜玲等，2022）。为了应对气候变化带来的潜在减产风险，农户往往被迫增加化学要素投入量，以弥补因气候变化而可能带来的产量损失（曹大宇和朱红根，2017）。在这一过程中，农户通过增加化肥、农药的使用来增强农作物的抗风险能力，确保农作物正常生长和达到预期产量。然而，随着化学要素施用量的增加，环境问题也日益突出，特别是温室气体排放的增加，进一步加剧了气候变暖的进程（张扬等，2023；田云和吴海涛，2020）。

值得注意的是，农业保险在气候变化和农户化学要素投入行为之间的关系中发挥了至关重要的作用。农户通过参与农业保险，可将部分气候变化带来的农业生产风险转移，从而减少对化学要素的依赖（郑沃林等，2021）。例如，保险可以为农户提供灾害赔偿，帮助其减少由气候变化引发的减产损失，并通过降低风险使农户在面对气候变化时可以采取更加理性和可持续的投入决策。因此，气候变化、农业保险参与和化学要素投入之间形成了复杂的双向因果关系，这一关系反映了在气候变化背景下，农户如何通过农业保险进行风险管理，同时调整其化学要素投入，以应对不断变化的生产环境和政策要求。本章构建了气候变化、农业保险参与和农户化学要素投入三者之间的相互作用机制，具体如图 7-15 所示。

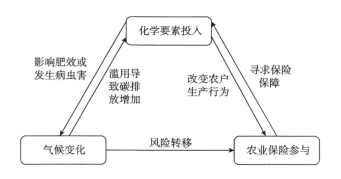

图 7-15 气候变化、保险参与和化学要素投入的双向因果关系

依据农户行为理论，在气候变化的影响下，农户作为理性经济人，可能会采取适应性措施，对农业生产所需的劳动力、土地、资本和技术等要素进行合理配置，以应对气温变化的影响（Carman & Zint，2020）。关于资本要素，随着气候不断变化，农户对化肥、农药的施用量也会随之改变，主要表现为为了确保农业产出的稳定，农户倾向于过量施用化肥和农药（Zheng et al.，2020）。气候变暖带来的极端气温事件愈加频发，导致高温、干旱等灾害发生的频率增加，直接影响粮食作物的生长和生产（杨阳等，2022）。Pete 等（2006）发现，随着气温的逐渐升高，化肥的分解和挥发速度也随之加快，从而降低了化肥利用效率；在极端高温作用下，病虫害频发且呈扩大、加重趋势（张明杨等，2023），提高了农作物的致死率。为了降低极端气温变化给粮食生产带来的损害，农户可能会过度采取气候变化适应性措施，如过高温度导致化肥、农药活性降低，这种情况下农户通过增加化肥要素施用、更加频繁甚至过量施用农药来保证农产品产量；极端低温会使粮食作物被冻伤坏死，农户将加大农膜覆盖投入等。过度适应性措施造成化学要素过量投入，不仅使化肥、农药、农膜等残留在土壤中，造成严重的面源污染（廖小静等，2024），而且还会产生大量碳排放从而对气候变化产生不利影响，进一步加剧气候变暖风险。基于上述分析，本章提出如下假说：

假说 1：气候变暖可能引致农户的化学要素投入增加，同时加剧气候风险。

分散气候风险的途径之一是参与农业保险（胡新艳和郑沃林，2021），农户可能会为规避由气候变化引发的风险而倾向于参与农业保险（陈子豪和胡浩，2023）。在农业保险为农户从事农业生产提供充足的风险保障时，其不仅可能会诱导农户为追求高收益而进行高风险生产，如增加化学要素投入（佘宗昀等，2022；任天驰等，2021；Enjolras & Aubert，2020），而且可能因农户购买农业保险挤占其生产成本，而诱发农户的道德风险问题，如使农户通过资源重新配置将资本要素投入农作物生产中而非农业化学要素，导致化学要素投入减少（张哲晰等，2018）。那么，气候变化、农户保险参与和其化学要素投入之间的双向互动影响方向如何？农业保险在"气候变暖—化学要素投入增加"的前提下，是否发挥了绿色保险的本质，调减了化学要素投入量？基于以上分析，本章提出如下假说：

假说2：气候变暖可引导农户积极参与农业保险。

假说3：受气候变化影响，参与农业保险在为农户提供风险保障的同时也促进其减少化学要素投入。

另外，本章将按照粮食主产区、主销区和产销平衡区三个粮食生产功能区①将样本进行分组，以检验异质性。一般而言，农业支持保护补贴会向粮食主产区的农户适当倾斜，农户可能因收入增加、保证粮食产量而提高化学要素投入水平，故农业保险在该区域对农户化学要素投入的调减效应不显著。粮食产销区、产销平衡区农户的化学要素投入决策受成本或风险态度约束，可能显著低于主产区，但农业保险的调减效应较主产区明显。基于此，本章提出如下假说：

假说4：气候变化对粮食主产区、主销区、产销平衡区的农户化学要素投入的影响正向显著，而参与农业保险在其中的调减作用有限。

综上可知，气候变化、农户的农业保险参与和其化学要素投入之间的双向互动影响机制如图7-16所示。

7.3.2 模型构建

气候变化、农户参保决策与化学要素投入行为相互影响、互为因果，单方程模型以单向因果关系为前提，会忽略气候变化、农户参保决策与化学要素投入之间的相互影响，故用单方程模型无法准确考察变量之间的内生属性及其运行机制（周大鹏，2019），可能导致模型参数的估计无效。为了实证研究气候变化对农户化学要素投入行为的影响，需要构建联立方

---

① 按照《国家粮食安全中长期规划纲要（2008-2020年）》，中国分为3个生产功能区，分别为粮食主产区、粮食主销区和粮食产销平衡区。粮食主产区包括河北、内蒙古、辽宁、吉林、黑龙江、江苏、安徽、江西、山东、河南、湖北、湖南和四川13个省份；粮食主销区包括北京、浙江、福建、广东、海南、上海和天津7个省份；粮食产销平衡区包括山西、广西、重庆、贵州、云南、西藏、陕西、甘肃、青海、宁夏和新疆11个省份。

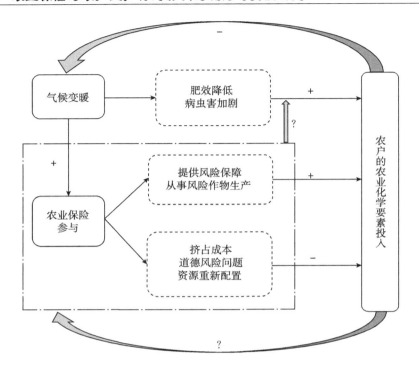

图 7-16 气候变化、农户的农业保险参与和其化学要素投入之间的双向互动影响机制

程组模型以反映气候变化、农业保险参与和化学要素投入之间的内在关系。因此，本章借鉴张哲晰等（2018）、马改艳和赖永波（2021）的方法构建联立方程组模型，其包括三个描述内生变量的方程。具体而言，模型由化学要素投入方程、气候变化方程和农户参保决策方程组成，模型设定如下：

$$fertilizer_{it} \text{ or } pesticide_{it} = \alpha_0 + \alpha_1 insurance_{it} + \alpha_2 SdTemp_{it} + \alpha_3 income_{it} + \alpha_4 yield_{it} +$$
$$\alpha_5 sector_{it} + \alpha_6 attitude_{it} + \alpha_7 scale_{it} + \alpha_8 internet_{it} + \varepsilon_1$$

$$(7-1)$$

$$SdTemp_{it} = \beta_0 + \beta_1 fertilizer_{it} + \beta_2 pesticide_{it} + \beta_3 scale_{it} + \beta_4 other_{it} + \beta_5 yield_{it} +$$
$$\beta_6 machine_{it} + \varepsilon_2$$

$$(7-2)$$

$$SdTemp_{it} = \beta_0 + \beta_1 fertilizer_{it} + \beta_2 pesticide_{it} + \beta_3 scale_{it} + \beta_4 other_{it} + \beta_5 yield_{it} +$$

$$\beta_6 machine_{it} + \varepsilon_2 \qquad (7-3)$$

式（7-1）为化学要素投入方程，式（7-2）为气候变化方程，式（7-3）为农户参保决策方程。式（7-1）中的 $fertilizer$ 或 $pesticide$ 以及 $insurance$、式（7-2）中的 $SdTemp$ 均是内生变量，其余影响化学要素投入、气候变化和农户保险参与决策的变量是控制变量。α_0、β_0 为常数项，α_i、β_i 为各个变量的回归系数，ε_i 为随机误差项。

7.3.3　数据来源

本章的数据来源于 2009~2015 年农村固定观察点数据库的农户、个人、村庄层面数据，1985~2015 年美国国家海洋及大气管理局（NOAA）网站的农户样本所在省（市、县）气温等气象数据。首先根据所选取的变量在农户、个人、村庄三个层面进行数据匹配；其次根据气象数据与村庄位置尽可能地匹配；最后剔除缺失值，形成一套可操作的、完整的面板数据。

7.3.4　变量选取

7.3.4.1　内生变量

（1）$fertilizer$ 或 $pesticide$，为农户单位播种面积化肥或农药投入水平，其是式（7-1）的被解释变量及式（7-2）、式（7-3）的核心解释变量。由于气候变化或农业保险参与对化肥、农药施用量的影响方向可能不同，故本章分别以化肥施用量、农药施用量为内生变量，为消除因农户规模不同的影响，最终选取了农户化肥、农药的亩均施用量两个变量。

（2）$SdTemp$，为标准化气温，用于衡量气候变化，其是式（7-2）的被解释变量及式（7-1）、式（7-3）的核心解释变量。本章基于全球气候变暖背景，仅以气候变暖风险为核心解释变量。因气候变暖风险主要是指平均气温的变化，故本章在主要回归中采用了气温构造其衡量变量，具体是选取农村固定观察点的农户数据样本所在地区（或地理位置临近地区）的观测站点数据。由于气温受地理位置影响较大，如果仅凭初始气温数据来描述气候变化风险，无法有效区分"地理位置"因素和"气候变暖风险"因素对气候变化风险的影响，同时气候变暖的表现是某地区的气温相对于该地历史平均气温的提升。因此，本章选择将气温变量进行标准化处理用以衡量气候风险，具体是用某地区年平均气温和其历史参照期（1985~2005 年）平均气温的差除以参照期气温的标准差，用于衡量样本期气温相对于历史水平的偏差或异常。

（3）*insurance*，为农户是否参与农业保险，其属于虚拟变量，是式（7-3）的被解释变量，也是式（7-1）的核心解释变量。

7.3.4.2 控制变量

（1）*income*，为务农收入，其反映农户的保险购买能力和风险应对能力，家庭收入越高的农户，对保险费用的承受能力就越强，也越容易参与农业保险。同时，家庭收入高的农户也可能因其风险应对能力强而制约其参与保险。另外，收入因素也可反映农户化学要素投入的资金约束程度，收入高的农户约束小。

（2）*yield*，为农作物平均单产，产量波动性越大，农户调整要素投入和购买农业保险的可能性越大，故农户要素投入行为影响气候变化的可能性也越大。

（3）*internet*，为家中是否接入互联网，农户参加过培训或家中接入互联网可能会使其对农业生产信息的了解更全面，从而对参与保险决策（李谷成等，2021）和化学要素投入决策（乔丹等，2022）产生影响。

（4）*sector*，为是否主要从事农业生产，农户若主要从事农业生产，则其可能因缺少其他收入来源而更倾向于参与农业保险，或为保证产量调整化学要素投入量。

（5）*scale*，为耕地规模，主要反映农户农业生产的规模效应，农作物种植面积的大小可能引起农户对参与保险决策和化学要素投入决策的调整，且农户的种植规模越大，其生产行为对气候变化的影响也越大。

（6）*attitude*，为农户的风险态度，已有研究表明，风险态度显著影响农户的保险参与决策和要素施用行为。受数据限制，本章采用农户是否参加农村医疗保险或养老保险作为其风险态度的代理变量，若参加，即农户的风险态度为风险规避型，赋值为0；反之，赋值为1。

（7）*relief*，为农户从政府处得到的农业生产补贴，补贴可以增加农户收入，进而影响其保险参与决策和要素投入行为。

（8）*other* 和 *machine*，分别为农膜投入量和机械作业费用，二者均是负向影响气候变化的因素。

本章选取的样本总数为50377个农户。由于列出的内生变量和控制变量具有不同的量纲和数量级，为消除各变量之间的量纲关系，本章运用离差标准化法进行数据标准化处理，使其结果落在［0，1］区间。表7-6报告了各变量的定义及赋值方法，表7-7为各变量的描述性统计结果。

表 7-6　变量定义

变量类型	变量定义及赋值方法
内生变量	农户单位播种面积化肥或农药投入水平（*fertilizer* 或 *pesticide*）（千克/亩）
	标准化气温（*SdTemp*）
	是否参与农业保险（*insurance*）：参保＝1；未参保＝0
控制变量	务农收入（*income*）（元/年）
	农作物平均单产（*yield*）（千克/亩）
	家中是否接入互联网（*internet*）：是＝1；否＝0
	是否主要从事农业生产（*sector*）：是＝1；否＝0
	耕地规模（*scale*）（亩）
	农户的风险态度（*attitude*）（农户是否参加农村医疗保险或养老保险：参加＝风险规避＝0；未参加＝风险偏好＝1）
	农户从政府得到的农业生产补贴（*relief*）
	农膜投入量（*other*）（千克/亩）
	机械作业费用（*machine*）（元/亩）

表 7-7　变量的描述性统计

变量	样本数	均值	标准差	最小值	最大值
fertilizer	50377	−0.029	0.518	−0.537	2.801
pesticide	50377	−0.005	0.002	−0.006	0.007
SdTemp	50377	0.057	0.924	−2.725	2.452
insurance	50377	0.187	0.390	0.000	1.000
income	50377	−0.047	0.445	−0.528	2.751
yield	50377	0.035	0.156	−0.254	0.476
internet	50377	0.712	0.453	0.000	1.000
sector	50377	0.708	0.455	0.000	1.000
scale	50377	0.108	0.873	−0.515	4.287
attitude	50377	0.936	0.244	0.000	1.000
relief	50377	−0.031	0.276	−0.248	1.566
other	50377	−0.008	0.027	−0.016	0.183
machine	50377	0.082	0.788	−0.425	3.745

7.3.4.3　内生变量相关性分析

表 7-8、表 7-9 分别报告了本章中内生变量的皮尔逊相关系数。农户的保险参与和其化学要素投入（化肥、农药）之间呈负相关关系，且均在 1% 的水平上显著；气候变化与农户化学要素投入（化肥、农药）之间呈正相关关系，且均在 1% 的水平上显著；参与农业保险和气候变化之间的关系在 1% 的水平上显著为正。这为研究假说1、假说2、假说3 提供了证据，初步验证了气候变化、农户农业保险参与对其化学要素投入的影响及作用方向。另外，各内生变量间的相关系数均小于 0.4，这在一定程度上说明研究模型不存在严重的多重共线性问题。

表 7-8　气候变化、农户保险参与和其化肥投入水平的相关性分析

变量	*fertilizer*	*insurance*	*SdTemp*
fertilizer	1		
insurance	−0.151 ***	1	

变量	*fertilizer*	*insurance*	*SdTemp*
SdTemp	0. 307 ***	0. 209 ***	1

注：＊＊＊表示在1%的水平上显著。

表7-9　气候变化、农户保险参与和其农药投入水平的相关性分析

变量	*pesticide*	*insurance*	*SdTemp*
pesticide	1		
insurance	− 0. 076 ***	1	
SdTemp	0. 079 ***	0. 209 ***	1

注：＊＊＊表示在1%的水平上显著。

7.3.5　实证结果

7.3.5.1　内生性处理

本章实证部分使用"大 N 小 T"的短面板数据，理论上伪回归问题不会出现，故并未进行单位根检验和协整性检验。本章采用微观农户面板数据进行回归分析，并通过 Hausman 检验确定使用固定效应模型还是随机效应模型。Hausman 检验中"Prob>chi2"指标表示可以拒绝原假设时所犯弃真错误的概率，具体而言，该指标值越小，越有理由拒绝原假设，并选择固定效应模型。在本章的模型检验中，Prob>chi2 = 0. 0000，表明在1%的显著水平上可以拒绝原假设，说明使用固定效应模型较为合适。

7.3.5.2　基准回归结果

表7-10 报告了气候变化、农业保险参与和农户化肥投入水平关系的基准回归结果。第（1）列是农户化肥投入方程，第（2）列是气候变化方程，第（3）列是农户参保决策方程。

表 7-10 气候变化、农户保险参与和其化肥投入水平的基准回归结果

变量	（1） 农户化肥投入方程 *fertilizer*	（2） 气候变化方程 *SdTemp*	（3） 农户参保决策方程 *insurance*
insurance	−1.938*** （0.397）		
SdTemp	0.730*** （0.238）		0.377* （0.222）
fertilizer		1.540*** （0.095）	−0.516*** （0.094）
pesticide		2.530*** （2.846）	0.0045 （1.281）
other		0.010*** （0.001）	
income	0.079** （0.035）		0.041*** （0.014）
yield	−0.001 （0.005）	0.064*** （0.007）	−0.0005 （0.002）
sector	−0.0091** （0.004）		−0.005*** （0.001）
scale	0.0041 （0.003）	0.002** （0.001）	0.0026 （0.003）
internet	0.0001 （0.000）		0.0003 （0.000）
attitude	0.001 （0.001）	0.0019*** （8.49）	0.0014 （0.001）
machine		0.0029 （0.72）	0.021 （0.047）
relief			0.088 （0.034）

注：*、**、***分别表示在 10%、5%、1%的水平上显著，括号内为标准误。

第一，农户化肥投入方程：气候变化、农户农业保险参与对其化肥投入的影响效应。在第（1）列中，*insurance* 的估计系数为-1.938，且在1%的水平上显著，说明农户参与农业保险显著降低了其化肥投入水平。*SdTemp* 的估计系数为0.730，且在1%的水平上显著，即标准化气温上升显著增加了农户的化肥投入。一方面，农业保险可为农业生产者提供风险保障。当农户购买农业保险后，其在遭受风险时可以获得一定的经济补偿，从而减少因风险带来的经济损失。这种保障使农户在农业生产中敢于尝试减少化肥投入等更为环保的农业生产方式。另一方面，农业保险发展水平能够影响农业生产效率。随着农业保险保障水平提升，农业生产效率得到改进，这通常伴随农户更为绿色的生产经营方式的采用，故而有助于减少农户在农业生产中的化肥投入。总的来说，农业保险可通过提供风险保障、提升生产效率以及促进生产方式转变等途径激励农户降低在农业生产中的化肥投入。气候变暖对农业的影响是多方面的，其中之一可能是促进农户增加化肥投入。气候变暖可导致土壤干燥化、土壤侵蚀等问题，为了弥补土壤质量的不足，农户可能不得不在农业生产中增加化肥投入以保证产量与收入的稳定。在控制变量方面，收入越高农户的化肥施用水平越高，这可能与其经济能力、种植规模、效率追求密切相关，而以农业为辅的农户的生产规模小，化肥投入水平相应较低。

第二，气候变化方程：农户化肥投入水平对气候变化的影响效应。在第（2）列中，*fertilizer*、*pesticide*、*other* 的估计系数分别为1.540、2.530、0.010，且均在1%的水平上显著为正。也就是说，化肥、农药、地膜这三类化学要素的投入均反作用于气候变化，加剧气候变暖风险。在控制变量方面，农户家庭特征如耕地规模、产量以及个人特征如风险态度等均对气候变暖产生正向影响。规模大、产量高的农户通常拥有更多的土地和更高的农业生产效率，这意味着其种植的农作物面积更大，使用的农药、化肥和农膜等化学要素也相对更多，在农业生产中可能更倾向于采用机械化生产方式，导致能源消耗增加和碳排放上升。具有高风险偏好的农户一般倾向于选择高风险、高收益的生产方式，故而可能选择增施农业化学要素，进而加剧气候变暖。

第三，农户参保决策方程：气候变化、化肥投入水平对农户农业保险参与的影响效应。在第（3）列中，*SdTemp* 的估计系数为 0.377，且在 10% 的水平上显著，说明气候变暖对农户的农业保险参与决策存在正向影响。*fertilizer* 的估计系数在 1% 的水平上显著为负，意味着投入更少化肥的农户更愿意选择参与农业保险，可能的原因是：一方面，随着农户环境保护意识的增强，其会选择逐渐减少化肥投入，转向更加环保的农业生产方式；农业保险作为一种风险管理工具，可为农户在面临风险时提供保障，使其能够更加安心地采用环保型生产方式。另一方面，农户作为理性经济人，通过购买农业保险可减轻其因化肥投入减少导致农产品减产或低质带来的经济损失。同时，样本期 2009~2015 年是农业保险政策在全国范围内广泛推进的时期，国家高度重视农业保险发展，通过政策扶持和资金补贴等方式鼓励农户积极参保。另外，气候变暖可导致农业生产面临更多的不确定性，参与保险有利于农户进行风险管理，帮助其稳定农业生产收益。在控制变量方面，收入越多，以农业经营为辅的农户越有可能选择参与保险，原因在于收入多的农户往往有更强的经济能力承担保险费用，故而更倾向于选择农业保险转移农业风险；以农业经营为辅的农户对农业风险的承担能力较以农业经营为主的农户更弱，故而更需要通过农业保险为其提供风险保障，以确保农作物生产。

表 7-11 报告了气候变化、农业保险参与和农户农药投入水平关系的基准回归结果。第（1）列是农户农药投入方程，第（2）列是气候变化方程，第（3）列是农户参保决策方程，回归结果与表 7-10 的结果相一致，假说 1、假说 2、假说 3 得到验证。第一，气候变暖显著增加农户的农药投入，且参与农业保险会显著降低其农药投入水平；第二，化肥、农药施用水平提升会显著正向影响气候变暖，加剧气候变暖风险；第三，气候变暖对农户参保决策影响不显著，但方向为正，且化肥、农药投入水平较低的农户更愿意选择参与农业保险。

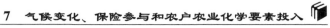

表7-11　气候变化、农户保险参与和其农药投入水平关系的基准回归结果

变量	（1） 农户农药投入方程 pesticide	（2） 气候变化方程 SdTemp	（3） 农户参保决策方程 insurance
insurance	−0.026*** （0.003）		
SdTemp	0.004*** （0.001）		0.016 （0.097）
fertilizer		0.550*** （0.011）	−0.117** （0.050）
pesticide		20.007*** （1.260）	−10.308*** （0.747）
other		0.001 （0.001）	
income	0.001*** （0.000）		0.047*** （0.006）
yield	0.027*** （0.006）	−0.002 （0.003）	0.014*** （0.001）
sector	−0.011*** （0.025）		−0.005*** （0.001）
scale	−0.003 （0.001）	−0.002*** （0.000）	0.001*** （0.000）
internet	0.043** （0.020）		0.018 （0.021）
attitude	0.002*** （0.000）		0.092*** （0.024）
machine		0.011*** （0.003）	
relief			0.002 （0.001）

注：＊、＊＊、＊＊＊分别表示在10%、5%、1%的水平上显著，括号内为标准误。

7.3.5.3 农业保险对农户化学要素投入的间接效应

本小节通过气候变暖的正向影响来检验参与农业保险对农户化学要素投入的间接作用，以及对这种作用的重要性进行评价。从数学角度看，农业保险对化学要素投入的直接影响和间接影响可用式（7-4）表达。

$$\frac{\partial fertilizer\ or\ \partial pesticide}{\partial insurance} = \alpha \cdot \frac{\partial insurance}{\partial SdTemp} + \alpha_1 = \alpha_1 \times \lambda_3 + \alpha_1 \qquad (7-4)$$

其中，农业保险对化学要素投入的直接影响是 α_1，农业保险对化学要素投入的间接影响用化学要素投入方程中的农业保险系数和农户参保决策方程中的气候变化系数的乘积来计算，即式（7-4）中的 $\alpha_1 \times \lambda_3$。因此，农业保险对农户化学要素投入的综合效应为二者的和，即 $\alpha_1 \times \lambda_3 + \alpha_1$。

在气候变化的影响下，农业保险对农户化肥投入的间接效应为 $(-1.938) \times 0.377 = -0.731$，总效应为 $-0.731 - 1.938 = -2.669$；农业保险对农户农药投入的间接效应为 $(-0.026) \times 0.016 = -0.0004$，不显著，总效应为 $-0.0004 - 0.026 = -0.026$，也不显著。

7.3.5.4 稳健性检验

为了确保面板联立方程估计结果的准确性并增强基准回归结果的稳健性，本章基于多种变量定义对农业保险和气候变化对农户化学要素投入的作用进行了进一步检验。本章选择替换不同衡量内生变量的方式来更换被解释变量，即变换农户化肥投入的测度方法（秦诗乐，2020）。虽然本章采用的联立方程组方法可以较好地控制遗漏变量导致的内生性问题，但对关键变量的测度仍可能存在偏误。因此，本章以化肥施用水平变量为例，将化肥投入水平的测度方法由自然计量单位"千克/亩"调整为货币计量单位"元/亩"，进而验证本章估计结果的稳健性，同样采用 3SLS 进行估计。

表 7-12 报告了稳健性检验的回归结果，与基准回归结果相一致。参与农业保险会显著减少农户亩均化肥投入金额 156.70 元，进一步证明了在气候变暖的影响下，农户参与农业保险对其在农业生产中化肥投入减量的效果依然稳健。

表 7-12 气候变化、农户保险参与和其化肥投入关系的稳健性检验

变量	（1）	（2）	（3）
	农户化肥投入方程	气候变化方程	农户参保决策方程
	fertilizer	*SdTemp*	*insurance*
insurance	-156.699*		
	(90.616)		
SdTemp	140.189**		0.983
	(54.523)		(0.854)
fertilizer		0.005***	-0.007***
		(0.000)	(0.002)
控制变量	控制	控制	控制

注：＊、＊＊、＊＊＊分别表示在10%、5%、1%的水平上显著，括号内为标准误。

7.3.5.5 异质性分析

通过基准回归结果发现，在气候变暖影响下，农业保险有助于降低农户的化肥投入，然而，这一结论可能受到不同样本所在地理区位特征的影响。鉴于此，本章进一步探讨气候变化、农业保险参与和农户化学要素施用水平之间的关系是否会因样本属于不同生产功能区而存在异质性。

如表 7-13 所示，气候变暖在 1% 的水平上显著促进了粮食主产区、主销区和产销平衡区农户在农业生产中化肥投入水平的提升，对三个功能区的影响效应依次递增。参与农业保险对不同功能区农户的化学要素施用水平均存在不同程度的负向作用，但政策参与仅显著促进了粮食产销平衡区农户化肥投入的"减量化"，各功能区存在明显差异，由此验证了假说4。具体而言，粮食产销平衡区的农户参与农业保险对其化肥投入的影响在1%的水平上显著为负，粮食主产区与主销区的农户参与农业保险对其化肥投入虽有负向作用，但均不显著，原因可能是粮食主产区为中国产粮大省，承担着保障国家粮食安全的重任，农业保险政策可能对化肥投入"减量化"的影响效果在一定程度上受限；粮食主销区一般是经济发展水平较高的发达省份，市场化程度高，且耕地面积有限，为保证农作物产量

表7-13 不同功能区气候变化、农户保险参与和其他化肥投入水平的分组回归

变量	(1) 农户化肥投入方程 fertilizer			(2) 气候变化方程 SdTemp			(3) 农户参保决策方程 insurance		
	主产区	主销区	平衡区	主产区	主销区	平衡区	主产区	主销区	平衡区
insurance	-0.307 (0.194)	-0.257 (0.250)	-2.445*** (0.487)						
SdTemp	0.500*** (0.052)	1.484*** -0.257	140.189** (54.523)				1.579*** (0.228)	5.736*** (1.213)	-0.160 (0.228)
fertilizer				1.879*** (0.205)	0.449*** (0.131)	0.889*** (0.095)	-3.153*** (0.173)	-3.868*** (0.587)	-0.509*** (0.056)
控制变量	控制			控制			控制		

注：**，***分别表示在5%、1%的水平上显著，括号内为标准误。

和收益，农户在农业生产中可能仍然在广泛施用化肥，故农业保险政策对化肥减施的影响效应不显著；粮食产销平衡区大多位于西部干旱半干旱的环境敏感型地区，受气候变暖的影响较大，由于农产品供应和需求相对平衡，农户可能更容易接受新的农业生产技术和理念，加之这些地区多为山地，自身种植条件较差，可能会更加关注农业可持续发展和环境保护，使农户更倾向于减少化肥施用量，故存在农业保险政策实施对该功能区农户化肥减量的影响效应在1%的水平上显著为负。

7.4 主要结论和对策建议

7.4.1 主要结论

本章通过梳理文献从理论层面系统分析了气候变化、农业保险参与对农户化学要素投入的影响机制，并据此提出待检验的假说。利用2009~2015年全国农村固定观察点的微观农户面板数据，首先，检验了气候变化、农业保险参与和农户化肥、农药施用水平之间的相关关系，采用联立方程模型识别了气候变化、农业保险参与和农户化肥、农药施用行为之间的因果关系。其次，通过对回归结果进行数理推导，分解出农业保险对农户化肥、农药施用水平的间接影响效应，并通过更换化肥施用水平变量的方式进一步验证本章实证结果的稳健性。最后，本章通过区分粮食生产功能区对实证结果进行了异质性检验。主要结论如下：

第一，气候变暖显著增加农户的化学要素投入，同时进一步加剧气候变暖风险。气候变暖是影响农业生产的重要因素，而且与农户的化学要素投入（包括化肥和农药的施用量）呈显著正相关关系，这是因为随着温度升高，农作物的生长周期可能发生变化，病虫害的发生也可能变得更加频繁和严重。为了应对这些挑战，农户可能会在农业生产中选择增施化肥和农药以保障农作物的生长和产量。然而，化肥、农药施用水平的提升会增加温室气体排放，反过来加剧气候变暖的风险，形成一种恶性循环，加剧全球气候变暖。

第二，气候变暖激励农户参与农业保险，进而抑制其化肥、农药施用。气候变暖对农户的保险参与决策存在正向作用，在气候变化影响农户增加化学要素投入的情况下，参与农业保险可显著降低农户的化肥、农药施用水平。农业保险作为农户管理农业生产风险的一种政策工具，在应对气候变化带来的农业风险方面发挥着重要作用，说明农业保险的保障水平可以覆盖气候风险对农户农业生产的不利影响。结合农户参保决策方程和化学要素投入方程估计结果，能够分离出在气候变化的影响下，农业保险政策对农户化肥施用的间接影响效应为 -0.731，对农药施用影响虽为负向但不显著，这也说明现阶段的农业保险政策对农户农业化学要素投入行为的作用有限。

第三，家庭收入高且具有高风险偏好的大规模全职农户显著增加化学要素施用。参保农户的个人特征和家庭特征均会显著影响农户的化肥、农药施用水平。在家庭特征方面，家庭收入会显著影响农户的化学要素投入决策，家庭收入提高可促进农户在农业生产中的化肥、农药投入，亩产水平提升可刺激农户增加农药施用量。在个人特征中，全职务农且具有高风险偏好的农户对农药投入的影响是正向显著的。

第四，农业保险政策的实施能够促进粮食产销平衡区实现化肥的减量施用。农业保险对农户化肥施用水平的影响效果因不同的粮食生产功能区而存在异质性。其中，政策实施在粮食主产区、主销区和产销平衡区均实现了不同程度的化肥施用减量，但仅对粮食产销平衡区的农户化肥投入减量化的作用效果显著。三个功能区因地理位置不同，气候变化对农户化学要素投入行为的影响同样存在差异，其中，气候变暖对粮食主产区的农户化肥投入的影响最小，对粮食产销平衡区的影响最大。同时，粮食主产区对加剧气候风险的贡献程度最大，说明粮食主产区应是中国推进化肥减量工作的重点区域。

7.4.2 对策建议

本章的研究结论为管理气候风险、优化农业保险政策、促进农业可持续绿色发展和保障粮食供给安全提供了有益的政策启示。通过研究气候变化、农业保险参与和农户化学要素投入之间的关系，证实在全球气候变暖的大背景下，农业保险在实现有效分散农业生产风险的基础上，还能促使农户减少化肥、农药的施用，进一步助力农户绿色生产，对生态环境产生积极影响，保障农业的可持续健康发展，与现阶段中国政府倡导与推行的"化肥、农药零增长行动"政策的激励方向相一致。

第一，创新"气象+农业保险"产品，分散气候变化风险。为解决农民"靠天吃饭"的困境，农业保险经营机构需积极研发一系列具有创新性的绿色保险产品与服务。鉴于气候变暖与农户化学要素投入之间的双向影响，防止陷入恶性循环的关键在于加强气象部门与保险行业的协同合作。双方可基于气象灾害预警信息，融合保险保障与风险管理策略，在防灾防损的精细化操作、人员安全疏导、财产及时转移等关键环节深化合作。同时，双方应联合研究全球气候变暖对自然灾害频发、生物多样性保护以及经济增长的影响，前瞻性地构建预测模型并设计应对方案。针对关键地区和基础设施，应加强气候风险的评估工作。在此过程中，精细化的风险评估、保险费率和准备金的精确计算均离不开历史气象数据的支持。气象部门可运用其专业的气候监测与中长期预测技术，构建天气指数保险数据库，为有效管理巨灾风险提供科学、准确、客观的指导与数据支撑。另外，借鉴地震巨灾模型的开发经验，与应急管理部门及保险业相关部门共同推动科技创新在气象巨灾风险管理中的实际应用，将其作为农业保险的补充形式。

第二，进一步提高农业保险保障水平，扩大保险覆盖广度和深度。通过调整政策来引导农业保险在化学要素减量投入方面发挥更大作用，以提升农业保险保障水平为手段，提升保险覆盖广度和深度，鼓励保险公司开发有助于防范气候风险的保险产品，更好地发挥农业保险政策对化肥农药减量施用的激励作用。

第三，加强对农户的教育和培训，提高其对科学施肥的认识和重视程度。通过教育和培训，推广科学施肥技术，包括测土配方施肥、精准施肥等，使农户掌握科学施肥的方法和技巧，减少化肥的浪费和滥用。鼓励和支持农户在农业生产中施用有机肥料和生物肥料，通过替代化肥，减少化肥的施用量。

第四，保险政策设计要因地制宜、因人制宜，引导农户减量施用农业化学要素。由于不同生产功能区的自然条件、耕地资源以及经济环境等差异显著，农业保险在推动化肥农药减量方面的重点和难点也呈现多样性。因此，农业保险政策设计应当充分考虑各地区的区域特性，因地制宜地采取相应措施，将化肥农药减量核心区域聚焦于粮食主产区，以有效减少化学要素投入。在提升农业保险保障水平以推动化肥农药减施的过程中，需要适度把握保障水平的提升幅度，并结合地区对气候变化的敏感程度、资源条件以及经济结构的差异，采取有针对性、多样化的方式推动化学要素投入的减少，从而实现农业绿色可持续发展。对农业收入高、生产规模大的全职务农户在保险费率等方面可以给予一定的优惠，通过政策引导其化学要素投入减量。

7.4.3 研究展望

本章的实证结果说明，在样本期内，农业保险可促进农户化学要素施用水平的降低，但其影响比较有限，这可能与本章采用的 2009~2015 年的微观农户数据有关，在样本期间中国农业保险政策坚持"低保障、广覆盖"原则。随着农业保险高质量发展，农业保险政策进一步优化升级，保险保障水平不断提升，这种调减作用可能会进一步彰显。因此，未来的研究方向可以将样本时间聚焦于高保障水平的农业大灾保险政策、三大粮食作物完全成本保险和种植收入保险政策推行阶段，或将研究时期进一步延长，比较不同阶段农业保险政策的效果，以期进一步完善农业保险政策，科学、规范引导农户减少化肥农药的施用量，同时保障农作物的产量和品质。

参考文献

［1］白秀广，张波.气候变化对我国苹果主产区化肥利用效率的影响［J］.中国果树，2022（10）：30-34+42.

［2］曹大宇，朱红根.气候变化对我国种植业化肥投入的影响［J］.西部论坛，2017，27（1）：107-114.

［3］陈俊聪，王怀明，汤颖梅.气候变化、农业保险与中国粮食安全［J］.农村经济，2016（12）：9-15.

［4］陈苏，黄怡素.气候变化对双季稻化肥利用效率影响的实证分析——以南方稻作区为例［J］.农林经济管理学报，2023，22（5）：582-591.

［5］陈子豪，胡浩.农户气象风险感知对农业保险选择行为的影响——以桃种植户为例［J］.南京农业大学学报（社会科学版），2023，23（2）：178-190.

［6］丁少群，张峻逸.农业保险对农业产业发展韧性的影响机理与政策建议［J］.中国保险，2024（4）：6-9.

［7］丁宇刚，孙祁祥.气候风险对中国农业经济发展的影响——异质性及机制分析［J］.金融研究，2022（9）：111-131.

［8］段湘冬，赵友平，吴银毫.规模分化视角下小麦完全成本保险对农药使用的影响——基于河南小麦完全成本保险试点区的调研［J］.金融理论与实践，2023（9）：109-118.

［9］冯文丽，农业保险概论［M］.天津：南开大学出版社，2019.

［10］冯晓龙，刘明月，霍学喜，等.农户气候变化适应性决策对农业产出的影响效应——以陕西苹果种植户为例［J］.中国农村经济，2017（3）：31-45.

［11］高江波，刘路路，郭灵辉，等.气候变化和物候变动对东北黑土区农业生产的协同作用及未来粮食生产风险［J］.地理学报，2022，77（7）：1681-1700.

［12］高晶晶，史清华.中国化学农资应用历程及减控策略研究［M］.北京：中国农业出版社，2022.

［13］胡乃娟，王羽涛，陶宝瑞，等.生态认知、外部环境对稻虾共作模式农户农资投入减量化行为的影响：基于江苏省589个农户的调研数据［J］.生态与农村环境学报，2021，37（8）：983-991.

［14］胡新艳，郑沃林.气候变化、农业风险与农户农业保险购买行为［J］.湖南师范大学社会科学学报，2021，50（2）：95-104.

［15］李谷成，蔡慕宁，叶锋.互联网、人力资本和农业全要素生产率增长［J］.湖南农业大学学报（社会科学版），2021，22（4）：16-23.

［16］李琴英，陈康，陈力朋.种植业保险参保行为对农户化学要素投入倾向的影响——基于不同政策认知情景的比较研究［J］.农林经济管理学报，2020，19（3）：280-287.

［17］廖小静，徐雪高，沈贵银，等.化肥面源污染全链条治理的主要困境、逻辑基础和路径构建［J］.环境保护，2024，52（5）：32-37.

［18］林而达，杨修.气候变化对我国农业影响及其对策［N］.中国气象报，2003-11-25（3）.

［19］刘亚洲，仲嘉玮，钟甫宁.替代还是互补：现行政策性农业保险与气象指数保险关系研究［J］.保险研究，2022（1）：49-63.

［20］罗斯炫，何可，张俊飚.增产加剧污染：基于粮食主产区政策的经验研究［J］.中国农村经济，2020（1）：108-131.

［21］马改艳，赖永波.政策性农作物保险的生态环境效应研究［J］.林业经济，2021，43（8）：22-38.

［22］马九杰，崔恒瑜.农业保险发展的碳减排作用：效应与机制［J］.中国人口·资源与环境，2021，31（10）：79-89.

［23］马九杰，杨晨，崔恒瑜，等.农业保险的环境效应及影响机

制——从中国化肥面源污染视角的考察 [J]. 保险研究，2021（9）：46-61.

[24] 毛喜玲，殷淑燕，刘海红.1960—2020年华北地区玉米单产对气候变化的响应 [J]. 干旱区资源与环境，2022，36（10）：193-200.

[25] 乔丹，刘晗，徐涛.互联网应用是否促进了农户政策性农业保险购买？——基于Triple-Hurdle模型 [J]. 湖南农业大学学报（社会科学版），2022，23（5）：48-60.

[26] 秦国庆，杜宝瑞，贾小虎，等.政策性农业保险的化肥、农药、农膜减量效应分析 [J]. 中国农业大学学报，2023，28（1）：237-251.

[27] 秦诗乐.稻农施药行为研究 [D]. 北京：中国农业科学院，2020.

[28] 任天驰，张洪振，杨汭华.农业保险保障水平如何影响农业生产效率：基于鄂、赣、川、滇四省调查数据 [J]. 中国人口·资源与环境，2021，31（7）：161-170.

[29] 任天驰，张洪振，杨晓慧，杨汭华.农业保险保障水平与农户生产投资：一个"倒U型"关系——基于鄂、赣、川、滇四省调查数据 [J]. 中国农村观察，2021（5）：128-144.

[30] 佘宗昀，孙乐，陈盛伟.农业保险对农业固碳增效的影响及机制研究 [J]. 中国农业资源与区划，2022，43（9）：263-272.

[31] 田云，吴海涛.产业结构视角下的中国粮食主产区农业碳排放公平性研究 [J]. 农业技术经济，2020（1）：45-55.

[32] 庹国柱.给农业保险增"绿" [N]. 中国银行保险报，2022-09-22.

[33] 庹国柱.试论农业保险创新及其深化 [J]. 农村金融研究，2018（6）：9-13.

[34] 王信，姜晶晶.气候相关金融风险：中外保险业的差异及应对 [J]. 国际经济评论，2021（5）：22-33+4-5.

[35] 熊存开.市场经济条件下农业风险管理的研究 [J]. 农业经济

问题，1997（5）：43-47.

［36］杨阳，赵娜，岳天祥.1980—2018年中国极端高温事件时空格局演变特征［J］.地理科学，2022，42（3）：536-547.

［37］易福金，周甜甜，陈晓光.气候变化、农业科研投入与农业全要素生产率［J］.南京农业大学学报（社会科学版），2021，21（4）：155-167.

［38］尹朝静，高雪.纳入气候因素的中国农业全要素生产率再测算［J］.中南财经政法大学学报，2022（1）：110-122.

［39］于法稳，王广梁，林珊.粮食主产区农业绿色发展的关键问题及路径选择［J］.重庆社会科学，2022（7）：6-18.

［40］袁纯清，让保险走进农民［M］.北京：人民出版社，2018.

［41］曾玉珍，穆月英.农业风险分类及风险管理工具适用性分析［J］.经济经纬，2011（2）：128-132.

［42］张宝海，李嘉缘，李永乐，等.三大粮食作物完全成本保险和收入保险试点情况调研报告［J］.保险理论与实践，2021（6）：1-12.

［43］张驰，吕开宇，程晓宇.农业保险会影响农户农药施用吗？——来自4省粮农的生产证据［J］.中国农业大学学报，2019，24（6）：184-194.

［44］张明杨，程志强，范玉兵.气候变化下转基因抗虫棉技术推广对农业全要素生产率的影响机制［J］.农业技术经济，2023（6）：17-34.

［45］张扬，李涵，赵正豪.中国粮食作物种植变化对省际农业碳排放量的影响研究［J］.中国农业资源与区划，2023，44（7）：29-38.

［46］张哲晰，穆月英，侯玲玲.参加农业保险能优化要素配置吗？——农户投保行为内生化的生产效应分析［J］.中国农村经济，2018（10）：53-70.

［47］郑沃林，胡新艳，罗必良.气候风险对农户购买农业保险的影响及其异质性［J］.统计与信息论坛，2021，36（8）：66-74.

［48］郑沃林，罗必良，钟文晶.农户气候风险认知、政策工具干预与农业保险市场扭曲［J］.广东财经大学学报，2020，35（5）：101-111.

［49］中国银保监会政策研究局课题组，洪卫.绿色金融理论与实践研究［J］.金融监管研究，2021（3）：1-15.

［50］钟甫宁，宁满秀，邢鹂，等.农业保险与农用化学品施用关系研究——对新疆玛纳斯河流域农户的经验分析［J］.经济学（季刊），2007（1）：291-308.

［51］周大鹏.外资研发是否促进了本土创业：基于中国高技术制造企业的联立方程模型研究［J］.世界经济研究，2019（6）：95-108.

［52］诸培新，苏敏，颜杰.转入农地经营规模及稳定性对农户化肥投入的影响：以江苏四县（市）水稻生产为例［J］.南京农业大学学报（社会科学版），2017，17（4）：85-94+158.

［53］Aubert M.，Enjolras G. Intensive and Extensive Impacts of EU Subsidies on Pesticide Expenditures at the Farm Level［J］. Journal of Environmental Economics and Policy，2022，11（2）：218-234.

［54］Babcock B.，Hennessy D. A. Input Demand under Yield and Revenue Insurance［J］. American Journal of Agricultural Economics，1996，78（4）：416-427.

［55］Bailey S. W. Climate Change and Decreasing Herbicide Persistence［J］. Pest Management Science：Formerly Pesticide Science，2004，60（2）：158-162.

［56］Bellprat O.，Guemas V.，Doblas-Reyes F.，et al. Towards Reliable Extreme Weather and Climate Event Attribution［J］. Nature Communications，2019，10（1）：1732.

［57］Berhane G.，Dercon S.，Hill R. V.，et al. Tafesse. Formal and Informal Insurance：Experimental Evidence from Ethiopia［C］. Selected Paper for International Association of Agricultural Economists Conference，Milan，2015.

[58] Biram H. D., Tack J., Nehring R. Does Crop Insurance Impact Quality-Adjusted Pesticide Use? [C]. Selected Paper Prepared for Presentation at the 2022 Agricultural & Applied Economics Association Annual Meeting, Anaheim, CA, 2022.

[59] Capitanio F., Adinolfi F., Santeramo F. G. Environmental Implications of Crop Insurance Subsidies in Southern Italy [J]. International Journal of Environmental Studies, 2014, 72 (1): 179-190.

[60] Carman J. P., Zint M. T. Defining and Classifying Personal and Household Climate Change Adaptation Behaviors [J]. Global Environmental Change, 2020, 61: 102062.

[61] Coppess J., Schnitkey G. D. Farm Bill Issue Review: Crop Insurance and Cover Crops [J]. Farmdoc Daily, 2017, 7 (73): 1-4.

[62] Douglas L. Crop Insurance Payouts Rise as Climate Change Worsens Droughts, Floods [J]. Insurance Journal, 2022, 100 (2): 25.

[63] Enjolras G., Aubert M. How Does Crop Insurance Influence Pesticide Use? Evidence from French Farms [J]. Review of Agricultural, Food and Environmental Studies, 2020, 101 (4): 461-485.

[64] Feng S. Z., Han Y. J., Qiu H. G. Does Crop Insurance Reduce Pesticide Usage? Evidence from China [J]. China Economic Review, 2021, 69: 101679.

[65] Fleckenstein M., Lythgoe A., Lu J. Y., et al. Crop Insurance: A Barrier to Conservation Adoption? [J]. Journal of Environmental Management, 2020 (276): 111223.

[66] Gong Y., Baylis K., Kozak R., et al. Farmers Risk Preferences and Pesticide Use Decisions: Evidence from Field Experiments in China [J]. Agricultural Economics, 2016, 47: 411-421.

[67] Gunnsteinsson S. Experimental Identification of Asymmetric Information: Evidence on Crop Insurance in the Philippines (Article) [J]. Journal

of Development Economics, 2020, 144: 102414.

[68] He J., Zheng X. Y., Rejesus R. M., et al. Input Use Under Cost-of-Production Crop Insurance: Theory and Evidence [J]. Agricultural Economics, 2020, 51 (3): 343-357.

[69] Hill R. V., Viceisza A. A Field Experiment on the Impact of Weather Shocks and Insurance on Risky Investment [J]. Experimental Economics, 2012, 15: 341-371.

[70] Horowitz J., Lichtenberg E. Insurance Moral Hazard and Chemical Use in Agriculture [J]. American Journal of Agricultural Economics, 1993, 75 (4): 926-935.

[71] Janzen S. A., Carter M. R. After the Drought: The Impact of Microinsurance on Consumption Smoothing and Asset Protection [J]. American Journal of Agricultural Economics, 2019, 101 (3): 651-671.

[72] Kaleab K. H., Eleonora N., Nyasha T. Impact of Formal Climate Risk Transfer Mechanisms on Risk-Aversion: Empirical Evidence from Rural Ethiopia [J]. World Development, 2020, 130: 104-930.

[73] Karlan D., Osei R., Osei-akoto I., et al. Agricultural Decions after Relaxing Credit and Risk Constraints [J]. The Quarterly Journal of Economics, 2014, 129 (2): 597-652.

[74] Kranthi K. R., Stone G. D. Long-term Impacts of Bt Cotton in India [J]. Nature plants, 2020, 6 (3): 188-196

[75] Lawson C., Roderick M. R., Mahmut Y. Crop Insurance Participation and Cover Crop Use: Evidence from Indiana County-Level Data [J]. Applied Economic Perspectives and Policy, 2022, 44 (4): 2181-2208.

[76] Li H. J., Yuan K. H., Cao A. D., et al. The Role of Crop Insurance in Reducing Pesticide Use: Evidence from Rice Farmers in China [J]. Journal of Environmental Management, 2022, 306: 114456.

[77] Li T., Chen L. C., Li X. X., et al. The Impact of Cost-of-Pro-

duction Insurance on Input Expense of Fruit Growing in Ecologically Vulnerable Areas: Evidence from Shaanxi Province of China [J]. Sustainability, 2021, 13 (21): 12083.

[78] Loehman E., Nelson C. Optimal Risk Management, Risk Aversion, and Production Function Properties [J]. Journal of Agricultural and Resources Economics, 1992, 17 (2): 219-231.

[79] Lu Y., Wu K., Jiang Y., et al. Mirid Bug Outbreaks in Multiple Crops Correlated With Wide-scale Adoption of Bt Cottn in China [J]. Science, 2010 (5982): 1151-1154

[80] Mao H., Chen S. J., Ying R. Y., et al. How Crop Insurance Influences Agrochemical Input Use: Evidence from Cotton Farmers in China [J]. Australian Journal of Agricultural and Resource Economics, 2023, 67 (2): 224-244.

[81] Melser D., Le T., Ruthbah U. Climate Change and its Impact on Home Insurance Uptake in Australia [J]. Ecological Economics, 2024, 222: 108195.

[82] Mills E. Insurance in a Climate of Change [J]. Science, 2005, 309 (5737): 1040-1044.

[83] Mills E. The Greening of Insurance [J]. Science, 2012, 338 (6113): 1424-1425.

[84] Niklas M., Tobias D., Geoffroy E., et al. Crop Insurance and Pesticide Use in European Agriculture [J]. Agricultural Systems, 2020, 184: 102902.

[85] Niu Z. H., Feng Y., Chen C. Agricultural Insurance and Agricultural Fertilizer Non-Point Source Pollution: Evidence from China's Policy-Based Agricultural Insurance Pilot [J]. Sustainability, 2022, 14 (5): 2800.

[86] Pete S., JO S., Martin W., et al. Projected Changes in Mineral Soil Carbon of European Forests, 1990-2100 [J]. Canadian Journal of Soil

Science, 2006, 86: 159-169.

[87] Sibiko K. W. , Qaim M. Weather Index Insurance, Agricultural Input Use, and Crop Productivity in Kenya [J]. Food Security, 2020, 12 (1): 151-167.

[88] Stephen J. C. , Elliott R. , Lehtonen T. K. Climate change and insurance [J]. Economy and Society, 2021, 50 (2): 158-172.

[89] Tabashnik B. E. , Carrière Y. Global Patterns of Resistance to Bt Crops Highlighting Pink Bollworm in the United States, China, and India [J]. Journal of Economic Entomology, 2019 (6): 2513-2523.

[90] Zheng W. L. , Luo B. L. , Hu X. Y. The Determinants of Farmers' Fertilizers and Pesticides Use Behavior in China: An Explanation Based on Label Effect [J]. Journal of Cleaner Production, 2020, 272: 123054.

8 农业保险对农户绿色生产行为的作用[①]

现阶段，农业绿色转型已成为推动中国农业可持续发展的重要战略。农业生产面临着日益严重的资源约束和环境压力，故加快绿色农业发展，不仅是保障国家粮食安全和农业可持续发展的重要途径，也是实现农业农村现代化的关键环节。在这一背景下，农业保险作为农业生产中分散风险、保障收入的重要政策工具，逐渐成为推动农业绿色转型的重要力量。政策性农业保险自 2007 年在中国试点以来，发展迅速，并通过财政补贴为农户提供生产风险保障，有效缓解了农户在农业生产中面临的自然灾害、市场风险等各种不确定性。然而，伴随农业绿色发展的推进，农业保险是否能够通过收入保障等机制，激励农户采用更加绿色的生产方式，减少农用化学品投入，提高资源利用效率，成为政策研究中的热点问题；特别是在主要粮食生产区，政策性农业保险的实施如何影响农户的绿色生产行为，是否能够通过风险分散和稳定收入作用，推动农业生产的绿色转型，仍需深入探讨。本章基于对河南、山东、安徽和黑龙江 4 个省份小麦种植户的微观调查数据，分析政策性农业保险对农户绿色生产行为的影响，以期为推动农业绿色转型提供政策依据。

近年来，伴随农业保险的快速发展，学术界围绕其对农业绿色生产的

---

① 本章内容发表于 2024 年《保险研究》第 6 期，原文名称《政策性农业保险对农户绿色生产的影响研究——基于 4 省小麦种植户的调查数据》。

影响进行了广泛研究，但针对这一主题的系统性探讨仍相对有限。现有文献多集中探讨农业保险对农业产出、种养结构、新技术或农用化学品使用等方面的影响，并且学者对农业保险在农业绿色发展中的作用尚未形成一致性共识，有部分学者认为，农业保险能够促进农业绿色发展，鼓励农户采用环保型生产方式；也有研究提出疑问，认为农业保险可能激励农户增加农用化学品的使用，阻碍农业绿色发展。已有研究主要存在两个方面的局限性：一是大部分文献仅聚焦于某一特定绿色生产技术或农用化学品，缺乏对农业全产业链绿色生产的综合考量；二是现有研究多停留在宏观层面，较少从农户视角论证农业保险对其绿色生产行为的具体作用，缺乏微观层面的实证支持。针对农业保险影响农户绿色生产行为的微观作用机制，以及其在不同区域和作物类型中的差异性影响，研究更为稀少。因此，本章基于微观农户调查数据，重点分析政策性农业保险对农户绿色生产行为的具体影响及作用机制。

本章基于河南、山东、安徽和黑龙江 4 个省份小麦种植户的调查数据，分析农户在耕种、打药、施肥、灌溉和收割等农业生产环节的绿色生产行为表现，以此构建农户绿色生产行为的评价指标体系，并运用熵值法综合测度农户的绿色生产水平。同时，采用倾向得分匹配法（PSM）探讨农业保险参与对农户绿色生产行为的具体影响，进而分析其作用机制。研究结果表明，农业保险在促进农户绿色生产方面具有正向激励作用，能够有效推动农业绿色转型。具体而言，由绿色生产评价指标影响权重可知，同未参与保险的农户相比，参与政策性农业保险的农户在施肥和打药等生产环节表现出更高的绿色生产水平，尤其是有机肥施用和农药施用量显著减少。同时，农业保险通过收入保障效应和稳定农业生产收入的机制，增强了农户对绿色生产的信心，促使其增加绿色生产资源的投入，减少对农用化学品的过度依赖。进一步的机制分析表明，政策性农业保险主要通过提高农户的农业经营收入占比和经营稳定性，降低农户绿色生产转型的收入风险，从而推动农户采取更加绿色的生产方式。这一发现表明，农业保险不仅能够作为农业风险管理的工具，还可以通过收入保障功能，促进农业绿色转型和可持续发展。

本章的研究结果不仅可以为理解政策性农业保险对促进农业绿色生产的作用提供新的实证依据，而且可以为优化农业保险制度、推动农业绿色转型提供重要的政策参考。在现阶段农业现代化与绿色转型相结合的大背景下，政策性农业保险的推广应进一步扩大覆盖面，提高保障水平，特别是加强对绿色生产行为的支持和引导，推动农业保险与绿色农业发展的深度融合。通过本章的理论和实证研究，政策性农业保险在促进农户绿色生产中的积极作用得到了验证。农业保险通过降低生产风险、提供收入保障，显著提高了农户的绿色生产行为水平，尤其是在减少农用化学品使用、提高资源利用效率等方面表现突出。未来，农业保险政策应更加注重与绿色农业生产的结合，通过提高保障水平、优化补贴机制，进一步推动农业绿色转型，为实现农业高质量发展和保障国家粮食安全目标提供更为坚实的政策支撑。

8.1 引言

农业绿色生产已成为中国农业发展的重要方向，尤其在当前农业资源约束趋紧、环境承载压力不断凸显的现实背景下，加快推进农业发展绿色转型，构建"节约资源、保护环境"的农业发展格局，不仅是推动经济社会全面绿色发展的重要内容，也是破解新阶段农业发展主要矛盾的重要抓手和必然选择（熊素和罗蓉，2023；金书秦和庞洁，2023）。作为农业生产微观主体的农户，其绿色生产行为是保障农业绿色发展的重要基础，对于促进农业绿色高质量发展具有重要作用（李晓静等，2020；于艳丽和李桦，2020）。但是，现实中仍存在农户绿色生产意愿不高、绿色生产投入风险不确定性强等问题，严重制约了中国农业绿色转型发展（李胜文和谢云飞，2022）。因此，在党的二十大报告强调"推动绿色发展，促进人与自然和谐共生"的重要战略部署下，探讨如何有效地促进微观农户开展农业绿色生产，对于全面推进乡村振兴，加快农业农村现代化、实现农业强国具有重要意义。

为了推动农业资源集约高效利用，促进农业绿色可持续发展，不同国家从技术革新、政策引导等角度进行了诸多探索与实践（林巧等，2022）。国际经验表明，通过改进和完善农业支持保护政策，从源头上引导农户发展绿色低碳农业，已成为世界不同国家促进农业绿色低碳发展的重要途径（马红坤和毛世平，2019）。在众多可供政府选择的政策工具中，农业保险作为支持农业的重要政策之一，对推动农业可持续发展的影响作用逐渐得到人们的广泛关注（张伟等，2012）。其中，与农业直接补贴、农业价格支持等农业政策相比，农业保险政策是"财政补贴规模增长快、发展速度快、重要地位日益凸显"的政策工具。国际上美国等发达国家"农业安全网"建设历程表明，农业保险已成为地区农业支持政策体系的核心工具（张峭，2023）。聚焦中国农业保险发展实践可以发现，农业保险已不仅是防范和化解各类农业经营风险、稳定农户农业经营收入的金融工具，更是一项不可或缺的强农支农政策。近年来，中国不断加大农业保险财政投入力度，农业保险得到迅速发展。数据显示，2023 年中国农业保险保费收入达 1429.66 亿元，较上年增长 17.25%，保费规模全球第一，为农业发展提供风险保障 4.98 万亿元（李杨，2024）。对中国来说，既然拿起了农业保险这件武器或者政策工具，就要用它来为中国农业发展战略目标和阶段性目标服务（庹国柱和张峭，2018）。因而，在当前中国加快"构建以绿色生态为导向的农业支持政策体系"下，作为广泛实施的农业支持政策，农业保险在实现农业生产风险分散、发挥"保收入"作用的同时，是否能够助力农业绿色发展？是否有利于促进农户绿色生产？如何发挥农业保险政策的绿色生产促进效应？围绕这些问题的解答，对进一步评价与完善中国农业保险财政补贴制度，建立具有可靠性、可操作性的农业保险与农户绿色生产联动机制，健全中国农业绿色发展政策支持体系，助力"质量兴农"具有重要的理论与现实意义。

8.2　文献综述

伴随农业保险发展的不断深入，学术界有关农业保险影响效应的研究日渐丰富，但直接围绕农业保险影响农户绿色生产的研究尚不多见。现有文献大多从农业保险影响农业产出（刘玮等，2022）、种养规模或结构（江生忠等，2022；张旭光和赵元凤，2021）、新技术或农用化学品使用（毛慧等，2022；张驰等，2019）等方面进行类似的探讨与研究，并且对于农业保险究竟是能够促进农业绿色发展还是阻碍绿色发展，学者并未形成一致的观点。部分学者认为，农业保险具有良好的资源环境影响效应，能促进农业绿色发展。如，Tang 和 Luo（2021）通过对中国湖北、江西和浙江省农户的调查分析发现，购买农业保险可以鼓励农户增加生物农药的使用，减少化学农药的使用。庹国柱（2022）从绿色保险实践出发，认为农业保险本身是绿色的，具有减少碳排放和减少环境污染的作用。马九杰和崔恒瑜（2021）聚焦农业保险的农业碳排放影响效果，认为农业保险能提高农业生产者的风险保障能力，激励其调整生产行为、采用低碳农业生产方式，有助于兼顾农业发展中的"绿水青山"和"金山银山"。郑军和李雨薇（2023）基于中国省级面板数据分析指出，农业保险的政策性能够降低农户生产成本，提高绿色生产技术使用率，进而产生绿色发展促进效应。类似地，秦国庆等（2023）基于中国 30 个省份的数据进行实证分析发现，农业保险具有显著的化肥、农药、农膜减量效应。

尽管政策性农业保险为从源头上促进农业生产绿色转型提供了一种可行思路，但也有研究对农业保险政策的绿色生产促进效应提出疑问。Hou 和 Wang（2022）基于中国省级面板数据的研究表明，农业保险对农业绿色发展具有抑制作用。焦雨欣等（2023）基于中国 13 个粮食主产区进行分析时指出，农业保险未能有效发挥其理论设计中的农业发展绿色转型推动作用。Horowitz 和 Lichtenberg（1993）从化学品投入的角度提出参与农业保险会促使农户增加农业化学品投入，从而产生不良的环境影响效应。罗向明等（2016）在对政策性农业保险的环境效应与绿色补贴模式进行理论分析时指出，农业保险补贴将促进农业生产方式向专业化、集约化发展，导致农药、化肥的施用量增加，最终对生态环境造成负面影响。Cha-kir 和 Hardelin（2010）也得到了类似结论。

综上所述，国内外已有研究虽然关注到农业保险与农业绿色发展之间的关系，也有学者考虑农业保险风险管理对农户绿色低碳生产行为的影响，但现有文献对农业绿色发展的影响界定多驻足于某项"绿色生产技术采纳"或"农业化学品减量"问题上，缺乏对农业生产经营不同环节（如耕地、打药、施肥、灌溉和收割等）绿色生产的综合考量，有关农业保险对农业绿色生产综合影响效应的分析仍存在较大不足。另外，目前国内有关农业保险绿色发展影响效应的研究大多集中于理论或宏观省级层面的探讨与分析，少有聚焦微观农户层面的农业保险绿色生产行为影响分析，围绕农业保险绿色生产微观影响效应的分析仍存在较大不足。不可否认，农业保险的宏观影响效应分析为进一步探讨其对微观农户绿色生产行为的影响提供了基本的逻辑支撑，但参与农业保险后微观农户的绿色生产行为综合表现如何？农业保险是否能够促进农户绿色生产？其作用机制如何？这些问题还有待进一步探讨。为了全面掌握农业保险政策的绿色生产影响效应，首先，本章在当前农业保险宏观影响效应分析的基础上，进一步基于微观农户实地调查数据，在系统构建农户绿色生产行为评价指标体系的基础上，运用熵值法客观综合测度农户的绿色生产行为，全面地反映农户的绿色生产水平。其次，采用倾向得分匹配法建立反事实框架，实证探究农业保险对农户绿色生产行为的影响。最后，从增加农业经营收入的角度分析参与农业保险影响农户绿色生产的作用机制。本章不仅是对农业保险绿色生产影响效应相关研究的补充，也是在农业直接补贴等政策受到WTO框架很大限制的背景下，对创新农业绿色转型支持政策体系的一次深入思考。本章的相关结论与发现，对进一步认识农业保险与农户绿色生产行为之间的关系、制定促进农业绿色发展的农业保险协同政策、提高农业保险绿色生产保障作用具有重要的参考价值。

8.3　理论分析

农业绿色发展是农业发展观的一场深刻革命，也是新发展理念在农业农村领域的具体体现。当前，中国农业由强调产量的"化学农业"生产方式向"产量与生态并重"的绿色农业转型，本质上是对传统农业生产的"绿色化"升级，这一过程中微观农户绿色生产行为的转变至关重要。然而，对于习惯传统农业生产的农户来说，农业绿色生产不仅是一种新理念和新技术，也是一种全新的尝试或高风险挑战，农产品价值实现和农业产出都将面临较强的不确定性，农业生产风险敞口扩大。而作为当前财政大力支持的农业生产风险管理政策，农业保险具有分散农业生产风险、保障农业经营收入的重要作用。更为重要的是，农业保险直接改变了农户的农业生产风险防范状态和农业生产经营收入预期，进而能够对农户农用化学要素、农业生产技术与生产方式等的选择产生影响（张伟等，2014），而这些选择变化符合绿色生产导向，可体现出农业保险政策的绿色生产促进作用。

结合中国农业保险运营特点，并在现有文献分析的基础上，本章构建了政策性农业保险影响农户绿色生产行为的理论分析框架。根据影响路径的差异分别从农业保险具有的化学要素减施效应、收入保障效应和运营规制效应三个方面，论述政策性农业保险的绿色生产影响机制，具体如图8-1所示。

第一，化学要素减施效应。为了降低病虫害、自然灾害等风险对农业生产的不利影响，农户作为理性经济人，会采取多种风险防控措施进行损失控制，并在不同措施间进行权衡，以达到最优的损失控制效益。农药、

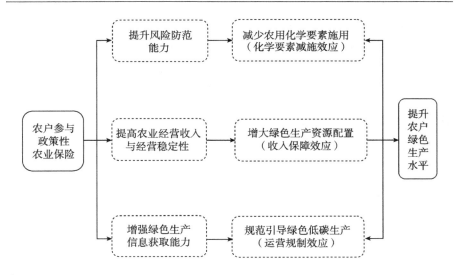

图 8-1   政策性农业保险影响农户绿色生产的作用路径与影响机制

化肥等农用化学要素的施用是当前农户普遍采用的农业生产风险防控手段。在无农业保险的情境下，农户进行农用化学要素投入决策的主要依据是选择合适的投入量，以实现最小的投入成本（要素施用量×要素价格）和最少的灾害损失。此时，农户的化学要素施用决策便转化成了最优化问题，即化学要素投入所产生的边际损失控制效益等于边际成本（要素价格）。而在农户参加农业保险后，由于保险的损失支付作用，农户所面临的灾害损失环境发生了改变，农户投入的农用化学要素边际损失控制效益将下降[①]。因此，理论上认为，在农用化学要素价格等其他条件不发生改

---

① 假定农业生产损失控制函数为 $L=f(x, r)$，其中，L 是农业生产直接损失，x 是化学要素投入，r 是其他防控要素投入，$f(x, r)$ 是 x 的单调递减函数和凸函数。在无保险的情境下，农户化学要素投入所产生的边际损失控制效益 $\frac{\partial L}{\partial x} = \frac{\partial f(x, r)}{\partial x}$；在有保险的情境下，参保农户受灾后能获得部分损失赔偿，此时农户的损失函数修正为 $L=(1-i)f(x, r)+\rho$，其中，i 是损失赔偿比，ρ 是农户缴纳的保费（小额固定支出），此时农户化学要素投入产生的边际损失控制效益为 $\frac{\partial L}{\partial x} = (1-i)\frac{\partial f(x, r)}{\partial x}$，呈现出下降的变化趋势。

变的情况下，经济理性的参保农户将会减少农用化学要素的施用量，以满足在有限资源条件下的最优损失控制效益。同时，已有研究也表明，农户为规避风险会增加农药、化肥等化学要素的施用（米建伟等，2012；仇焕广等，2014），而通过保险手段减少农户在农业生产中的风险损失，提升农户的风险防范能力，可以显著减少农户的化肥（张哲晰等，2018；李琴英等，2020）和农药（钟甫宁等，2007；张驰等，2019）施用量，农业保险具有农用化学要素减施效应。并且，聚焦中国农业"小规模经营"较为突出的现实特点，有研究表明，对于耕地面积较小、年龄较大和更不愿承担风险的农户，农业保险的化学要素减施影响效果更明显（Feng et al.，2021）。此外，来自一些发达国家的经验证据也表明，农业保险存在的潜在道德风险问题会进一步导致农户减少农用化学要素施用，农户的农业保险参与和农用化学要素投入行为之间可形成一种替代关系（Quiggin，1993；Smith & Goodwin，1996；Mishra et al.，2005）。

第二，收入保障效应。参与农业保险能够弥补因灾损失，保障农户收入，增强农业经营稳定性，使农户有经济能力加大绿色生产资源投入，从而提升农户的绿色生产水平。一方面，相较于传统生产，农户绿色生产决策（如农业绿色技术的使用）存在较强的收益不确定性和收益滞后性等风险（毛慧等，2022），在缺乏足够保障的情况下风险厌恶型农户通常不愿意投入绿色农业生产中，而农业保险的收入补偿作用可以减少绿色生产的不确定性，缓解农户农业生产收入焦虑，使农户敢于进行绿色生产投资，进而激励其采取新的农业生产方式，提高其绿色生产资源配置倾向（Wei et al.，2021）。另一方面，作为一项广泛实施的农业补贴政策，政策性农业保险的收入支持功能可以保障农户家庭收入，提高农业经营稳定性与持续性，进而使农户有经济能力加大高质量农业生产投入，调整生产方式、增加绿色生产要素配置以获得更高的农产品生产质量效益，进而促进农业生产绿色革新与产品质量升级。正如越来越多的学者所认为的，政策性农业保险能够显著影响农户的资源配置方式，提高农户农业经营收入与经营稳定性，助力农户衔接现代农业生产（任天驰和杨汭华，2020；

刘玮等，2022）；而农业经营收入的增加，会为农户采用环保型技术、有机肥、生物农药和农用机械等提供资金保障。尤其在追逐更高农产品产出价值的需求导向下，面对"高风险、高回报"的农业绿色生产投入，政策性农业保险释放的收入保障效应会缓解农户的绿色生产顾虑，提升农户的绿色高质量资源配置能力，从而推动农户进行绿色生产升级，提升农户的绿色生产水平。

第三，运营规制效应。农业保险承保、理赔等实际运营环节的政策规制及与农户生产行为的"挂钩"，能够缓解农户绿色生产信息约束，提升其信息获取能力，进而引导农户绿色生产，规范农户绿色低碳行为，从而提升农户的绿色生产水平。由中国政策性农业保险运营实践可知，农业保险具有强大的规模发展优势，并且作为"政府引导，市场运作"的风险管理工具，兼具"政策规制"与"市场需求导向"特点（张旭光和赵元凤，2021），实际运营中通过将保险承保、理赔等制度与农户微观生产行为"挂钩"，不仅能够解决农业生产管理中政府部门与农户信息不对称问题（张跃华，2017），同时也能够向农户传递标准的绿色生产导向信息，进而实现对农户绿色生产行为的规范与引导，提升农户绿色生产水平。如中国农业保险运营实践中的河南"济源模式"和越来越多的实证分析表明，农业保险与畜禽生产防疫的挂钩联动，具有显著规范农户无害化处理病死畜禽、提升农户绿色安全养殖的作用（舒畅和乔娟，2016；张跃华，2017）。

8.4　实证方法与数据

8.4.1　实证方法

现实中，参加农业保险是农户"自选择"的过程，其选择会受到农户自身资源禀赋的影响，而这些因素又会对农户的绿色生产行为产生影响。因此，忽略"自选择"问题，不消除内生性现象，只是简单地用分组样本进行建模回归，将会导致模型估计结果有偏。为了准确估计农业保险的微观影响效应，本章选择处理"自选择"问题的常用方法——倾向得分匹配模型（PSM）进行定量分析（陈强，2014）。该模型的基本思想是通过对参与农业保险的样本和未参与农业保险的样本进行匹配，使参与和未参与两组样本趋于均衡可比状态，然后再比较两组样本农户的绿色生产决策行为。

具体而言，农户参与农业保险的倾向匹配得分为既定条件下农户参与农业保险的概率，通常用 Probit 或 Logit 模型来估计。以 Logit 模型为例，其表达式为：

$$P_i(X_i) = P(D_i = 1 \mid X_i) = F[h(X_i)] \tag{8-1}$$

其中，$P_i(X_i)$ 为农户参与农业保险的倾向匹配得分（PS 值）。D_i 表示政策虚拟变量，若 $D_i = 1$，说明农户参与农业保险；若 $D_i = 0$，说明农户未参与农业保险。X_i 为匹配变量，表示农户的特征变量，主要用以判断处理组和对照组的相似度；$F(\cdot)$ 表示 Logistic 函数，$h(\cdot)$ 表示线性函数。

计算出倾向匹配得分后，选择恰当的匹配方法（近邻匹配、核匹配、半径匹配等）对农业保险参与户和非参与户进行匹配，较好的匹配会使两类农户有较大的共同区域（即处理组与对照组倾向得分的重叠区间），缓解样本"自选择"问题。样本匹配完成后便可衡量参与农业保险对农户绿色生产行为的影响程度，即对处理组（农业保险参与户）绿色生产行为的平均处理效应（ATT）进行估计，其表达式为：

$$ATT = E(Y_1 \mid D_i = 1) - E(Y_0 \mid D_i = 1) = E(Y_1 - Y_0 \mid D_i = 1) \tag{8-2}$$

其中，Y_1 为农业保险参与户绿色生产行为程度，Y_0 为非参与户绿色生产行为程度。

8.4.2 变量设定与说明

8.4.2.1 因变量

现实中，农业生产是一个系列过程，因而农户的绿色生产行为应是一种综合表现。为了客观衡量农户的绿色生产行为水平，本章参考农业农村部等六部门发布的《"十四五"全国农业绿色发展规划》目标要求和小麦种植特性，在借鉴张英楠等（2023）、张康洁（2022）、卢华等（2021）研究成果的基础上，从小麦种植过程中的耕种、打药、施肥、灌溉和收割5个生产环节，分别选取1~2个关键行为指标，具体包括：耕种环节的"是否耕播一体"和"是否耕地和施肥一体"，打药环节的"打药方式"和"农药用量变化"，施肥环节的"施肥方式"和"有机肥投入占比"，灌溉环节的"灌溉方式"，收割环节的"收割方式"，共8个行为指标，构建衡量农户绿色种植行为水平的评价指标体系。然后，基于实际调查数据，运用熵值法确定体系中各指标权重，剔除主观因素的影响，综合测度被调查农户的绿色生产行为表现水平。按照熵值法客观赋权步骤①，计算获得农户绿色生产行为综合测度值。各评价指标的描述性统计情况如表8-1所示。

表 8-1　农户绿色生产行为评价指标及综合测度值

系统层	指标层	指标含义与赋值	均值	标准差
耕种	是否耕播一体	是否耕地和播种一体：0＝否；1＝是	0.54	0.50
	是否耕施一体	是否耕地和施肥一体：0＝否；1＝是	0.60	0.49
打药	打药方式②	1＝人工打药；2＝自家机械打药；3＝购买专业机械施药服务；4＝购买无人机植保施药服务；5＝合作社提供服务	1.57	0.82
	农药用量变化	与5年前相比，亩均农药使用量：1＝增大；2＝不变；3＝减少	1.68	0.74

---

① 首先，对评价指标体系中各原始数据进行标准化处理（消除量纲影响），再建立关于评价对象（小麦种植户）和评价指标（绿色种植评价指标）的评价矩阵。其次，根据信息熵客观确定评价指标的权重值，排除主观因素的影响。最后，根据各指标权重，计算不同农户的绿色生产行为综合评价值。

② 相对于传统的人工作业方式，在一些技术密集型农业生产环节（如施肥、打药等环节），采用合作社、专业机械与技术等社会化服务的方式进行农业生产，更能体现农业现代化建设需求下农业生产的专业精准、环保与高效，这也符合农业绿色发展理念。并且已有研究也表明，农户在生产环节采用合作社服务（陈吉平和任大鹏，2023；周静，2023）、购买专业机械播种与施肥、利用无人机植保施药等（张英楠等，2023；卢华等，2021；陈盛德等，2017），具有显著提升农户绿色化生产水平的作用，农作物播种、施肥、施药和收割等环节生产方式转变带来的农业绿色发展促进作用得到了肯定。

续表

系统层	指标层	指标含义与赋值	均值	标准差
施肥	施肥方式	1＝人工施肥；2＝自家机械施肥；3＝购买专业机械施肥服务；4＝合作社提供服务	1.66	0.81
	有机肥投入占比	有机肥投入量占比（单位:%)	6.63	21.64
灌溉	灌溉方式	1＝不灌溉，靠自然雨水；2＝漫灌、畦灌、沟灌；3＝自动式喷灌；4＝滴管	2.02	0.44
收割	收割方式	1＝人工收割；2＝自家机械收割；3＝购买专业收割服务；4＝合作社提供服务	2.94	0.30
因变量	农户绿色种植行为综合测度值	由熵值法计算得出	0.23	0.13

8.4.2.2 核心自变量

本章选取农户"是否参加小麦保险"作为核心自变量。调研数据显示，本次被调查的 539 户小麦种植户中，有 350 户参与了农业保险，189户未参与农业保险，参保农户占比为 64.94%。

8.4.2.3 控制变量

已有研究表明，农户个人特征、家庭经营特征、社会资本特征、外部信息环境特征等对其参与农业保险（张旭光和赵元凤，2021；聂荣和沈大娟，2017）及农业绿色生产决策（李晓静等，2020；于艳丽和李桦，2020；张康洁，2022）有重要影响。根据农户行为理论和既有文献研究启示，并结合小麦种植实际，本章从 4 个方面选取 7 个变量作为控制变量：①在个人特征方面，选取"户主受教育程度"1 个变量。②在家庭经营特征方面，选取"小麦种植面积""家庭年收入"2 个变量。③在社会资本特征方面，选取"在本村的职务""是否登记为家庭农场"2 个变量。④在外部信息环境特征方面，选取"农户所在村及时发布或传递重要信息情况"和"互联网络环境条件"2 个变量。

8.4.3　数据来源与样本均值差异检验

本章所用数据来源于 2020 年中国社会科学院农村发展研究所组织的中国乡村振兴综合调查（CRRS）。聚焦"保险覆盖率较高"和"关系国计民生"的小麦作物，选取河南、山东、安徽和黑龙江 4 个省份小麦种植户问卷调查数据进行定量分析与研究。从种植规模来看，样本省区属于中国小麦种植生产主产区，具有较强代表性。在具体样本农户的选取上，课题组首先根据样本省人均 GDP 水平将所有县（市、区）等分为低、中低、中、中高和高水平 5 组，并按照空间上尽量覆盖整个省的要求，在每组中抽取 1 个县，即每个省抽取 5 个样本县。其次按照相同的抽样方式，根据人均 GDP 水平将样本县内乡（镇）分为低、中、高 3 组，从每组中随机抽取 1 个乡（镇），即每个县抽取 3 个乡（镇）。再次根据乡（镇）政府的指导确定村庄经济发展水平，并将所有村庄分为经济水平较差和较好 2 组，从每组中随机抽取 1 个村，即每个乡（镇）抽取 2 个村。最后根据村委会提供的花名册，采用等距抽样方法在每个村随机抽取 10 多户样本农户。本次调研共获得小麦种植户调查样本 545 份[①]，剔除数据异常与缺失的样本，获得有效样本 539 份，样本有效率为 98.90%。

由表 8-2 各变量的描述性统计和均值差异检验可知，参保和非参保农户之间的绿色种植水平差异较为明显，参保农户的绿色种植行为综合评价值高于非参保农户 0.03 个单位，并且在 1% 的水平上显著。另外，相对于非参保农户，参保农户在户主受教育程度、小麦种植面积、在本村的职务、是否登记为家庭农场、农户所在村及时发布或传递重要信息情况、互联网络环境条件上都呈现较高的水平。

---

① 需要说明的是，本次调查按照不同农作物品种，只获取了播种面积在 0.5 亩以上且面积最大的前两种作物的一系列农业生产数据，共涉及小麦、早稻、中稻、晚稻、普通籽粒玉米、青贮玉米、大豆和油菜籽 8 类作物品种。聚焦研究主题，去掉无小麦种植的农户样本后，本章最终使用的样本数少于调查获得的总样本数。

表 8-2　变量定义及样本均值差异检验

变量		变量定义与赋值	样本户变量均值		均值差
			参保户（N＝350）	非参保户（N＝189）	
因变量	农户绿色种植行为综合测度值	由熵值法计算得出	0.24	0.21	0.03 ***
核心自变量	参与农业保险	农户是否参加小麦保险：0＝否；1＝是	1	0	—
控制变量	户主受教育程度	1＝未上学；2＝小学；3＝初中；4＝高中；5＝中专；6＝大专；7＝本科及以上	2.92	2.84	0.09
	小麦种植面积	实际种植面积（单位：亩）	18.01	12.88	5.13
	家庭年收入	家庭年实际总收入的对数值（单位：元）	10.51	10.53	-0.02
	在本村的职务	1＝普通村民；2＝村委委员、支部委员、小组长等；3＝村支书或村主任	1.24	1.14	0.10 **
	是否登记为家庭农场	0＝否；1＝是	0.05	0.02	0.04 **
	农户所在村及时发布或传递重要信息情况	1＝不及时；2＝一般；3＝很及时	2.80	2.53	0.27 ***
	互联网络环境条件	1＝较差，经常断网；2＝可以，偶尔断网；3＝非常好	2.56	2.35	0.21 ***

注：**、***分别表示在5%和1%的水平上显著。

8.5　实证结果与分析

8.5.1　农户绿色生产行为评价指标权重与分析

为了准确刻画农户的绿色生产行为程度，本章基于实地调查数据与资料，从小麦种植的耕种、打药、施肥、灌溉和收割 5 个环节，选取 8 个指标构建农户绿色种植行为评价指标体系，并应用客观赋权的熵值法进行综合评价。由各指标影响权重的计算结果可知（见表 8-3），施肥（权重为 50.79）和打药（权重为 28.29）环节是影响农户绿色种植行为的重要方面，其中，有机肥投入、打药和施肥方式、农药施用量是影响农户绿色种植水平高低的重要因素，而灌溉和收割环节对农户绿色种植行为的影响较小。可见，做好施肥和打药环节的引导与规制、降低农业面源污染，是加快推进小麦种植绿色转型发展的重要突破口。

表 8-3　农户绿色种植行为评价指标体系与权重

目标层	系统层	指标层	指标层权重	系统层权重
农户绿色种植行为综合测度值	耕种	是否耕播一体	10.23	18.64
		是否耕施一体	8.41	
	打药	打药方式	16.28	28.29
		农药用量变化	12.01	
	施肥	施肥方式	14.21	50.79
		有机肥投入占比	36.58	
	灌溉	灌溉方式	1.97	1.97
	收割	收割方式	0.31	0.31

8.5.2　参与农业保险对农户绿色生产行为的影响分析

8.5.2.1　匹配平衡性检验

PSM 主要通过倾向得分匹配的方式构建准自然实验，定量识别政策处理对参与者的平均处理效应。因此，处理组与对照组匹配的重叠区域越大、共同支撑域条件越好，该匹配方法的应用越恰当，模型回归结果越可靠（陈强，2014）。为了直观地考察非参保农户（对照组）和参保农户（处理组）的共同支撑域情况，图 8-2 给出了参保农户和非参保农户匹配前后核密度函数分布图。由图 8-2 可知，匹配前，参保农户和非参保农户虽有共同区域，但图形轮廓的重合度不高；而匹配后，两组函数更为接近，图形重合部分明显增多。可见，参保农户和非参保农户的倾向得分区间基本实现重合，通过了模型匹配平衡性检验。

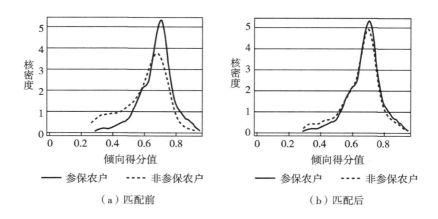

（a）匹配前　　　　　　　　（b）匹配后

图 8-2　参保农户和非参保农户匹配前后核密度函数

8.5.2.2　模型估计结果与分析

（1）农业保险参与决策影响结果与分析。为了匹配参保农户和非参保农户，本章采用 Logit 模型估计小麦种植户参与农业保险的概率，识别影响农户参与农业保险的主要因素。由表 8-4 可知，在本村的职务、是否登记为家庭农场、农户所在村及时发布或传递重要信息情况和互联网络环境条件对农户参与农业保险的概率产生了显著影响。农户在本村担任村委委员、村支书等职务，登记为家庭农场，所在村发布或传递重要信息的及时度越高，家庭互联网络状况越好，农户越倾向于参与农业保险。

表 8-4　基于 Logit 模型的农户参与农业保险决策估计结果

变量	系数	标准误	Z 值
户主受教育程度	-0.060	0.104	-0.58
小麦种植面积	0.001	0.002	0.49

续表

变量	系数	标准误	Z 值
家庭年收入	−0.121	0.090	−1.34
在本村的职务	0.428*	0.231	1.85
是否登记为家庭农场	1.116*	0.659	1.69
农户所在村及时发布或传递重要信息情况	0.577***	0.153	3.78
互联网络环境条件	0.326**	0.130	2.51
常数项	−0.851	0.980	−0.87
LR 统计量	36.58***		
Pseudo R^2	0.052		
样本量	539		

注：*、**、***分别表示在 10%、5%、1%的水平上显著。

（2）农业保险对农户绿色生产行为影响的结果与分析。匹配方法的差异会导致出现不同的样本损失量，为了保证得到稳健的模型回归结果，本章分别采用最近邻匹配（1 对 1 匹配）、最近邻匹配（1 对 3 匹配）、半径匹配和核匹配四种方法进行处理组和对照组的匹配，并分别估计农户参与农业保险的平均处理效应（ATT）。匹配结果显示，4 种方法下处理组（参保农户组）的损失样本量均为 5 个，样本损失占比较低，反映出调研样本已得到较高质量的匹配。

由表 8-5 可知，四种匹配方法的估计结果具有一致性，即农业保险对农户的绿色生产行为具有显著的正向影响效应。从整体估计结果来看，相对于非参保农户，参与政策性农业保险的农户其绿色种植行为程度增加了 0.032 个~0.034 个单位，且均在 1%或 5%的水平上通过了显著性检验。另外，由处理组和对照组影响效应平均差异可知，非参保农户的绿色种植行为水平为 0.207，而参保农户的绿色种植行为水平为 0.239，增长了 0.032，增长率为 15.46%。由此可知，参与农业保险可以提升农户的绿色种植行为程度，说明当前广泛实施的政策性农业保险有助于促进和推动农业绿色生产发展。

表 8-5　政策性农业保险对农户绿色种植行为的影响效应估计结果

匹配方法	处理组均值 （参保农户）	对照组均值 （非参保农户）	ATT	T 值
最近邻匹配（1 对 1）	0.239	0.205	0.034 **	2.45
最近邻匹配（1 对 3）	0.239	0.207	0.032 ***	2.56
半径匹配	0.239	0.207	0.032 ***	2.73
核匹配	0.239	0.207	0.032 ***	2.70
平均值	0.239	0.207	0.033 ***	2.61

注：**、***分别表示在 5%、1%的水平上显著。

8.5.2.3　作用机制检验

由前文理论分析可知，政策性农业保险主要通过提升农户风险防范能力、提高农业经营收入与稳定性和保险承保理赔政策规制的逻辑路径影响农户的绿色生产决策行为，而聚焦现实生产环节，上述作用路径最终主要体现在农业保险对农户农业经营收入的影响上。已有研究也表明，农户参与农业保险后，所面临的农业生产经营风险环境虽会直接发生改变，但主要是通过提升农户从事农业生产的收入预期、增加农业经营收入的方式来影响农户的绿色低碳等资源配置行为的（徐雯和张锦华，2023）。因此，本部分主要从增加农业经营收入的角度，检验农业保险对农户绿色生产行为影响的作用机制。

具体地，采用农业经营收入占家庭总收入的比例来衡量农户的农业经营收入大小和收入结构变化，并将其引入前文的 PSM 模型作为因变量。检验模型中，除因变量替换为"农业经营收入占比"、自变量中剔除掉相关性较强的"家庭年收入"变量外，其他变量不变。表 8-6 显示了运用最近邻匹配、半径匹配和核匹配三种匹配方法，在自助法计算标准误情况下的回归结果。由表 8-6 可知，三种匹配方法的估计结果具有一致性，参与农业保险能够明显提高农户的农业经营收入占比，且在 5%或 10%的水平上通过了显著性检验，反映出农业保险主要通过增加农户农业经营收入占比、提高农业经营稳定性、降低农业生产投入风险的作用机制影响农户的绿色生产决策行为。

表8-6 作用机制检验结果

匹配方法	系数	标准误	Z值
最近邻匹配	5.758*	2.984	1.93
半径匹配	5.186**	2.539	2.04
核匹配	5.106*	2.678	1.91
平均值	5.350	2.734	1.96

注：*、**分别表示在10%、5%的水平上显著。

8.5.2.4 稳健性检验

为了检验PSM模型回归结果的可靠性，本章通过更换实证回归方法的方式，进一步采用断尾模型①考查政策性农业保险对农户绿色生产行为的影响效应，并进行稳健性检验，模型估计结果如表8-7所示。由表8-7可知，相对于非参保农户，参与农业保险的农户其绿色种植行为综合程度增加了0.032个单位，且在1%的水平上通过了显著性检验，与上文四种匹配方法的估计结果基本一致，也进一步从侧面反映出本章选择实证模型所得结论的可靠与稳健。

表8-7 基于断尾模型的稳健性检验结果

变量	系数	标准误	Z值
参与农业保险	0.032***	0.012	2.65
常数项	0.261***	0.057	4.54
控制变量	已控制		

---

① 考虑到因变量为运用熵值法测度的农户绿色种植行为综合评价值，取值范围小于1，属于受限因变量，故采用右边断尾回归的方法进行稳健性检验，以进一步验证农业保险的绿色生产影响效应。

变量	系数	标准误	Z 值
Wald chi2（8）	20.84***		
Log likelihood	343.582		
样本量	539		

注：***表示在 1%的水平上显著；限于篇幅，不再对其他控制变量的估计结果进行报告。

8.6 结论与政策启示

本章聚焦微观农户绿色生产行为变化，基于河南、山东、安徽和黑龙江 4 个省份 539 户小麦种植户的微观调查数据，在消除片面、单因素评价农户绿色生产行为影响，客观综合考量农户绿色行为水平的前提下，运用能够缓解内生性问题的倾向得分匹配方法，定量识别政策性农业保险对农户农业绿色生产行为的影响效应。结果表明，当前广泛实施的农业保险政策能够实现对微观农户绿色生产行为的激励，有利于促进农业绿色转型发展。进一步机制分析表明，农户参与农业保险主要通过增加其农业经营收入占比、提高农业经营稳定性的作用机制影响农户的绿色生产决策行为。另外，由绿色生产评价指标影响权重可知，施肥和打药环节是影响农户绿色种植行为程度的重要方面，其中，有机肥投入、打药和施肥方式、农药施用量是影响农户绿色种植水平高低的重要因素。

不可否认，农业绿色发展转型是一个长期而复杂的系统工程，而这一过程需要持续推动和发掘当前广泛实施的政策性农业保险在促进农业现代化发展中的巨大潜力和风险管理作用。本章的研究结论揭示了政策性农业保险在促进农户融入农业绿色生产建设方面的重要作用。这不仅为中国建立"以绿色生态为导向的农业补贴制度"，进一步出台强化农业保险与农业绿色发展之间关联度和紧密度的政策措施提供了重要的理论和实证支撑，更为从源头上促进农业资源合理化利用，调动农户绿色生产积极性，提高中国农业质量竞争力提供了政策依据。因此，为了更好地发挥农业保险的绿色生产促进效应，本章总结提出如下几点政策启示：第一，进一步提高农业保险覆盖率，增加财政支持的农业保险品种，促进农业保险"扩面""增品"发展，提高农业保险的保障深度和农户参与度，让农业保险在更广泛的农业生产领域发挥绿色生产保障作用。第二，提高农业保险的实际保障程度，消除"低赔付"现象，加强农业生产收入保险和农产品产值保险的试点推进，积极释放农业保险的农业生产经营收入保障效应，减少农户绿色生产收入焦虑，提高农业绿色发展稳定性。第三，坚持绿色导向，创新与优化农业保险财政补贴制度，将农业保险政府补贴、理赔等与更广泛的绿色生产行为相联系。例如，聚焦施肥和打药等绿色种植重点影响环节，制定促进农业绿色发展的农业保险协同政策，激励农户采取绿色生产方式，提高农业保险政策的绿色生产引导与约束作用。

参考文献

［1］陈吉平，任大鹏.合作社绿色生产何以可能——来自四川案例的过程追踪［J］.农业经济问题，2023（3）：100-110.

［2］陈强.高级计量经济学及 Stata 应用（第二版）［M］.北京：高等教育出版社，2014.

［3］陈盛德，兰玉彬，李继宇，等.航空喷施与人工喷施方式对水稻施药效果比较［J］.华南农业大学学报，2017（4）：103-109.

［4］仇焕广，栾昊，李瑾，等.风险规避对农户化肥过量施用行为的影响［J］.中国农村经济，2014（3）：85-96.

［5］江生忠，付爽，李文中.农业保险财政补贴政策能调整作物种植

结构吗？——来自中国准自然实验的证据［J］.保险研究，2022（6）：51-66.

［6］焦雨欣，江生忠，费清.农业保险能否助力农业绿色发展水平提升？——基于13个粮食主产区的评估［J］.保险研究，2023（11）：61-77.

［7］金书秦，庞洁.学习宣传贯彻党的二十大精神笔谈——抓住农业绿色发展的重点［N］.农民日报，2023-02-18（5）.

［8］李琴英，陈康，陈力朋.种植业保险参保行为对农户化学要素投入倾向的影响——基于不同政策认知情景的比较研究［J］.农林经济管理学报，2020（3）：280-287.

［9］李胜文，谢云飞.农业绿色发展模式的农业保险需求引致效应——基于荔枝种植户的经验分析［J］.中国农业资源与区划，2022（8）：1-9.

［10］李晓静，陈哲，刘斐，等.参与电商会促进猕猴桃种植户绿色生产技术采纳吗？——基于倾向得分匹配的反事实估计［J］.中国农村经济，2020（3）：118-135.

［11］李杨.2024年度NIFD季报：保险业运行［R］.北京：国家金融与发展实验室，2024.

［12］林巧，杨小薇，王晓梅，等.推进农业绿色高质量发展的政策研究及实践启示［J］.中国农学通报，2022（30）：151-157.

［13］刘玮，孙丽兵，庹国柱.农业保险对农户收入的影响机制研究——基于有调节的中介效应［J］.农业技术经济，2022（6）：4-18.

［14］卢华，陈仪静，胡浩，等.农业社会化服务能促进农户采用亲环境农业技术吗［J］.农业技术经济，2021（3）：36-49.

［15］罗向明，张伟，谭莹.政策性农业保险的环境效应与绿色补贴模式［J］.农村经济，2016（11）：13-21.

［16］马红坤，毛世平.欧盟共同农业政策的绿色生态转型：政策演变、改革趋向及启示［J］.农业经济问题，2019（9）：134-144.

［17］马九杰，崔恒瑜.农业保险发展的碳减排作用：效应与机制

［J］. 中国人口·资源与环境，2021（10）：79-89.

［18］毛慧，胡蓉，周力，等. 农业保险、信贷与农户绿色农业技术采用行为——基于植棉农户的实证分析［J］. 农业技术经济，2022（11）：95-111.

［19］米建伟，黄季焜，陈瑞剑，等. 风险规避与中国棉农的农药施用行为［J］. 中国农村经济，2012（7）：60-71+83.

［20］聂荣，沈大娟. 影响农户参保农业保险决策的因素分析［J］. 西北农林科技大学学报（社会科学版），2017（1）：106-115.

［21］秦国庆，杜宝瑞，贾小虎，等. 政策性农业保险的化肥、农药、农膜减量效应分析［J］. 中国农业大学学报，2023（1）：237-251.

［22］任天驰，杨汭华. 小农户衔接现代农业生产：农业保险的要素配置作用——来自第三次全国农业普查的微观证据［J］. 财经科学，2020（7）：41-53.

［23］舒畅，乔娟. 养殖保险政策与病死畜禽无害化处理挂钩的实证研究——基于北京市的问卷数据［J］. 保险研究，2016（4）：109-119.

［24］庹国柱. 给农业保险增"绿"［N］. 中国银行保险报，2022-09-22.

［25］庹国柱，张峭. 论我国农业保险的政策目标［J］. 保险研究，2018（7）：7-15.

［26］熊素，罗蓉. "双碳"目标下中国农业绿色发展：理论框架、困境审视及破局之道［J］. 农村经济，2023（2）：106-115.

［27］徐雯，张锦华. 政策性农业保险的碳减排效应——来自完全成本保险和收入保险试点实施的证据［J］. 保险研究，2023（2）：20-33.

［28］于艳丽，李桦. 社区监督、风险认知与农户绿色生产行为——来自茶农施药环节的实证分析［J］. 农业技术经济，2020（12）：109-121.

［29］张驰，吕开宇，程晓宇. 农业保险会影响农户农药施用吗？——来自4省粮农的生产证据［J］. 中国农业大学学报，2019（6）：184-194.

［30］张康洁.产业组织模式视角下稻农绿色生产行为研究［D］.北京：中国农业科学院，2022.

［31］张峭.看农业保险如何持续把稳农业大盘［N］.农民日报，2023-03-15（7）.

［32］张伟，郭颂平，罗向明.政策性农业保险环境效应研究评述［J］.保险研究，2012（12）：52-60.

［33］张伟，罗向明，郭颂平.农业保险补贴、农民生产激励与农村环境污染［J］.南方农村，2014（5）：37-44.

［34］张旭光，赵元凤.畜牧业保险实施效果研究——基于奶牛保险对农户养殖损失及养殖行为的影响分析［M］.北京：经济管理出版社，2021.

［35］张英楠，尹彦舒，张康洁，等.农业社会化服务能否促进小麦种植户绿色生产转型：基于河南、山东、山西的农户调查证据［J］.中国人口·资源与环境，2023（6）：172-181.

［36］张跃华.农业保险：理论、实证与经验——基于农户微观数据的分析［M］.北京：中国农业出版社，2017.

［37］张哲晰，穆月英，侯玲玲.参加农业保险能优化要素配置吗？——农户投保行为内生化的生产效应分析［J］.中国农村经济，2018（10）：53-70.

［38］郑军，李雨薇.农业保险、劳动力资源配置与绿色经济效率［J］.华南农业大学学报（社会科学版），2023（4）：69-81.

［39］钟甫宁，宁满秀，邢鹂，等.农业保险与农用化学品施用关系研究：对新疆玛纳斯河流域农户的经验分析［J］.经济学（季刊），2007（1）：291-308.

［40］周静.农民合作社推动农户化肥减量使用的效果研究［J］.西北农林科技大学学报（社会科学版），2023（5）：116-128.

［41］Chakir R., Hardelin J. Crop Insurance and Pesticides in French Agriculture：An Empirical Analysis of Multiple Risks Management［C］. International Congress. European Association of Agricultural Economists, 2010.

［42］Feng S. Z. , Han Y. J. , Qiu H. G. Does Crop Insurance Reduce Pesticide Usage? Evidence from China ［J］. China Economic Review, 2021, 69: 101679.

［43］Horowitz J. K. , Lichtenberg E. Insurance, Moral Hazard, and Chemical Use in Agriculture ［J］. American Journal of Agricultural Economics, 1993 (4): 926-935.

［44］Hou D. N. , Wang X. Inhibition or Promotion? The Effect of Agricultural Insurance on Agricultural Green Development ［J］. Frontiers in Public Health, 2022, 10: 910534.

［45］Mishra A. K. , Nimon R. W. , El-Osta H. S. Is Moral Hazard Good for the Environment? Revenue Insurance and Chemical Input Use ［J］. Journal of Environmental Management, 2005 (1): 11-20.

［46］Quiggin J. Testing Between Alternative Models of Choice under Uncertainty Comment ［J］. Journal of Risk and Uncertainty, 1993 (2): 161-164.

［47］Smith V. H. , Goodwin B. K. Crop Insurance, Moral Hazard, and Agricultural Chemical Use ［J］. American Journal of Agricultural Economics, 1996 (2): 428-438.

［48］Tang L. , Luo X. F. Can Agricultural Insurance Encourage Farmers to Apply Biological Pesticides? Evidence from Rural China ［J］. Food Policy, 2021, 105: 102174.

［49］Wei T. D. , Liu Y. , Wang K. , et al. Can Crop Insurance Encourage Farmers to Adopt Environmentally Friendly Agricultural Technology—The Evidence from Shandong Province in China ［J］. Sustainability, 2021, 13 (24): 13843.

9 农业保险保障水平对农业生产效率的影响①

农业强国的核心驱动力是农业生产效率的提升。农业保险作为一种重要的农业风险管理工具，在中国农业现代化进程中起着至关重要的作用，其不仅通过经济补偿机制帮助农户抵御自然灾害和市场风险，还在推动农业资源的合理配置、提升农业生产效率等方面发挥了积极作用。第1~8章已分别讨论了农业保险对农户土地、劳动力资源配置、信贷配给、种植结构、农业化学要素投入、绿色生产行为等方面的影响，研究揭示了农业保险如何通过优化土地或劳动力要素配置、增强信贷支持、调整种植结构等途径，间接地促进农户的农业投入，为农业生产效率提升奠定基础。这些结论为本章的分析提供了逻辑支撑。中国与美国、日本、澳大利亚等农业发达国家在农业生产效率提升方面依然存在差距。在全球气候变化、自然灾害频发等复杂多变的背景下，中国粮食安全面临着前所未有的挑战。与此同时，中国主要粮食作物的市场风险也在不断攀升。目前，中国农业生产方式仍以小农经营为主，抗风险能力较差，农业从业人数不断减少进一步加剧了农业生产的不确定性。虽然农业技术进步可以提升农业生产效率，但是农业风险仍然普遍存在。在此背景下，农业保险作为现代农业风

---

① 本章内容发表于 2025 年《中国农业大学学报》第 8 期，原文名称《农业保险保障水平对农业生产效率的影响——基于 4 个粮食主产省农户调研数据的实证》。

险管理体系的重要组成部分，通过经济补偿机制，为农户构筑了一道抵御风险的"安全网"和粮食生产的"减震器"，稳定农户的生产预期。现阶段，中国农业保险已覆盖包括种植业、养殖业、林业及地方特色农业在内的广泛领域，保险品种丰富多样，为农户提供了多元化的风险保障选择，也为农户和农业生产提供了坚实后盾。过往十多年中国农业保险在快速发展过程中展现出风险保障水平逐步提高、保费收入稳步增长以及赔付金额持续上升的态势，农业保险已成为中国农村经济稳定发展的重要支撑。然而，农业发展水平、农业生产方式和气候地理条件等多种因素导致了农业保险保障水平对农业生产效率的影响具有差异性。因此，仍需进一步的实证研究和深入探讨，以揭示农业保险保障水平在不同区域和不同类型农户中的具体作用机制，为政策制定提供更有针对性的依据。

在既有学术文献中，农业保险保障水平对生产要素配置、产出和收益的影响得到了广泛研究，但对于其对生产效率的作用，学术界尚未达成一致共识。一方面，有研究支持农业保险能够促进农业全要素生产率提高的观点，学者们分别从农业保险覆盖率、农业保险密度等角度验证了农业保险显著促进了农户全要素生产率的提高；还有研究指出，在农业保险发展的高级阶段，其对全要素生产率的促进作用尤为显著。另一方面，也有观点认为农业保险可能带来道德风险和逆向选择等问题，对农业生产效率产生不利影响。鉴于此，本章在中国农业保险保障水平不断提升的背景下，基于中国乡村振兴综合调查（CRRS），系统考察了农业保险保障水平对农业生产效率的影响，并探讨了调节变量的作用，旨在回答在农业保险保障水平的作用下农业生产效率是否能实现进一步增长，以及对不同类型和区域农户的影响是否存在差异。本章的研究不仅在理论层面拓展了对农业保险微观作用的认识，而且通过实证检验农业保险保障水平对农业生产效率的具体作用及影响路径，为政策制定者提供了有价值的参考，有助于农业保险制度的持续优化与升级，全面提升保险服务效能，推动中国农业生产效率的稳步提高。

本章从微观视角出发，基于河南、山东、安徽和黑龙江4个省份农户调研数据，通过实证分析探讨农业保险保障水平对农业生产效率的影响。

本章首先对有关农业保险保障水平与农业生产效率的研究成果进行系统梳理，并构建了理论分析框架，选取了 2020 年中国乡村振兴综合调查（CRRS）中 4 个省份 576 户农户的微观数据，采用基准回归和工具变量法对农业保险保障水平和农业生产效率之间的关系进行验证，结果表明，农业保险保障水平对农业生产效率具有显著正向效应，土地规模化经营和农业技术采纳在这一过程中发挥了重要的调节作用，正向影响农业保险保障水平对农业生产效率的提升作用。本章还进行了异质性分析，规模农户、全职务农农户对农业保险保障水平的变化更为敏感，其生产效率提升更为显著，山东省的农业保险保障水平对农业生产效率的正向作用最为显著。这一发现不仅揭示了农业保险在促进农业生产效率提升方面的积极作用，而且为政策制定者提供了有益的参考。

本章的研究不仅拓宽了国内理论界对农业保险与农业生产效率之间关系的研究视角，还为农业政策制定者提供了有力的决策参考。农业保险不仅是农户进行风险管理的重要工具，也在提升农业生产效率的过程中发挥了重要作用。在全面实施完全成本保险和种植收入保险的背景下，建议加强农业保险基层服务体系建设，开发地区特色农业保险产品，以提高农业生产效率和风险管理能力；构建多层次农业保险体系，扩大保险覆盖面，提高农业保险保障水平；强化金融服务支持，为土地规模化经营和农业技术应用提供补贴支持，提高农业生产的稳定性和可持续性；推动农业生产的协同发展，构建多层次农业保险风险分散机制，完善再保险机制，提高农业产业韧性。

9.1　引言

农业生产效率的提升，无疑是农业强国的核心驱动力。习近平总书记强调，要坚定不移加快转变农业发展方式，从主要追求产量增长和拼资源、拼消耗的粗放经营，尽快转到数量质量效益并重、注重提高竞争力、注重农业技术创新、注重可持续的集约发展上来，走产出高效、产品安全、资源节约、环境友好的现代农业发展道路。建设农业强国，需要以提升农业生产效率为发力点（龚斌磊和张启正，2023）。中国与美国、日本、澳大利亚等农业发达国家在农业生产效率提升方面依然存在差距，美国已形成了产前、产中和产后间紧密衔接的农业产业化生产体系，日本90%以上的农业作业已实现机械化，澳大利亚实行与企业、外贸、个体农场联合开发一体化科技发展战略（刘宇航，2015），这些措施有效地提高了农业生产效率。然而，中国在全球气候变化、自然灾害频发等复杂多变的背景下，粮食安全面临着前所未有的挑战，这些挑战直接威胁到农业生产效率的持续提升与稳定（郑伟等，2019）。与此同时，中国主要的粮食作物如大豆、玉米分别自 2014 年、2016 年起陆续取消临时收储政策，市场风险也在不断攀升（沈满洪和强朦朦，2020）。目前，中国农业生产方式仍以小农经营为主，抗风险能力较差，农业从业人数从 1996 年的 4.34 亿人减少至 2016 年的 3.14 亿人（蔡昉，2024），进一步加剧农业生产的不确定性。虽然 2022 年中国农业科技进步贡献率已超过 62%[①]，但是在农业技术进步提升农业生产效率的过程中，农业风险仍然普遍存在。在此背景下，农业保险作为现代农业风险管理体系的重要组成部分，通过经济补偿机制，为农户构筑了一道抵御风险的"安全网"和粮食生产的"减震器"（庹国柱，2024），稳定农户的生产预期。

自 2007 年以来，中国农业保险的发展经历了显著的蜕变与飞跃，风险保障金额从 2007 年约 1000 亿元提高到 2023 年的 4.5 万亿元，年均增长率为 29.0%；保费收入从 2007 年的 53.33 亿元增长到 2022 年的 1219.43 亿元，年均增长率为 23.2%（庹国柱和张峭，2018）。农业保险赔付规模持续扩大，2023 年赔付额高达 1124 亿元，同比增长 25.4%，有效减轻自然灾害给农业生产造成的经济损失。现阶段，中国农业保险已覆

---

① 资料来源：中国政府网《1.3 万亿斤以上，连续 9 年的丰收答卷》。

盖包括种植业、养殖业、林业及地方特色农业在内的广泛领域，保险品种丰富多样，达到约 300 种，为农户提供了多元化的风险保障选择（刘婧，2021），为农户和农业生产提供坚实后盾。过去十多年中国农业保险在快速发展过程中展现出风险保障水平逐步提高、保费收入稳步增长以及赔付金额持续上升的态势，农业保险已成为中国农村经济稳定发展的重要支撑。在政策层面，国家不断完善农业保险法律法规政策体系，通过一系列政策文件，如《关于加快农业保险高质量发展的指导意见》《关于在全国全面实施三大粮食作物完全成本保险和种植收入保险政策的通知》等，提高农业保险服务能力，加快农业保险"提标、扩面、增品"，推动农业保险制度完善和服务效能提升，更好满足"三农"领域日益增长的风险保障需求。

既有学术文献认为，农业保险保障水平影响生产要素配置（郭凤茹和任金政，2023）、产出（江生忠和朱文冲，2021）、收益（刘玮等，2022），但对农业保险保障水平对生产效率的作用未达成共识。有诸多学者支持农业保险对农业全要素生产率具有促进作用的观点。孙琳琳等（2022）基于 2003~2017 年农业农村部全国农村固定观察点的数据，实证分析得出农业保险覆盖率提升对农户全要素生产率增长有显著的促进作用。李婕妤（2022）利用京津冀地区 13 个城市的面板数据，进一步验证农业保险密度在增强农业全要素生产率及促进农业产出方面的正向调节作用。金绍荣等（2022）基于农业保险发展的不同阶段发现，农业保险在高级阶段对全要素生产率的促进作用尤为显著，远超初级与中级阶段。王悦等（2019）、陈俊聪等（2016）分别采用不同时间跨度的省级面板数据进行研究，均发现农业保险对农业全要素生产率增长具有推动作用。有关"保险+期货"这一新型农业保险模式，刘梦贤等（2024）基于 2010~2020 年县域面板数据进行研究，认为其显著提升县域农业全要素生产率水平。但有学者指出，在农业保险的发展过程中可能伴随道德风险和逆向选择等问题，从而对农业生产率产生不利影响。马述忠和刘梦恒（2016）从效率视角出发，认为农业保险的发展在一定程度上会抑制农业生产率的提升。

通过以上政策背景和对既有文献的梳理可以观察到，相较于对农业保险保障水平的详尽探讨，对农业保险保障水平如何影响农业生产效率的研究则显得相对薄弱，所以本章在农业保险保障水平不断提升的背景下，提出如下问题：农业生产效率是否能实现进一步提升？作用机制如何？针对不同类型和不同区域农户，其影响是否存在异质性？为回答以上问题，本章基于中国乡村振兴综合调查（CRRS），系统考察农业保险保障水平对农业生产效率的影响，并探讨是否存在调节变量在其中扮演重要角色，间接影响二者关系，同时考虑作用的异质性。根据实证结果，剖析了研究结论的政策含义。本章拟采用工具变量法和调节效应模型实证检验农业保险保障水平对农业生产效率的具体作用及影响路径，并分析其对不同类型和不同区域农户影响的异质性，可为政策制定者提供有价值的参考，助力农业保险制度的持续优化与升级，全面提升保险服务效能，进而推动中国农业生产效率稳步提升。

9.2　理论分析与研究假说

中国的农业保险体系虽已实现较为广泛的覆盖，但"广覆盖、低保障"的失衡局面依然显著存在（任天驰等，2021），这一现状限制农业保险在风险管理中效能的发挥。农业保险保障水平的提高可以强化农业保险的风险管理能力，农业保险相关政策的实施有助于分散和转移农业风险（张峭等，2021），影响农业生产效率提升。农业保险在灾害发生时及时赔偿农户损失，保障农业再生产顺利进行，维护农村经济稳定（任天驰和杨汭华，2022）。农业保险通过优化农户的技术类生产要素投入，如鼓励农户采用先进的农业技术和设备，提高农业生产的技术含量和附加值（郑军和赵维娜，2023）。据此，本章提出如下假说：

假说1：农业保险保障水平的提高可促进农业生产效率提升。

农业生产效率不仅受到农业保险的直接影响，还会受到农业技术采纳和土地规模化的调节作用。由于农业的高风险及弱质性特征，农户对生产过程中的技术投入往往持谨慎态度（陈新建和杨重玉，2015）。然而，随着城市化持续推进，大量耕地资源流失（张志辉等，2024）。在"双碳"目标背景下，对生态环境保护的要求也日益提升，迫使农户增加农业技术投入来应对这一现状，如在农业生产中采纳节水灌溉技术（尚燕等，2024）、环境友好型技术（黄敏等，2024）、保护性耕作技术（齐甜等，2023）等，但这些技术在应用过程中依旧存在风险。农户参与农业保险可以降低采纳新技术的风险（毛慧等，2022），缓解期望收益不确定下生产投入的沉没成本问题。农户采纳农业技术的程度越高，参与保险及选择更高保障水平的农业保险的需求也越大，农业生产效率可能得到进一步提升。综上所述，农业技术采纳程度的高低在农业保险与农业生产效率之间起到了调节作用。据此，本章提出如下假说：

假说2：农业技术采纳在农业保险和农业生产效率之间存在调节效应，即农户选择先进农业技术进行生产时，参与农业保险对农业生产效率提升的促进作用更大。

土地规模化经营有助于实现农业生产要素优化配置（李琴英等，2022），有利于机械化、专业化生产，提升农业生产效率（钱龙和洪名勇，2016），促使农户进行农地流转以增加农业产值（郭小琳等，2021）。然而，与小农户相比，土地规模化经营更容易受到市场风险和自然风险的双重影响，当农产品市场价格波动较大或遇到洪水、干旱、病虫害等自然灾害时，规模化经营主体的收入稳定性会受到较大冲击。农户作为理性经济人，参与农业保险可使其在遭受风险时将损失降到最小，即降低土地规模化经营的风险。当前中国农地适度规模化经营已取得初步成绩，2009～2020年种植面积超过50亩的规模化农户数量增长率大约为60%（张伟等，2024），这一数据还在不断上升。在这一背景下，土地规模化将会激励农户参与农业保险，进而提升其农业生产效率。据此，本章提出如下假说：

假说3：土地规模化经营在农业保险和农业生产效率间存在调节效应，即土地规模化程度越高，参与农业保险对农业生产效率的促进作用越显著。

9.3　数据与实证方法

9.3.1　数据来源

本章采用的微观数据来自 2020 年 8~9 月由中国社会科学院农村发展研究所实施的中国乡村振兴综合调查（CRRS）。该调查综合考虑经济发展水平、地理位置及农业发展状况，在东部地区、中部地区、西部地区及东北地区随机挑选了代表性省份作为样本。调查覆盖全国范围内的 50 个县（市）及 156 个乡（镇），成功回收 300 份村庄问卷与超过 3800 份农户问卷，并收集了超过 1.5 万名家庭成员的相关信息。在样本农户的选择上，研究团队采取了多层次抽样策略：首先，依据各样本省的人均 GDP，将县（市、区）分为低、中低、中、中高、高 5 个等级，并遵循空间广泛性原则，在每个等级中选取 1 个县，确保每省包含 5 个样本县；其次，以相同逻辑，按人均 GDP 将样本县内的乡（镇）划分为低、中、高 3 组，每组随机抽取 1 个乡（镇），使每个县涵盖 3 个样本乡（镇）；再次，依据乡（镇）政府的评估，将村庄经济水平分为较差与较好两类，并从两类中各随机选取 1 个村，确保每乡（镇）有两个样本村；最后，依据村委会提供的名单，采用等距抽样法，在每个样本村中随机抽取 10 多户农户作为最终样本。本章重点分析了来自河南、山东、安徽和黑龙江这 4 个粮食主省的数据，涉及 1484 户粮食生产户及 121 个村庄的详细情况，在删除数据缺失及部分异常值后，本章最后使用 576 个参保农户样本进行分析研究，图 9-1 为河南、山东、安徽和黑龙江 4 个省份参保农户数量分布情况。参保农户是农业保险的直接受益者，他们的农业生产活动受到农业保险的保障。因此，选择参保农户作为研究对象，能够更直接地反映农业保险对农业生产效率的影响，这些农户在面临自然灾害等风险时，因为有农业保险的保障，可能会更加积极地投入农业生产要素，从而可能提高农业生产效率。

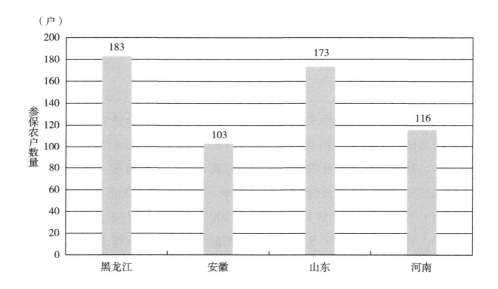

图 9-1　4 个省份参保农户数量分布情况

9.3.2　变量描述

9.3.2.1　被解释变量

农户生产效率。通过随机前沿生产函数，分析以家庭为单位进行的投入产出，估计农户农业生产效率。产出变量为参与保险的农作物净产值，投入变量也在该设定下分为播种面积、农业生产总投资和农业劳动生产时间。

9.3.2.2 核心解释变量

农业保险保障水平。本章使用农业保险单位保额与单位产值的比值即保障深度作为核心解释变量，反映农业保险能够为农户提供的风险保障水平。图9-2为黑龙江、安徽、山东和河南4个省份参保农户的平均保障水平。可知，4个省份的保障水平存在明显差异。稳健性检验的核心解释变量为"农业保险保障深度×农业保险保障广度"。

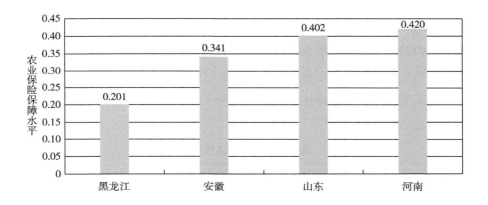

图9-2 4个省份参保农户平均保障水平

9.3.2.3 调节变量

（1）农业技术采纳：若农户在农业生产过程中使用相关农业技术，包括无人机服务打药、全自动自走式喷灌或滴灌等技术，则取值为1；若没有，则取值为0。

（2）土地规模化：用农户户均经营耕地面积衡量。

9.3.2.4 控制变量

本章参考已有文献选取控制变量：户主特征变量（农户年龄、农户性别、农户受教育程度）；家庭特征变量（家庭劳动力总数、种植业收入占总收入比重、2019年家中是否借贷、家中是否有村干部）；村级特征（2019年人均可支配收入、村地势、村庄到乡镇距离）。

9.3.2.5 工具变量

农业保险实际赔付额。本章选择农业保险实际赔付额作为农业保险保障水平的工具变量，因为农业保险的实际赔付额往往与自然灾害（如干旱、洪水、冰雹等）有关，这些灾害的发生具有随机性；同时农业保险实际赔付额还受到保险公司赔付政策和程序的影响，这些政策和程序通常基于广泛的风险评估和法规要求，故农业保险实际赔付额可被视为外生变量，其不受农户行为的直接影响。另外，农业保险实际赔付额反映了农业保险政策对农户所面临风险的实际覆盖程度，较高的实际赔付额可能意味着更全面的风险保障，故农业保险实际赔付额与农业保险保障程度相关。在处理内生性问题时，对农业保险实际赔付额进行对数化处理。

相关变量的定义及描述性统计如表 9-1 所示。

表 9-1 变量描述性统计

变量类别	变量	变量说明	平均值	标准差
被解释变量	农户生产效率	农户生产技术效率	0.530	0.125
解释变量	农业保险保障水平	农业保险单位面积保额/单位面积产值	0.351	0.152
	农业保险保障水平 *	（农业保险单位面积保额/单位面积产值）×（承保面积/播种面积）	0.328	0.160
调节变量	土地规模化	自有土地面积+转入土地面积-转出土地面积（单位：公顷）	3.901	9.977
	农业技术采纳	是=1；否=0	0.990	0.102
控制变量	农户性别	男=1；女=0	0.964	0.188
	农户年龄	年龄（单位：岁）	54.972	10.483
	农户受教育程度	未上学=1；小学=2；初中=3；高中=4	1.809	0.835
	家中是否有村干部	是=1；否=0	0.233	0.423
	种植业收入占总收入比重	种植业收入/总收入	0.353	0.301
	2019 年家中是否借贷	是=1；否=0	0.389	0.488
	家庭劳动力数量	16~60 岁家庭人数（单位：人）	2.074	1.375

变量类别	变量	变量说明	平均值	标准差
控制变量	村到乡镇距离	村委会距离乡镇政府距离（单位：千米）	6.512	7.431
	村地势	平原＝1；丘陵＝2；山区＝3	1.281	0.528
	2019年人均可支配收入	单位：元	12505.810	7410.245
工具变量	农业保险实际赔付额	Ln（农户实际收到赔偿额）	2.060	3.276

9.3.3 实证方法

9.3.3.1 随机前沿生产函数

随机前沿生产函数是通过参数估计充分考虑随机因素对产出的影响，而数据包络分析则是通过非参数估计方法进行效率测算，运用随机前沿生产函数比较实际产出与类似"帕累托最优"的理想产出之间的差距来反映调研地区农户的综合效率。由于数据噪声的存在，运用随机前沿生产函数评估农户生产技术效率的关键是分析其数据来源的真实性与变量的选择，因此本章选择随机前沿生产函数估计农户生产效率。鉴于超越对数生产函数对投入与产出之间的关系设定更为灵活，不必服从各要素替代弹性固定以及和为1的假定条件，也允许农业生产投入与产出之间存在非线性关系，因此，本意将生产函数设定为超越对数生产函数形式：

$$\ln Y_i = c + \beta_K \ln K_i + \beta_G \ln G_i + \beta_L \ln L_i + 1/2\beta_{KG} \ln K_i \ln G_i + 1/2\beta_{LG} \ln L_i \ln G_i + 1/2\beta_{LK} \ln L_i \ln K_i + 1/2\beta_{GG}(\ln G_i)^2 + 1/2\beta_{KK}(\ln K_i)^2 + 1/2\beta_{LL}(\ln L_i)^2 + v_i + \mu_i \quad (9-1)$$

其中，Y_i表示农户i的农业生产总值，c表示常数项，L、K、G分别表示农业生产三大要素——劳动力、资本和土地投入，β表示各要素投入的一次项、交互项以及平方项的待估计系数，v表示随机误差，μ表示效率损失项。

9.3.3.2 基准估计模型

通过OLS模型进行基准回归，探究农业保险保障水平对农业生产效率影响，设定回归模型如下：

$$M_i = \alpha_0 + \alpha_1 Insur_i + \sum_{n=1}^{N} \alpha_i X_i + \varepsilon_i \qquad (9-2)$$

其中，M_i 为农户生产效率，$Insur_i$ 为农业保险保障水平，X_i 为控制变量组，α_0、α_1、α_i 为待估系数，ε_i 为随机误差。上述基准回归检验了农业保险保障水平对农户生产效率的影响，但可能因存在内生性问题而无法得出准确估计，其原因可能是：一是互为因果关系，生产效率高的农户更倾向于选择农业保险进行风险保障；二是遗漏变量问题，一些不可观测因素很容易被忽视，如农户的性格特点、风险偏好以及种粮能力等可能同时影响其对农业保险的选择以及生产效率；三是样本自选择问题，农户的个体特征会影响其参保决策，带来选择性偏误。故本章通过工具变量模型来控制可能存在的内生性问题，通过引入一个工具变量，采用 2SLS 方法进行两阶段估计，且将保障水平视为内生变量，具体模型设定如下：

第一阶段：

$$Insur_i = \gamma_1 + \gamma_2 IV + \sum_{n=1}^{N} \gamma_i X_i + \varepsilon_i \qquad (9-3)$$

将在第一阶段获得的 $Insur_i$ 的预测值 $\widehat{Insur_i}$ 带入第二阶段：

$$M_i = \gamma_0 + \gamma_1 \widehat{Insur_i} + \sum_{n=1}^{N} \gamma_i X_i + \varepsilon_i \qquad (9-4)$$

式（9-3）、式（9-4）中，IV 为工具变量，$\widehat{Insur_i}$ 为预测值。

9.3.3.3 调节效应估计模型

本章选取土地规模化和农业技术采纳作为调节变量，在基准回归模型（2）的基础上分别加入土地规模化（$Land_i$）和土地规模化与农业保险保障水平的交互项（$Land_i \times Insur_i$）、农业技术采纳（$Teconol_i$）和农业技术采纳与农业保险保障水平的交互项（$Teconol_i \times Insur_i$）来构建模型，同时为避免多重共线性的影响，先对土地规模化、农业技术采纳和农业保险保障水平进行去中心化，再进行交互处理，若交互项系数 β_3 显著，说明土地规模化和农业技术采纳存在调节效应，否则便不存在调节效应。具体验证方程如下：

$$Y_i = \pi_0 + \pi_1 Insur_i + \pi_2 Land_i + \pi_3 Land_i \times Insur_i + \sum_{n=1}^{N} \pi_i X_i + \varepsilon_i \qquad (9-5)$$

$$Y_i = \omega_0 + \omega_1 Insur_i + \omega_2 Teconol_i + \omega_3 Teconol_i \times Insur_i + \sum_{n=1}^{N} \omega_i X_i + \varepsilon_i \qquad (9-6)$$

9.4 实证分析

9.4.1 随机前沿生产函数

根据 CRRS 的调研数据，运用设定的随机前沿生产函数模型，使用 Frontier4.1 软件对农户技术效率进行测算，数据处理结果如表 9-2 所示。数据结果显示，样本农户资本要素投入的产出弹性显著为正，弹性系数为 1.862，表明资本投入越多其生产效率就越高；土地投入的产出弹性显著为负，弹性系为 -2.668，这说明农户的耕地规模与其产出效率负相关，同时劳动力投入要素对生产技术效率无显著影响。不同农户生产技术效率差异较大，农户最大生产技术效率为 0.754，最小生产技术效率为 0.033，平均技术效率为 0.530。样本农户随机前沿生产函数模型的单侧估计误差值为 6.206，大于 $\chi^2 0.01$ 检验值，模型通过检验。σ^2 和 γ 的 1% 显著性水平的 t 值分别为 4.114 和 8.699，大于其 t 检验值，通过 t 检验，表明样本农户农作物实际产量与潜在产量有明显差距。

表 9-2 Frontier4.1 技术效率函数估计结果

变量	系数	T 统计量
常数项	5.058***	4.925
土地	-2.668***	-4.360
资本	1.862***	3.356
劳动力	0.226	0.291
土地×资本	0.328	1.204

续表

变量	系数	T 统计量
土地×劳动力	0.206	0.784
资本×劳动力	−0.251	−1.013
土地平方	0.064	0.343
资本平方	−0.174	−1.057
劳动力平方	0.094	1.372
σ^2	6.971***	4.114
γ	0.746***	8.699
最大似然估计	−1065.643	
单侧估计误差 LR	6.206***	
最小技术效率	0.033	
最大技术效率	0.754	
平均技术效率	0.530	

注：***表示在1%的水平上显著。

9.4.2 基准回归结果

表9-3为农业保险保障水平对农业生产效率影响的基准回归结果。模型（1）在不加任何控制变量的情况下，农业保险保障水平会显著促进农业生产效率提升，保障水平的回归系数在1%的水平上显著为正，模型（2）～模型（4）是逐步加入控制变量后的回归结果，保障水平的回归系数亦在1%水平显著为正。由此可知，农业保险保障水平会显著提高农业生产效率，故假说1得到证实。

表9-3 农业保险保障水平对农业生产效率影响的基准回归结果

变量	农业生产效率					
	模型（1）	模型（2）	模型（3）	模型（4）	模型（5）	模型（6）
农业保险保障水平	0.2109***	0.2260***	0.2416***	0.2518***	0.2471***	0.3257**
	(0.0349)	(0.0357)	(0.0362)	(0.0366)	(0.0378)	−0.1589

续表

变量	农业生产效率					
	模型（1）	模型（2）	模型（3）	模型（4）	模型（5）	模型（6）
农业保险实际赔付额					−0.0008	
					(0.0017)	
农户性别		0.0006	0.0048	0.0065	0.0057	0.0109
		(0.0272)	(0.0270)	(0.0270)	(0.0271)	−0.0207
农户年龄		−0.0010*	−0.0013**	−0.0013**	−0.0013**	−0.0014**
		(0.0005)	(0.0006)	(0.0006)	(0.0006)	−0.0006
农户受教育程度		−0.0125**	−0.0142**	−0.0144**	−0.0143**	−0.0152**
		(0.0062)	(0.0063)	(0.0063)	(0.0063)	−0.0064
家中是否有村干部			0.0158	0.0157	0.0157	0.0169
			(0.0122)	(0.0122)	(0.0122)	−0.0106
种植业收入占总收入比重			0.0365**	0.0341**	0.0343**	0.0390*
			(0.0172)	(0.0173)	(0.0173)	−0.0211
2019年家中是否借贷			0.0124	0.0146	0.0154	0.0000
			(0.0107)	(0.0108)	(0.0109)	(0.0000)
家庭劳动力数量			−0.0103**	−0.0105**	−0.0105**	0.0002
			(0.0041)	(0.0041)	(0.0041)	−0.0008
村级人均可支配收入				0.0000	0.0000	0.0174
				(0.0000)	(0.0000)	−0.0122
村到乡镇距离				0.0001	0.0001	−0.0102**
				(0.0007)	(0.0007)	−0.0048
地势				−0.0229**	−0.0231**	−0.0256**
				(0.0098)	(0.0098)	−0.0122
常数项	0.4600***	0.5301***	0.5422***	0.5634***	0.5680***	0.5421***
	(0.0126)	(0.0407)	(0.0480)	(0.0496)	(0.0505)	−0.0604
样本量	576	576	576	576	576	576
adj. R^2	0.0582	0.0641	0.0790	0.0835	0.0823	0.0768

注：*、**、***分别表示在10%、5%、1%的水平上显著，括号内为标准误；模型（1）~模型（4）是基准回归结果，模型（5）和模型（6）是2SLS结果。

在控制变量中，模型（4）回归结果表明，受访农户年龄和受教育程度系数为负，农户年龄越大其生产效率越低；同时受教育程度越高的农户更愿意从事非农工作，这会造成农业生产效率的降低。种植业收入占总收入的比重高的农户更有可能会将更多资源和精力投入农业生产中，以实现专业化和规模化经营，进而正向影响生产效率。家庭劳动力数量系数为负，这表明受访农户的家庭劳动力资源存在分配不合理的现状，或家庭劳动力数量超过农业生产所需，导致边际效益递减；地势对农业生产效率存在显著负向影响，说明地势平坦如平原地区对生产效率下降的影响小，反之丘陵或山区对生产效率降低的影响大。农户的性别、家中是否有干部、2019 年家中是否借贷、村级人均可支配收入以及村到乡镇的距离对农业生产效率的影响均不显著。

9.4.3　内生性处理

农业保险保障水平与农业生产效率之间存在一定的双向因果关系，农业生产率的提高通常意味着农业生产技术的改进和农业生产方式的改变，这可能使农户更加关注生产过程中的风险管理，从而增加对农业保险的需求，因此更倾向于购买农业保险，会导致模型存在一定内生性问题。本章采用工具变量法 2SLS 两阶段估计模型对内生性问题进行修正，在估计策略上将农业保险保障水平视为内生变量，选择农业保险实际赔付额作为工具变量。在第一阶段估计中，保障水平对实际赔付额的回归系数均显著，F 值为 44.602，大于 10，通过联合显著 F 检验以及 shea 偏 R^2 检验，一定程度上排除了弱工具变量问题。在不可识别检验中，Kleibergen－Paap rk LM 统计量为 59.915，对应的 P 值<0.01，强烈拒绝了不可识别的原假设，表明工具变量与解释变量之间存在相关性。表 9-3 模型（5）对农业保险保障水平和农业保险实际赔付额对农业生产效率的影响进行回归，农业保险实际赔付额对农业生产效率的影响不显著，满足工具变量的外生性条件（孙圣民和陈强，2017）。第二阶段的估计结果见表 9-3 模型（6），利用工具变量法处理内生性问题后，系数由 0.2518 增长到 0.3257，可知选取

的工具变量有效，保障水平对农业生产效率的影响仍然存在。

9.4.4 稳健性检验

为确保实证结果的稳健性，本章采用替换自变量和缩尾回归两种方法对模型进行稳健性检验，具体来看：一是替换自变量法，本章将核心自变量替换为"农业保险保障深度×农业保险保障广度"，使用"农业保险保障水平*"① 表示，估计结果如表9-4模型（7）和模型（8）所示，农业保险保障水平*均在1%的水平上对农业生产效率产生显著正向影响；二是缩尾回归法，对核心自变量农业保险保障水平进行左右3%的缩尾处理，即剔除大于97%临界点和小于3%临界点的数值，然后再进行回归，估计结果如表9-4模型（9）和模型（10）所示，农业保险保障水平均通过1%水平的显著性检验，其他变量的回归系数、显著性水平也与前文基本一致。由此可见，经过上述两种稳健性检验，各变量的估计系数符号、显著性水平等均未发生明显变化，这说明本章的实证结果是稳健的。

表9-4　稳健性检验结果

变量	农业生产效率			
	模型（7）	模型（8）	模型（9）	模型（10）
农业保险保障水平*	0.1917***	0.2235***		
	(0.0316)	(0.0330)		
农业保险保障水平			0.2243***	0.2677***
			(0.0375)	(0.0394)
常数项	0.4669***	0.5693***	0.4561***	0.5615***
	(0.0115)	(0.0495)	(0.0133)	(0.0498)
样本量	576	576	576	576
控制变量	无控制	已控制	无控制	已控制
adj. R^2	0.0585	0.0813	0.0571	0.0819

注：***表示在1%的水平上显著，括号内为标准误；模型（7）和模型（8）是替换核心自变量结果，模型（9）和模型（10）是进行缩尾回归结果。

---

① 农业保险保障水平* =（农业保险单位保额/单位产值）×（承保面积/播种面积）。

9.4.5 调节效应检验

为检验在农业保险保障水平对农业生产效率的影响中是否存在调节效应，本部分将农业技术采纳、土地规模化两个变量纳入分析框架，根据前文设定的模型进行回归分析，检验结果如表9-5所示。其中，表9-5中模型（11）是将农业技术采纳及其交互项纳入回归模型的结果，模型（12）是将土地规模化及其交互项纳入回归模型的结果。由表9-5可知，所有模型回归结果中核心解释变量农业保险保障水平对农业生产效率的影响均显著为正，与前文基准回归结果保持一致。

表9-5　调节效应检验结果

变量	农业生产效率	
	模型（11）	模型（12）
农业保险保障水平	0.2466***	0.2649***
	（0.0366）	（0.0379）
农业技术采纳	−0.1213	
	（0.0821）	
农业保险保障水平×农业技术采纳	1.1607**	
	（0.4893）	
土地规模化		0.0002
		（0.0006）
农业保险保障水平×土地规模化		0.0099*
		（0.0052）
常数项	0.6846***	0.5552***
	（0.0976）	（0.0498）
样本量	576	576
控制变量	已控制	已控制
adj. R^2	0.0899	0.0871

注：*、**、*** 分别表示在10%、5%、1%的水平上显著，括号内为标准误；模型（11）和模型（12）分别是农业技术采纳和土地规模化调节效应检验结果。

在表9-5的检验结果中，农业技术采纳和土地规模化对农业生产效率的影响均没有通过显著性检验，说明土地规模化和农业技术采纳对农业生产效率的单独作用并不明显，在土地规模化经营中可能存在管理难度增加、生产要素配置不合理等问题，使规模效应无法充分发挥；在技术采纳过程中可能存在"水土不服"等问题，即技术本身先进，但受当地环境、气候、土壤等条件限制，导致技术效果无法充分显现。模型（11）中农业技术采纳与农业保险保障水平的交互项显著为正，并在5%的水平上通过显著性检验，说明农业技术采纳在农业保险保障水平与农业生产效率之间确实存在调节效应，并且农业保险保障水平的系数和农业技术采纳与农业保险保障水平交互项的系数均为正，所以为正向调节作用。由此可知，当农户选择农业技术采纳时，农业保险保障水平对农业生产效率的影响更大，假说2得以验证。表9-5模型（12）中土地规模化与农业保险保障水平的交互项显著为正，并在10%的水平上通过显著性检验，说明土地规模化在农业保险保障水平与农业生产效率之间存在调节效应，并且农业保险保障水平的系数和土地规模化与农业保险保障水平交互项的系数均为正，所以为正向调节作用。由此可知，土地规模化程度越高，农业保险保障水平对农业生产效率的影响作用越大，假说3得以验证。

9.4.6 异质性分析

进一步讨论农业保险保障水平对农业生产效率的异质性影响，根据入户问卷的地区进行区分，《中国农业保险保障研究报告2020》显示，中国不同地区农业保险发展水平存在较大差异，且不同区域经济水平、财政实力、农业发展程度等均存在较大差异，故有必要就农业保险保障水平对农业生产效率影响的区域差异性进行进一步分析。

通过对不同地区进行分组回归，可以得出不同地区农业保险保障水平对农业生产效率存在不同程度的影响，表9-6中模型（13）~模型（16）分别代表黑龙江、安徽、山东和河南。4个省份农业保险保障水平对农业生产效率的影响均正向显著，其中，山东和河南农业保险保障水平对农业生产效率的影响在 1% 的水平上显著，黑龙江和安徽在 5% 的水平上显著，且山东省的农业生产效率受农业保险保障水平的影响最明显。不同省份在农业保险发展方面存在区域差异和比较优势，如山东扩展市级特色农产品保险覆盖范围，青岛投入 6400 万元财政资金优化多个农业保险试点；虽然黑龙江、安徽和河南也是农业大省，但发展农业保险方面的侧重点可能不同，黑龙江和河南更注重三大粮食作物保险的政府补贴投入力度和覆盖率，2024 年黑龙江财政投入保费补贴资金 50 亿元，支持三大粮食作物完全成本保险和种植收入保险超 6000 万亩（约 400 万公顷）（傅军，2024），河南三大粮食作物农险覆盖率超 80%，自 2021 年起在 5 个市县开展政策性小麦制种保险试点（孙思琪，2024）；而安徽计划建设 1000 个以上农业保险示范村，每年新增 500 个以上，到 2028 年建成示范村 3000 个以上，带动全省 10000 个以上行政村提档升级（李鹏，2023）。农业保险发展的区域特征和不同竞争优势可能导致这 4 个省份在农业保险保障水平对农业生产效率的影响上存在差异。

表 9-6　地区异质性检验结果

变量	农业生产效率			
	模型（13）	模型（14）	模型（15）	模型（16）
农业保险保障水平	0.4378 **	0.2913 **	0.2405 ***	0.2227 ***
	(0.1729)	(0.1220)	(0.0775)	(0.0794)
样本量	183	103	173	116
控制变量	已控制	已控制	已控制	已控制
adj. R^2	0.0576	0.0016	0.0486	0.0541

注：**、*** 分别表示在 5%、1% 的水平上显著，括号内为标准误；模型（13）~模型（16）分别是黑龙江、安徽、山东和河南农业保险保障水平对农业生产效率影响检验结果。

区分农户的主要特征之一是经营规模，任天驰等（2021）将农户划分为小农户和规模经营农户，划分标准为 "50×667 平方米"，探讨保障水平的规模异质性。此外，目前我国兼业农户占比已达 70% 以上，农业保险对全职农户和兼业农户生产效率的影响可能存在差异，因此本章基于农户是否兼业进行分组回归估计其异质性影响。估计结果如表9-7所示，表9-7中模型（17）~模型（20）分别代表规模农户和小农户、全职农户和兼业农户结果。

表9-7 农户异质性检验结果

变量	农业生产效率			
	模型（17）	模型（18）	模型（19）	模型（20）
农业保险保障水平	0.2985***	0.2797***	0.2552***	0.2463***
	(0.1093)	(0.0417)	(0.0623)	(0.0464)
样本量	152	424	194	382
控制变量	已控制	已控制	已控制	已控制
adj. R^2	0.0672	0.1023	0.0622	0.0762

注：***表示在1%的水平上显著，括号内为标准误；模型（17）~模型（20）分别是规模农户和小农户、全职农户和兼业农户农业保险保障水平对农业生产效率影响检验结果。

从经营规模分组情况来看，农业保险对不同经营规模农户生产效率的影响存在差异，农业保险保障水平在1%的水平上对规模农户和小农户生产效率具有显著正向影响，但是当保障水平增加1个单位时，规模农户生产效率提升0.2985个单位，而小农户提升0.2797个单位，说明规模农户对保障水平的提升更敏感，可能的原因是：相较于小农户，规模农户具有更高的经营扩张积极性，且具备更多的资金支持，故而在农业保险高保障激励下，农业投入更多，农业生产效率提升程度更高。保障水平对全职农户和兼业农户生产效率在1%的水平上有显著正向影响，兼业农户受保障水平的影响程度低于全职农户，可能是因为全职农户对农业生产的依附性较强，投入劳动力质量高，专注于农业生产，而农业保险作为农业生产经营的"保护伞"，随着保障水平增加，对农户生产的保障效果增强，进而提升了农户农业生产效率。

9.5　结论与启示

9.5.1　结论

本章基于针对河南、山东、安徽和黑龙江4个省份576户农户的实地调研数据，系统考察了农业保险保障水平对农业生产效率的影响，并得出以下结论：首先，农业保险保障水平对农业生产效率具有显著的正向效应，即提高农业保险保障水平能够显著促进农业生产效率的提升。其次，在探索保障水平影响农业生产效率的具体路径时发现，土地规模化和农业技术采纳作为调节变量，发挥了正向调节作用，具体而言，土地规模化经营和农业技术采纳强化了农业保险保障水平对农业生产效率的提升作用，表明二者在农业保险保障水平与生产效率之间扮演着重要角色。最后，揭示了农业保险保障水平对生产效率影响的异质性特征。从区域维度分析，山东农业保险保障水平对农业生产效率的正面影响显著高于其他三省，这可能与农业保险发展的区域差异和比较优势有关；从农户类型分析，相较于小农户，规模农户对农业保险保障水平的变化表现出更高的"敏感性"，其生产效率的提升幅度更为显著，兼业农户与全职务农农户之间亦存在差异，具体表现为兼业农户的农业保险保障水平对农业生产效率的激励效果低于全职务农农户，这可能与兼业农户的农业生产投入时间、精力及资源分配方式有关。

9.5.2　对策

针对以上结论，本章提出四点建议：第一，在全面实施完全成本保险和种植收入保险的背景下，加强保险公司基层服务体系建设，运用卫星遥感、无人机、物联网、5G等技术提高承保验标、查勘定损和赔款支付的精准性及时效性。保险公司应根据不同地区和不同农作物的风险特点，开发更多与农户风险保障需求相契合的农业保险产品体系，以提高农户的农业生产效率和风险管理能力。第二，建立多层次农业保险体系，满足多样化农业保险需求，稳步扩大关系国家粮食安全的大宗农产品保险覆盖面，提高农业保险保障水平。构建中央和地方两级农业保险大数据管理与服务平台，实现农业保险大数据资源的分布式管理、有序集中和深度利用，为农业保险精算定价、业务监管提供依据。第三，加强农村金融服务体系建设，为农户提供便捷的贷款、保险等金融服务。通过金融创新和产品创新，满足农户在扩大土地规模经营、引进新技术和新设备过程中的资金需求。例如，利用"保险+信贷"模式可以降低农户融资风险，为农业经营主体提供更加便捷、低成本的融资渠道，鼓励农户进行长期投资和技术改进，提高农业生产的稳定性和可持续性。第四，鼓励和支持各地区在农业保险、土地规模化经营和农业技术采纳等方面开展项目合作，共同研发新技术、新产品和新模式，推动农业生产的协同发展，构建多层次农业保险风险分散机制，完善再保险机制，提高农业产业韧性。

参考文献

［1］蔡昉. 以劳动生产率为抓手推进农业农村现代化［J］. 中国农村经济，2024（7）：2-15.

［2］陈俊聪，王怀明，张瑾. 农业保险发展与中国农业全要素生产率增长研究［J］. 农村经济，2016（3）：83-88.

［3］陈新建，杨重玉. 农户禀赋、风险偏好与农户新技术投入行为——基于广东水果种植农户的调查实证［J］. 科技管理研究，2015，35（17）：131-135.

［4］傅军. 青岛投入 6400 万元优化农业险试点［N］. 青岛日报，

2024-07-12（5）.

　　［5］龚斌磊，张启正.以提升农业全要素生产率助力农业强国建设的路径［J］.经济纵横，2023（9）：29-37.

　　［6］郭凤茹，任金政.完全成本保险对农户耕地质量保护投资的影响及机制［J］.资源科学，2023，45（11）：2183-2195.

　　［7］郭小琳，郑淋议，施冠明，等.农地流转、要素配置与农户生产效率变化［J］.中国土地科学，2021，35（12）：54-63.

　　［8］黄敏，翁贞林，鄢朝辉.农业保险、互联网使用对农户环境友好型技术采纳的影响［J］.农业现代化研究，2024，45（1）：103-113.

　　［9］江生忠，朱文冲.农业保险有助于保障国家粮食安全吗？［J］.保险研究，2021（10）：3-17.

　　［10］金绍荣，任赞杰，慕天媛.农业保险对我国农业全要素生产率的动态影响——基于中国2007—2018年省级面板数据的实证研究［J］.西南大学学报（自然科学版），2022，44（4）：134-143.

　　［11］李婕妤.农业保险对农业产出及效率的影响——基于京津冀地区的实证分析［J］.金融理论与实践，2022（7）：108-118.

　　［12］李鹏.政策性农险"保驾护航"粮食安全［N］.河南日报，2023-03-25（2）.

　　［13］李琴英，常慧，唐华仓.农业保险、农业全要素生产率与农业产出的协同效应［J］.河南农业大学学报，2022，56（1）：143-152+165.

　　［14］刘婧.我国农业保险高质量发展现状、问题及对策建议［J］.中国保险，2021（8）：50-53.

　　［15］刘梦贤，向洋，单德朋."保险+期货"对农业生产效率的影响研究［J］.世界农业，2024（2）：112-127.

　　［16］刘玮，孙丽兵，庹国柱.农业保险对农户收入的影响机制研究——基于有调节的中介效应［J］.农业技术经济，2022（6）：4-18.

　　［17］刘宇航，张洪晨，王志丹，等.国外提升农业生产效率对中国

的启示与借鉴——以美国、日本、澳大利亚等国为例［J］. 世界农业，2015（2）：60-63.

［18］马述忠，刘梦恒.农业保险促进农业生产率了吗？——基于中国省际面板数据的实证检验［J］. 浙江大学学报（人文社会科学版），2016，46（6）：131-144.

［19］毛慧，胡蓉，周力，孙杰.农业保险、信贷与农户绿色农业技术采用行为——基于植棉农户的实证分析［J］. 农业技术经济，2022（11）：95-111.

［20］齐甜，畅倩，姚柳杨，等.农业保险促进保护性耕作了吗？——以三大粮食主产区为例［J］. 干旱区资源与环境，2023，37（7）：75-83.

［21］钱龙，洪名勇.非农就业、土地流转与农业生产效率变化——基于 CFPS 的实证分析［J］. 中国农村经济，2016（12）：2-16.

［22］任天驰，杨汭华.高保障高收入——农业保险保障水平的收入效应研究［J］. 农业技术经济，2022（12）：115-130.

［23］任天驰，张洪振，杨汭华.农业保险保障水平如何影响农业生产效率：基于鄂、赣、川、滇四省调查数据［J］. 中国人口·资源与环境，2021，31（7）：161-170.

［24］尚燕，熊涛，李崇光.农业保险对农户节水灌溉技术采纳行为的影响研究［J］. 华中农业大学学报（社会科学版），2024（2）：122-133.

［25］沈满洪，强朦朦.农业生产风险评估及管理研究进展［J］. 浙江大学学报（人文社会科学版），2020，50（3）：12-28.

［26］孙琳琳，张雅文，吴明.农业保险对农户全要素生产率增长的影响研究［J］. 北京航空航天大学学报（社会科学版），2022，35（5）：115-125.

［27］孙圣民，陈强.家庭联产承包责任制与中国农业增长的再考察——来自面板工具变量法的证据［J］. 经济学（季刊），2017，16（2）：815-832.

［28］孙思琪."双保险"让农户种植无忧［N］.黑龙江日报，2024-08-28（1）.

［29］庹国柱，张峭.论我国农业保险的政策目标［J］.保险研究，2018（7）：7-15.

［30］庹国柱.中国农业保险需要在不断改革中推进［J］.保险理论与实践，2024（2）：1-24.

［31］王悦，杨骁，张伟科.农业保险发展对农村全要素生产率的影响研究——基于空间计量模型的实证分析［J］.华中农业大学学报（社会科学版），2019（6）：70-77+162-163.

［32］张峭，王克，李越，等.我国农业保险保障水平提升路径研究［J］.保险理论与实践，2021（2）：1-14.

［33］张伟，钟伟霞，陈小知，等.种植业保险对农地规模化经营的激励效应——基于2011～2021年省级面板数据的经验证据［J］.保险研究，2024（4）：34-47.

［34］张志辉，张敏，张晓光.山东县域城市建成区扩张影响因素的时空异质性研究［J］.地理研究，2024，43（7）：1675-1699.

［35］郑军，赵维娜.农业保险对中国绿色农业生产的影响——基于农业技术进步的中介效应［J］.资源科学，2023，45（12）：2414-2432.

［36］郑伟，郑豪，贾若，等.农业保险大灾风险分散体系的评估框架及其在国际比较中的应用［J］.农业经济问题，2019（9）：121-133.